为何总是如此疯狂

股市泡沫的形成、崩溃与应对

韩和元 著

北京大学出版社
PEKING UNIVERSITY PRESS

图书在版编目（CIP）数据

为何总是如此疯狂：股市泡沫的形成、崩溃与应对 / 韩和元著.
—北京：北京大学出版社，2016.4
ISBN 978-7-301-26796-7

Ⅰ.①为… Ⅱ.①韩… Ⅲ.①股票市场—泡沫经济—研究—中国 Ⅳ.① F832.51

中国版本图书馆CIP数据核字(2016)第009851号

书　　　名	为何总是如此疯狂：股市泡沫的形成、崩溃与应对
著作责任者	韩和元　著
责任编辑	刘　维
标准书号	ISBN 978-7-301-26796-7
出版发行	北京大学出版社
地　　　址	北京市海淀区成府路205号　100871
网　　　址	http://www.pup.cn　新浪微博：@北京大学出版社
电子信箱	zpup@pup.cn
电　　　话	邮购部 62752015　发行部 62750672　编辑部 62764976
印　刷　者	三河市华成印务有限公司
经　销　者	新华书店
	710毫米×1000毫米　16开本　18.5印张　296千字
	2016年4月第1版　2016年4月第1次印刷
定　　　价	45.00元

未经许可，不得以任何方式复制或抄袭本书之部分或全部内容。
版权所有，侵权必究
举报电话：010-62752024　电子信箱：fd@pup.pku.edu.cn
图书如有印装质量问题，请与出版部联系，电话：010-62756370

谨以此书送给我的女儿韩猗

本书概要 // 07

推荐序 // 08

前言 // 12

楔子：从狂升到暴跌——2015年的中国股市 // 22

 谁是泡沫的罪魁祸首

    政府导致危机是个伪命题 // 002

    不稳定的市场：明斯基的解释 // 010

    德拉维嘉的困惑 // 013

 人性让市场变得总是不稳定

    如何定义泡沫 // 018

    理性并不总是靠谱 // 020

        公地悲剧 // 020

		囚徒困境 // 024

	回到亚当·斯密那里 // 028

	被忽略的人的动物精神 // 031

		被忽视的"人" // 031

		被忽视的人的动物属性 // 032

	群体压力、从众行为与乌合之众 // 034

		牛顿：一个被泡沫击败的天才 // 034

		阿希实验 // 038

		乌合之众 // 040

		群体意识是如何形成的 // 042

		易被暗示和易轻信的 // 044

		信息不完备才是从众效应产生的关键 // 046

	过度自信和自我归因偏差 // 048

第三章 外部冲击力：泡沫形成和崩溃的诱发因素

	没有外界刺激就不会有情绪 // 058

	汇率的波动 // 059

	重大技术发明与创新 // 060

	政治与军事的胜败 // 065

	金融改革也是一股不容忽视的冲击力 // 068

	新市场也足以诱发一场泡沫 // 071

第四章 信用扩张：泡沫的助燃剂

	大泡沫为什么爆发于日本而不是德国？// 076

信用即货币，货币即信用 // 080

金融创新和宽松的货币政策：造成信用扩张的途径 // 099

第五章　不容忽视的时代背景

被 20 亿债务压垮的法国 // 102

又是战争，又是债务 // 113

"广场协议"造成的升值萧条 // 119

第六章　泡沫为什么会崩溃

盛极而衰：崩溃只在一瞬间 // 124

走向崩溃的十个阶段 // 141

第七章　泡沫中政府的身影

有意人造型泡沫和无意人造型泡沫 // 146

从明斯基到卡莱斯基 // 159

泡沫的政治性周期 // 163

美国的政策行为如何影响全球经济 // 167

通缩—流动性陷阱—资产泡沫循环：一种新常态 // 171

第八章　2015 年的中国股市为什么会失控

背景的考察 // 175

不断上升的国势，不断膨胀的社会储蓄 // 176

不断膨胀的债务 // 182

不断增大的产业转型压力 // 183

谁诱发了这场泡沫 // 185

　　　　改革预期：泡沫诱因 // 185

　　　　去债及推进经济结构调整：政府的意图 // 189

　　　　宽松的金融政策与泡沫的形成 // 191

　　为何上涨得如此疯狂 // 192

　　　　媒体背书 // 192

　　　　金融创新，为非理性提供了杠杆 // 196

　　　　其他因素 // 199

　　泡沫的破灭 // 202

　　　　被忽视的预警信号 // 202

　　　　证监会收杠杆：引发6月股灾的主要诱因 // 204

　　　　IPO与"中概股"回国 // 205

　　　　投资者主动去杠杆：加速下跌 // 206

第九章　投机泡沫的危害

　　泡沫破灭可引发经济危机 // 210

　　扭曲人们的价值观 // 217

　　破坏国家竞争力 // 222

　　打击中产阶级，不利于橄榄型社会的形成，亦不利于经济结构的调整 // 227

第十章　治未病：如何有效地防止泡沫再发生

　　政府应采取的行动 // 230

　　　　一种认识：大国崛起、经济结构调整，股市真的没那么重要 // 230

　　　　国家意志必须中立 // 240

稳定货币 // 243

放开准入，扩大投资渠道 // 246

扩大交易范围 // 250

投资者该做些什么 // 251

控制债务比例 // 251

记住：这次还一样 // 252

可观察的指标 // 253

参考文献 // 255

致谢 // 262

本书概要

全书共分十章。

第一章着重谈了目前对泡沫形成的两种主流观点，一种为政府导致泡沫论，另一种为人的动物精神才是泡沫的根源论。

第二章则从个体人和群体人两个角度来剖析具有动物精神的人性是如何让市场变得总是那么不稳定的。

第三、四章则分别谈到了外部冲击力和信用扩张对人性、对泡沫形成的影响。

第五章探讨了泡沫产生的时代背景，给出了一个泡沫三角模型。

第六章则讨论泡沫是如何一步步走向崩溃的。

第七章谈到了政府在泡沫全过程中的影响，以及由此而带来的泡沫的政治性周期。

依据前几章所建构的理论模型，对发生于2014年年底至2015年年中的股市泡沫的形成和崩溃予以全面的解析。这就是第八章的主要内容。

在第九章里，我们对投机泡沫的危害做了全面的论述，这些危害包括：可能引发经济危机，进而引发政治危机；扭曲人们的价值观。

而在第十章里，我们则对政府和投资者给出了一些建议。

推荐序

韩和元先生邀我为其即将出版的新书《为何总是如此疯狂——股市泡沫的形成、崩溃与应对》写一篇序，这委实让我纠结了一番。韩先生是出了名的博学，古今中外，政治、经济、文化、艺术等领域的各时期、各流派的精华观点信手拈来，侃侃而谈，为其作序，确实压力很大。但恭敬不如从命，尽管惴惴不安，终究怀着钦佩之情为其动笔了。

2014年下半年至2015年6月，中国经历了一个世纪罕见的股市飙升和骤降的过程。之所以说是世纪罕见，不仅仅是表现为上海证券综合指数（简称"上证指数"）从2014年11月21日收盘的2488点，飞涨至2015年6月12日的5178点，短短半年时间里，总涨幅达到了110%，更体现为随后一路下跌并出现了诸多社会问题。这一系列狂升猛降的表象背后蕴藏着众多的宏观政策问题、经济结构问题、监管体制问题、投资体系问题、民众心理问题和股民素质问题。韩先生的新作从历史和辩证的角度，旁征博引地介绍了世界经济史上著名的数次泡沫危机史实，深刻剖析经济泡沫形成的历史原因，详细展示经济泡沫的过程，重点揭示经济泡沫带给社会的严重后果，并全面阐述经济泡沫的预防措施。在当今中国经济转型的关键时刻，是一本值得研读的极好著作。

韩先生在本书中详细分析了17世纪以来四百多年时间里，发生在世界各主要资本主义国家的经济泡沫案例，如1636—1637年间发生在荷兰的郁金香泡沫、1716—1720年发生在法国的密西西比泡沫、1711—1720年发生在英国的南海泡沫、20世纪20年代发生在美国的泡沫危机。通过分析，韩先生总结出泡沫形成的三要素，即人的动物精神、外部冲击力和信用扩张。人的动物行为主要指的是人们的金融行为经常体现出不负责任，根本原因就在于，深受动物精神的支配，或盲从，或自信，或亢奋。正是由于动物精神所导致的非理性行为，让金融部门趋于不稳定，市场常处于疯涨暴跌的状态。外部冲击力则通常受到政府干预或其他因素影响。而信用扩张，一方面通常有迎合政府要求经济高速增长的缘故，另一方面也为所谓的金融创新提供了试验田。

纵观世界泡沫经济的始末，我们不难看出，这些国家或地区虽然受泡沫危机的影响，一段时间境内经济出现萧条，民众财富大幅缩水，然而又在较短的时间内会发生逆转，分析其原因：一是这些国家或地区都属于资本主义制度，政府和民众对资本的认识和运作有足够的认知，通俗地讲有"愿赌服输"的市场规则和思想准备；二是这些国家或地区具有一定的经济基础，尤其是实体经济和创新能力具备抵御危机的能力，一旦泡沫破灭，能够迅速转变策略和方向，快速创造新的生产力；三是资本主义社会长期形成的橄榄型社会收入体系和中产阶级群体，虽然在泡沫危机中受伤最大，但是由于有相对健全的社会保障体系，因此不会形成严重的社会动荡。

反观中国经济社会的历史和现状，从封建社会走向半封建、半殖民地社会后出现过朦胧的资本主义形态，但毕竟是一个传统农业大国的蹒跚起步。1949年新中国成立以后，实行社会主义制度和计划经济体系，从政府到民众，基本上没有资本的概念。改革开放以来，在引进发达国家的生产技术和设备的同时，学习并借鉴西方发达国家的经营管理经验，使中国的经济高速发展长达30年之久，成绩斐然。

从国家层面来讲，据国家统计局初步核算，2014年中国GDP（国内生产总值）为636463亿元，按汇率折算跃过10万亿美元大关，占全球比例为13.4%，居世界第二位。按国际货币基金组织购买力平价法的测算，2014年中国GDP为17.6万亿美元，超过美国的17.4万亿美元，成为世界第一大经济体。但要知道这个世界第一的经济体是建立在全国14亿人口基础上的，而且其内涵是以土地政策以及附加值低下的高耗能、粗加工产业为主体。新的一届中央政府坚持转变经济模式、改进生产方式的决心和措施，使得国内经济增长速度连续25个月呈现下降态势，应该说于当下不利，于长远有益。中央政府以往考核各级地方政府的政绩时都以GDP为主，现主动改为以民生工程为主，或许是主动挤掉水分、捅开泡沫的壮举。

从民众层面分析，持续高速发展的国民经济带给普通民众的经济收入和资源分配不相匹配。社会财富增长集中在少数人的手里，这部分快速聚财的群体又快速推高了民众生活必需的住房、医疗、养老、教育和日用消费品等的价格，使中国社会呈现出富者更富、穷者更穷的局面。产业结构转型必然导致部分知识老化、技能缺失的劳动者失去传统产业的就业岗位，进而出现了专业化的"炒股大军"，他们缺乏投资知识，缺乏相应信息，以探寻内部信息和盲目从众的心理成为推升股市泡沫的主力军。而相对富裕的群体由于投资渠道的限制又在一定程度上把持了资本市场，成为推升股市泡沫的操盘手。

国民经济增长速度持续下降而股市出现"疯牛"般的增长显然不是正常规律，实体经济持续低迷而资本集中投向虚拟经济领域，更让人忧心忡忡。即使在这样的情况下，有学者以中国仍是全球制造业第一大国，亦是世界第一大贸易国、第一大外汇储备国和第一大汽车消费大国而自居，认为目前中国经济不存在泡沫。而勤于思考、善于观察、精于总结、敢于直言的韩先生，不仅撕破了泡沫的外衣，而且指出了泡沫经济对国家政治、经济体系、管理机制和民众生活等一系列的恶劣影响和破坏结局，值得深思、值得警惕！

好书启智，良友论经，勇者点赞，祝愿韩先生佳作成功出版发行！

华盛一泓投资管理有限公司总经理

陈玫

华融证券股份有限公司原副总经理

2015年12月28日 北京

前言

日本著名经济学家野口悠纪雄（Yukio Noguchi）曾给泡沫做了这样的定义：所谓"泡沫"，就是指现实资产价格中，实体经济不能说明的部分，即现实资产价格与实体资产价格的差。

自 2014 年 11 月以来，显然中国就经历了这样一场泡沫：上证指数在短短半年交易时间里总涨幅达到了 110%；创业板整体价格的涨幅超过了 166%，其市盈率更是高达 130。正如《经济学人》杂志所指出的，中国股票市场的价格与基础经济环境的联系并不密切，股市的走势和经济增长趋势背道而驰。在过去数月，股市与经济形势的分歧，更是触及新的极端水平。[1]譬如，在 GDP 增速方面，国家统计局的初步核算数据显示：按可比价格计算，2015 年第一季度和第二季度 GDP 同比只增长 7.0%。更为要紧的是，这并不是最低，第三季度的 GDP 增幅低至 6.9%。如果剔除通货膨胀的因素，这个数字还会更低。

这种缺乏基本面支持的上涨，其必然的结局是暴跌。进入 2015 年 6 月中旬，中国股市的表现不输希腊的债务危机，一时成为全球舆论关注的

---

[1] 中国股市：疯狂的赌场．腾讯财经．http://finance.qq.com/a/20150528/025199.htm．

焦点。原因是，中国股市在此后短短十几个交易日连续暴跌。在不到一个月时间里，下跌了三分之一，市值蒸发3.5万亿美元之多。

那么，问题来了。为什么中国股市会如此疯狂地上涨又如此迅疾地下跌？如果中国经济增长的本身不足以引起2014年以来股票价格的上涨，那么，是哪些因素在起作用呢？同样，又是哪些因素导致了股票价格如此恐慌式下跌？股票价格的这种疯涨与暴跌，又会对我们的经济乃至社会产生怎样的影响？

以上这些问题，无论对投资者、对企业抑或是政府部门而言，都是同样重要且关键的。如何认识并评价当前和未来的股市，事实上已经关系到了经济和社会政策的制定，而这些政策不仅仅影响到投资者，其影响面还包括国家乃至全社会。

就资本市场的狂升与暴跌，经济学家们已经给出了各种各样的解释。一种观点认为，泡沫的形成及由此引发的崩溃，都应归责于政府。持有此观点者普遍认为，造成这一切的根本原因，是政府的错误政策，譬如不负责任地滥发货币，譬如人为干预。但金融史上著名的1636—1637年的郁金香泡沫这一实证案例，却有力地反驳了此观点。从大量的文献中我们不难发现，并没有证据显示，当时荷兰的执政当局曾出台过任何有助于泡沫形成的经济刺激政策。事实上，除了始终在重申禁止"买空卖空"或"空头交易"，一直在强调投机是经济活动中的致命区域之外，政府在经济领域基本上采取的是一种自由放任的态度。但纵是如此，郁金香泡沫还是不可避免地爆发了，紧接着又破灭了。

也正是基于此，德拉维嘉（Joseph de la Vega）、查尔斯·麦基（Charles Mackay）和金德尔伯格（Charles P. Kindleberger）等学者，都将投机泡沫视为非理性的大爆发。加伯（Peter Garber）为他们的观点所做的总结是，这些人坚持认为，在动物精神的支配下，人们自发的乐观主义情绪高涨，不断地给资产价格打气,并将投资和资源不适当地吹大到巨大的程度,以至于接下来不可避免地要引发崩溃与重大的金融和经济灾难[1]。

当然,这一观点于那些强调市场理性有效的人而言显然是不能接受的。在他们看来,市场价格就是准确的,资产价格不可能被高估或低估。因为他们坚信,所有的人——当然包括投资者在内——的所有市场行为,永远都是理性的。他们完全排除了,一个理性的人,有时也会做出非理性之举。但事实却是,人类远非新古典经济学所假设的那样,在任何博弈机制下都能精确地权衡利弊,而是无时无刻不受到习俗、惰性、情感认知局限乃至本能的羁绊。牛顿(Isaac Newton)无疑是最好的证明!这位以理性见长的世界顶尖级科学家,却像当时大多数疯疯癫癫的英国人一样,于南海泡沫中赔光了一生的积蓄。为此,这位科学家不得不感慨道:"我能计算出天体运行的轨迹,却难以计算出人类的疯狂。"

以理性见长的牛顿为什么会投资失败呢?一个重要原因是,他承受了巨大的群体压力,最后不得不放弃自己的判断而选择了随波逐流——从众。这种现象被法国社会心理学家古斯塔夫·勒庞(Gustave Le Bon)称为"群体精神统一性的心理学规律"(law of the mental unity of crowds)。他认为正是这种精神统一性的倾向,造成了一系列的严重后果,譬如教条主义、偏执、人多势众不可被战胜的感觉,以及责任意识的放弃。在勒庞看来,这时的人根本就是一种近乎于动物的生物。正是基于群体的这种特点,勒庞得出这样一个观点,那就是,群体在智力上总是低于孤立的个人的。一旦人们被群体化,那么个人的智力品质也就变得无足轻重。从他们成为群体一员之日开始,博学之士便和白痴一起失去了观

---

[1] [美]彼得·加伯.泡沫的秘密:早期金融狂热的基本原理[M].北京:华夏出版社,2003:3.

测能力。[1]这也就解释了为什么智慧如牛顿者，一旦被裹挟进那个群体，其在股市中的智力，顿时就泯然如众人了。

勒庞坚信，孤立的个人比群体中的人总要高明，这是事实吗？答案也许是否定的。事实上，不独群体具有这种动物性，个体亦是如此。1935年，心理学家弗兰克就发现人们经常会过度高估自己。社会心理学家齐瓦·孔达（Ziva Kunda）也发现，人们通常期望好事情发生在自己身上，甚至对于纯粹的随机事件也抱有不切实际的乐观主义态度。DHS（Daniel, Hirsheifer and Subrahmanyam）模型也证实了这点，也就是说，成功者往往会将自己的成功，归因于自己知识的准确性和个人能力，这种自我归因偏差会使成功者过度自信。但也正因为过度自信，常使得价格接受者会过度估计他们的个人信息，导致总的信号被过度估计，使得价格偏离其真实价格。过度自信使投资者扭曲了价格的影响，进而使得市场波动增加。同时，过度自信也令轻率和爱冒险成为一种流行病。

当然，正如心理学家理查德·拉扎勒斯（Richard Stanley Lazarus）所认为的，情绪来自对环境中好的或不好的信息进行生理及心理反应的组织，它依赖于短时的或持续的评价。简而言之就是，没有外界刺激，就不会有情绪。据此进一步推论，我们还可得出这样一种结论，那就是：如果没有外力的冲击，那么现有的情绪，也就不可能发生改变。于市场情绪而言，其外部冲击主要是指一些改变了时间段、改变了预期、改变了预测的利润机会和投资者行为的外部事件。譬如，汇率的大幅波动、重大的发明和创新、开拓的新市场、政治局势的重大改变……

需要进一步予以说明的是，仅仅是人类本身的动物精神和外部诱发因素的这种组合，仍然不足以引发一轮资本市场的泡沫。一轮投机泡沫的形

---

[1] [法]古斯塔夫·勒庞．乌合之众：大众心理研究[M]．北京：中央编译出版社，1998：22，27．

成，有赖于人的动物精神、外部冲击力及信用扩张这三大要素。如果我们将泡沫视为一场火灾，那么，人的动物精神就好比是可燃物，外部冲击力这一诱发因素就如同火源，信用扩张无疑是它的助燃剂，这三者缺一不可。其中，人的动物精神，特别是让人沦为乌合之众的从众行为，是造成投机泡沫的根本。正是由于人性存在着这种不可避免的缺陷，在外部冲击力和信用扩张两大因素的配合下，使得市场总是趋于不稳定。

当然，我们还需要认识到的是，任何事情的发生、发展，都离不开它所处的时代背景，经济、文化、社会环境、地域特点、传统观念，乃至前期发生的重大事件，都会对后续事件产生深远的影响。冰冻三尺，非一日之寒。了解背景，有助于我们了解和明晰事件兴衰成败的原因、始末及先后事件的连贯性。泡沫也不例外。

正如这世间的万事万物，都存在着一个临界点一样，当泡沫超过某一限度，趋势将不可逆地发生转变。其根源还是从众行为的一致性。我们知道，人类赖以生存的这个真实世界的特征就是资源的有限与稀缺，而经济活动就是对资源的分配过程。一旦市场出现方向高度一致性，资源分配就难以继续，经济的运行方向就会出现转折：由于市场高度的一致，博弈双方的均衡不复存在，市场资源的有限性不可能使市场的参与者都成为赢家。一旦市场的信息发生变化，譬如那些促使泡沫形成的外部冲击力消失，或是信用扩张受限时，原有信息所形成的从众行为就会随之消失，市场开始逆转。当然，在动物精神的支配下，先时的从众行为本身并不会消失。事实上新的信息，譬如新的外部冲击力因素，往往会诱发出另一个重要的现象——也就是所谓的"负反馈环反应"的出现。故事一如泡沫形成之时：最初的提示，通过相互传染的过程，很快进入群体中所有人的头脑，群体感情的一致倾向会立刻变成一个既成事实。所不同的只是，群体的感情朝着与泡沫形成之时完全相反的方向迅速地转变，情绪由原来的盲目乐观，迅速转变为盲目悲观,最终的结果就是原来趋势的彻底崩溃。

市场虽然不稳定,但却极具规律性。一个完整的泡沫,从形成到崩溃一般会经历如下10个阶段:麻木期→外部冲击出现→潜伏期→观望期→诱导期→狂热期→外部冲击消失→潜逃期→迷茫期→崩溃期。

当然,这并不意味着在泡沫的形成和崩溃过程中,政府的作用是可有可无的。事实恰恰相反。自17世纪以来至今的四百多年时间里,除了1636—1637年的荷兰郁金香泡沫外,历史上大多数的泡沫事件中都能找到政府的身影。原因很简单,在泡沫形成的三要素中,无论是在人的动物精神,还是在外部冲击力及信用扩张上,政府均可施加影响。

正如勒庞在《乌合之众:大众心理研究》一书里所做的论述:"只有对群体心理有一定的认识,才能理解法律和制度对他们的作用是多么的微不足道,才能理解除了别人强加于他们的意见,他们是多么没有能力去坚持己见。要想领导他们,不能根据建立在纯粹平等学说上的原则,而是要去寻找那些能让他们动心的事情、能够诱惑他们的东西。"[1]典型案例来自密西西比计划和南海计划。正是基于对群体心理的充分认识和精准把握,密西西比计划的策划者约翰·劳(John Law)和南海计划的策划者罗伯特·哈利(Robert Harley)两人,先后人为地制造了一种外部冲击力,他们作为各自国家政府的代理人,从政府手里获得了与传说中盛产黄金的美洲地区进行贸易的特许权,并以此来勾起投机者的淘金幻想,然后再利用人们贪婪的心理和动物精神,诱导出一轮投机泡沫,来为各自国家的以股权换政府债券的去债计划服务。

当然,仅仅是动物精神与外部冲击力这样的组合,而无信用扩张的助推,泡沫仍然无法形成。在这一点上,劳又一次表现出非凡的洞察力。他

---

[1] [法]古斯塔夫·勒庞.乌合之众:大众心理研究[M].北京:中央编译出版社,1998:10-11.

非常清楚，他的密西西比计划要想获得成功，信用扩张是关键。较之于劳的时代，今天中央银行印制新的货币，则变得尤为轻松方便——通过降息与下调准备金率都可以实现。事实上，随着中央银行制度的确立，政府在信用扩张方面，所起的作用越来越具有决定性。因为，除了政府之外，"没有哪一个拥有印刷机，没有哪一个能凭借印刷机印出那些装在我们口袋里称为货币的纸片，也没有哪一个可以合法地授权会计在账册上汇入与那些纸片相等的项目"[1]。

这套理论不仅适用于欧美国家，同样也适用于中国。今日的中国与南海泡沫爆发前的英国，1986—1990年大泡沫时期的日本，具有一定的可比性。主要表现在，今日的中国与南海泡沫时的英国都处于国势上升期，同时都为债务所困。此外，一方面两国都因长期的经济繁荣，使得国内私人资本不断集聚，社会储蓄不断膨胀，但另一方面又表现为投资机会严重不足，从而出现大量闲置资金迫切寻找出路。而今日的中国与处于大泡沫时期的日本的相似之处则表现在，两国都面临着巨大的经济结构调整的压力。也正是在这样的背景下，改革的预期成了主要的诱发因素。此外，为去债和调整经济结构，政府也有意于通过扩张的金融政策，来刺激股市和房地产市场。至于股市为何上涨得如此疯狂，可信的解释是：其一，媒体的背书，对"道德风险"起到了推波助澜的作用；其二，金融创新，为非理性提供了杠杆。除了以上两点之外，可能存在的因素还包括大国崛起所激起的民族自信心、互联网热、激增的私募基金和股票分析师极其乐观的预测等。

当然，正如我们在前面所指出的，泡沫的崩溃与泡沫的形成一样，也是需要诱发因素或信用政策的变动来支持的。一旦泡沫形成的外部诱发因

---

[1] [美]米尔顿·弗里德曼．货币的祸害[M]．北京：商务印书馆，2006．

素消失或信用扩张受限时,那么,原有信息所形成的从众行为,就会随之消失,市场开始逆转。如果说印度公司没能在法属北美洲殖民地路易斯安那挖出金子是压垮密西西比泡沫的那根稻草,那么,在改革预期没有改变,利率政策也没有改变的前提下,收杠杆则是压垮2014—2015年中国这轮牛市的直接原因。当然,除了有关部门收杠杆的政策外,导致这次股市下跌的诱发因素,还包括超大规模的IPO、海外中国概念股私有化回国上市、楼市向好等因素。原因很简单,它们都是抽水的主儿,在流动性来源既定的前提下,抽水的主儿越多,现有的股价自然承压越大,然后就是泡沫的破灭。

泡沫的危害,首先表现在它会引发经济危机。更为重要的是,因为泡沫的崩溃导致的经济危机,使得经济长期萎靡不振、失业率高企、人民生活在饥寒边缘不可忍受,这就为"偏激(极左或极右)政治"的兴起提供了肥沃的土壤,也将注定为世界带来更为严重的灾难。纳粹的兴起就是最好的证明。关于这点已经得到了人们足够的重视,但对于扭曲人们的价值观的认识,显然不足。

事实上,这对一个国家和民族的伤害远比经济危机要大得多,且这种改变将会是永久性的。泡沫化下投机的高收益,将人们诱入歧途,使生产的劳动者不安所业,而只想到股票投机中去碰运气。由此产生的问题是,如果人人都辞职去炒股了,敢问谁来工作?如果企业中没人工作,又如何能正常运转?企业如若不能正常运转,社会财富如何创造?同样,如果学校里,教授不再授课,学生不再上课,那么人类的文明又该如何传承?人人都不安所业,最后这个社会将是怎样一个场景呢?同样,于企业而言也是如此,如果金融收益大大超出主业收益的话,试问谁还会认真对待研发等正常的生产经营活动呢?一个企业在研发、市场和质量管控上都不肯投入,怎么会有可持续的竞争力?而我们又知道,国家(区域)竞争力是建立在其企业的竞争力基础之上的，企业都醉心于投机而无心经营，国家可持续发展的源泉又何在呢？

此外，在历次的投机泡沫中，损失最大的是那些国家的中产阶级。一些脆弱的中产阶级因为泡沫的缘故而破产，显然不利于橄榄型社会的形成。当然，更多的家庭或许不至于返贫、致贫，但庞大的负债也会让这些中等收入的家庭，开始在消费方面"捉襟见肘"。因为要偿还巨额债务，他们将不得不节衣缩食，而这对一国的负面影响非常之大，特别是将给那些面临经济结构调整压力的国家带来严重的问题。

那么，问题又来了，自密西西比泡沫以来，无论是有意型人造泡沫还是无意型人造泡沫，最后都以失败告终，且危害那么大，但为什么各国政府仍然前仆后继地制造着泡沫呢？原因大抵有以下三点：

一是政府的过度自信和自我归因偏差。在小詹姆斯·布坎南（James M. Buchanan, Jr.）看来，包括政府在内的一切团体跟个人一样，都趋于"经济人"，都在追求自身利益极大化。也就是说，于他看来，包括政府在内的集体，不过是个特别的"人"而已。我们在前面论述过人的动物精神，其中就强调了个人的过度自信和由此造成的自我归因偏差问题，这种情况同样出现在政府身上。大多数的统治者往往会过度高估了自身的治理能力，他们总会倾向于认为，自己一定会比别人做得更好，因此也往往表现得更为深信"这次不一样"。

二是制度因素。专制制度下，无人可对统治者予以监督，这导致其权力不受约束。而于民选制度下，政客必须"轮流坐庄"，或四年一任或五年一届，大部分连任一次便得下台。通过选举上台的政客们，往往只需对自己任期内的显性结果负责。也正是因此，很多统治者往往采取的是一种"只顾眼前，至于我死之后，哪管它洪水滔天"的策略。

三是错误的观念。就观念问题，在《法、立法与自由》一书里，哈耶克（Friedrich August Hayek）赞许地引用马志尼（Giuseppe Mazzini）的话说："观念统治着世界和历史。"[1]在《自由宪章》里他又强调："长远而言，是观念，因而也正是传播新观念的人，主宰着历史发展的进程。"[2]就目前而言，主流的观点是，资本化是一国经济结构调整及经济增长的根本动力。正是由于金融的崛起，西方国家才会随之崛起。简言之，金融决定着大国的兴衰。他们彻底抛开了生产力这个概念，而将金融置于一个优化极。在他们看来，没有发达的金融，国家就不可能崛起，社会就不可能创新。这种观点显然经不起实证案例的反驳。1720年6月9日英国国会通过了《泡沫法案》。该法案规定，股份公司必须取得皇家特许状才能继续经营，无此特许状经营者一律视为非法。从此以后，这一法案便一直约束着英国的证券市场。直至1825年，这一法案才被撤除。也就是说，由南海泡沫所引发的短暂疯狂，最终却让英国招致了上百年的金融戒严期。使主流观念者跌破眼镜的是，第一次产业革命就孕育和爆发于这一百年时间里。也就是说在这一百年时间里，证券市场对英国的经济结构的调整、对英国的崛起所起到的作用完全可以忽略不计。我更倾向于认为，英国之所以能够在金融戒严下，孕育出第一次产业革命，其根本原因就在于，它没有畸形的资本市场，没有不安所业的人民，这反倒驱使着大量的社会储蓄和人才，流入企业和实体经济。同样的例子还有德国，它的资本市场在所有发达国家中，应属于最不发达的了，但就是这样一个国家，一直引领着欧洲，傲立于世界民族之林。可见，金融并没有那么重要。

---

[1] 转引自[英]艾伯斯坦.哈耶克传[M].北京：中国社会科学出版社，2002：241.
[2] 转引自[英]艾伯斯坦.哈耶克传[M].北京：中国社会科学出版社，2002：242.

楔子：从狂升到暴跌——2015年的中国股市

自2014年11月以来，一次前所未有的疯狂飙升，使中国股市在2015年6月时达到惊人高度：2013年6月25日，上证指数于1849点处探底后，开始进入一个平缓的盘整缓升期。而自2014年11月22日中国人民银行降息后，这种走势立马被打破，上证指数开始进入高歌猛进模式——从2014年11月21日收盘的2488点，飞涨至2015年6月12日的5178点。除去元旦、春节、清明节、五一国际劳动节和周末的休市，也就是说，上证指数在短短半年的交易时间里，总涨幅达到了110%。

同期以科技股为主的创业板表现颇为抢眼。自2014年8月18日指数迈入1400点，一直到降息后的首个交易日2014年11月24日，创业板指数一直在1500点附近徘徊。而到了2015年6月，却已经突破了4000点大关。也就是说，创业板的整体价格，在短短半年时间里，总涨幅超过了166%，其市盈率则更是高达130。

个股方面则表现得更为惊人。2014年12月30日晚，中国南车和中国北车联合发布公告，宣布双方将在技术上采取中国南车吸收合并中国北车的方式进行"对等合并"，合并后的新公司叫"中国中车"。但市场显然更愿意称之为"中国神车"，原因是自"南北两车"合并后，其市值由一年前的1624亿元人民币翻了足足6倍，逼近万亿元大关。几乎超过世界最大飞机制造商美国波音公司和世界最大汽车制造商美国通用汽车公司的市值之和。

更让人跌破眼镜的，是来自一家名为"暴风科技"的企业。根据这家企业的财务报表显示，2015年第一季度公司净利润为–320.85万元，比上年同期下降146.72%。但业绩的巨额下滑乃至亏损，却无法阻挡这家企业股票价格涨停的步伐。从每股7.14元的发行价，到2015年5月21日最高的每股327.01元，暴风科技的股价累计涨幅接近45倍。

另外一项可表明中国股市狂躁的指标是，A股与港股之间的价格差距。A股对于港股的溢价达到30%，接近5年高位。与股票价格疯涨交相辉映的是，中国股市开户情况的火爆，有关数据显示，2015年4—5月，每周平均开户人数高达400万人。怎一个疯狂、怎一个过热了得？

国外的媒体显然被中国股市的这种疯狂、这种过热吓到了。2015年4月13日的马来西亚《南洋商报》上，一篇题为《中国A股到底有多疯狂》的文章写道："近期，中国街头巷尾齐话股票，股市火爆，不少疯狂炒作的现象开始抬头。"英国老牌经济学刊物《经济学人》则直接将中国股市称为"赌场"，其基于的理由是：在中国，股价和基础经济环境的联系并不密切。股市的走势经常和经济增长趋势背道而驰。文章说："在过去数月，股市与经济形势的分歧触及新的极端水平。"

确实如此，在中国股市一片火热的同时，一些基本经济指标却并没有同幅度增长。譬如，在GDP增速方面，国家统计局的初步核算数据显示：2015年第一季度GDP为140667亿元，按可比价格计算，同比增长7.0%，增速创2009年以来6年新低。更为要紧的是，这并不是最低。还是国家统计局的数据，中国2015年第二季度的GDP增幅仍为7.0%。如果剔除通货膨胀因素，这个数字还得降低。

除此之外，企业利润方面亦不容乐观，同样是来自国家统计局官方网站的消息：2015年1—5月，全国规模以上工业企业实现利润总额22547.6亿元，虽然降幅较1—4月收窄0.5个百分点，但同比下降幅度仍然高达0.8%。

与上述数据相比，全国城镇居民人均可支配收入相对要好看一些。国家统计局官方网站发布的数据显示：2015年第一季度全国城镇居民人均可支配收入8572元，同比名义增长8.3%，扣除价格因素实际增长7.0%。但纵是如此，仍远低于股市上涨的幅度。

综合上述数据我们不难发现，中国股价如此大幅度增长，也是缺乏基本面支持的。为此，《南洋商报》于2015年4月13日就警示中国："调整喘气下跌是延长牛市的养生法，中国股市（不含港股）没这出戏。这9个月都是上涨或持平，没明显下跌调整步骤。A股历史，都是长熊急牛，漫长的熊市，急促短暂疯狂的牛市，这趋势不健康。"果不其然，《南洋商报》的这一预警可谓是一语成谶。

进入2015年6月中旬，中国股市的表现成为全球舆论关注的焦点。各大媒体、社交工具所涉及的主题，无不与它相关，真可谓是赚足了眼球。原因是，中国股民此时的恐慌，已轻易地战胜了先时的贪婪。中国股市在此后短短十几个交易日里暴跌。其中，上证指数于2015年7月9日一度下探至3373.54点，跌幅达到35%；创业板则于前一日下探至2304.76点，其跌幅更是达到43%，几近于拦腰折断。这不，《经济学人》当月的封面文章就是关于中国股市的："截至7月7日收盘时，沪深两市2774只上市股票中，超过90%停牌或跌停。股市在不到一个月时间里，下跌了三分之一，市值蒸发3.5万亿美元之多，数额超过印度股市的总市值。"整个市场可谓是一片哀鸿，"恐慌""崩溃"构成了此时中国股市的关键词。

需要说明的是，2014—2015年中国股市这种"疯狂→过热→恐慌→暴跌"的现象，并不是第一次发生于中国。熟悉中国股市的投资者都会认同在《中国A股到底有多疯狂》这篇文章里所评论的："A股历史，都是……急促短暂疯狂的牛市。"也就是说，这种狂升暴跌的现象，于中国股市而言，根本就是一种常态。

中国股市这种常态的第一个周期发端于1990年12月19日。在这轮牛市中，股指由最初的96.05点上涨到1992年5月26日的1429点，两年半的时间里股价的上涨幅度高达1389%。随后，股市大跌，股指从1429点一直下跌到1992年11月17日386点，半年不到的时间里，中国股市的跌幅高达73%。

第二个周期发端于1992年11月17日。当股指下探到386点后，大盘企稳。随后，峰回路转，迎来了新一轮快速上涨。从1992年11月17日的386点开始，到1993年2月16日的1558点，只用了3个月时间，大盘涨幅高达303%。半年的跌幅，3个月就全部涨回来。这种行情让那些尚未进入股市者羡慕不已。然而，很快他们又倍感幸运了，原因是市场趋势再次逆转。在快速上涨的行情下，股市大扩容也开始了。伴随着新股的不断发行，上证指数也逐步走低，进而在777点展开长期拉锯。此后777点失守，大盘再度一蹶不振，持续探底。至1994年7月29日，股指回到325点，跌幅高达78%。

第三个周期发端于1994年7月29日。受上一周期股市暴跌的影响，证券市场一片萧条。人们对股市的信心丧失殆尽，市场上甚至一度传言监管层将关闭股市。也就在那时，为了挽救市场，相关部门连续出台利好予以救市。受利好刺激，中国股市再度亢奋。到1994年9月13日，股指一度上摸1052点，也就是说在短短1个半月时间里，中国的股价上涨幅度高达223%。随后，股价再次暴跌，在1995年5月17日时，股指已经跌回到577点，跌幅为45%。

第四个周期发端于 1995 年 5 月 18 日。受到管理层关闭国债期货消息的影响，股市全面暴涨，股指由 5 月 18 日的 582 点快速上涨至 5 月 22 日的 926 点。在短短 3 个交易日里，股指上涨了 59%。这是一轮真正意义上的急促、短暂又疯狂的行情。短暂的牛市过后，股市重新下跌。到 1996 年 1 月 19 日，股指下探至 512 点这一阶段性低点，8 个月左右时间里，跌幅高达 45%。

第五个周期发端于 1996 年 1 月 19 日。在这一周期，崇尚绩优股开始成为市场主流投资理念，深发展、四川长虹、深科技、湖北兴化等龙头股均为业绩极佳的绩优成长股，在这些股票的带领下，股指重新站上 1500 点。1997 年 5 月 12 日，股指更是上摸 1510 点。也就是说，在这 17 个月时间里，中国的股价上涨了 195%。然而由于过度投机，在绩优股得到了充分炒作之后，大盘再次大跌。至 1999 年 5 月 18 日，股指已经跌至 1025 点，跌幅高达 33%。

第六个周期发端于 1999 年 5 月 19 日，这一周期就是俗称的"5·19 行情"，大多数投资者应该还有印象。受美国股市互联网繁荣的影响，网络概念股强劲喷发，将上证指数推高到 2000 点以上，并于 2001 年 6 月 14 日创出 2245 点的历史最高点，涨幅接近 120%。其后，除受美国互联网泡沫破灭影响之外，当时中国股票市场最为关注的是股权分置的问题，投资者普遍认为这是利空因素。受此两大因素影响，股市再度下跌。股指也从 2245 点一路下跌到 2005 年 6 月 6 日的 998 点，跌幅达 56%。

经过这轮历史上最长时间的大调整，A 股市场的市盈率降至合理水平，新一轮行情也在悄然酝酿当中，这就是第七个周期。一方面是股市长期的熊市，另一方面是快速增长的经济，这种背离使得中国股市的价值被严重低估。同时，国有股减持即股权分置的原则确定，有种利空出尽变利好的感觉。由此，沉寂了 4 年之久的中国股票市场再次启动。上证指数于 2005

年6月6日下探至998.23点后止跌企稳，随后缓慢上涨，于1200点附近盘整了两个多月后，狂热模式正式开启。大盘几乎是一路上扬，到2007年10月16日时创出历史高点6124.04点。这一周期股指涨幅达到惊人的514%。市场真正演绎了一回疯狂的旋律，投资者争先恐后地纷纷入市，但是冲动之后必然会有"冲动的惩罚"。受欧美金融市场特别是美国次贷危机影响，再加上国内市场再融资规模巨大，股权分置确定的"大小非"开始解禁等因素的叠加影响，中国股市于2007年10月16日达到疯狂的极致后，随之而来的就是暴跌。这轮下跌持续一年之久，直到2008年全球经济危机全面爆发，在4万亿救市政策的刺激下，才于2008年10月28日下探到1664点止跌企稳。在这一年时间里，中国股市的跌幅高达73%。

在前所未有的4万亿大刺激下，中国股市于2008年10月企稳后，开始进入第八个周期。在巨量的流动性的驱动下，上证指数被推高至2009年8月4日的3478点。10个月时间里，中国股市的涨幅高达110%。其后，受市场再融资规模巨大、抽血过猛和通货膨胀预期加剧的影响，股市再度下跌。这一跌直到2013年6月25日，上证指数于1849点处探底止跌企稳为止。在将近4年时间里，中国股市累计下跌47%。之后，便是我们目前这轮狂升暴跌了。

事实上，不独中国如此，整个世界投机泡沫史几乎无不如此。哈佛大学肯尼迪政府学院教授卡门·莱因哈特（Carmen Reinhart）与哈佛大学经济学教授、国际货币基金组织（IMF）前首席经济学家肯尼斯·罗格夫（Kenneth Rogoff）在其所著的《这次不一样？800年的金融荒唐史》中，搜集了大量有关经济危机的数据。通过对上述数据系统严密的分析，他们认为历史上历次的金融危机，在细节上虽然各不相同，但在一次复一次的危机中，其基本轨迹却是那样的大同小异。

为此，他们甚至在这本书封面的显眼位置，引用了美国著名作家马克·

吐温（Mark Twain）的一句名言："历史不会重复自己，但会押着同样的韵脚。"《美丽新世界》一书的作者，英国著名反乌托邦作家奥尔德斯·赫胥黎（Aldous Huxley）也曾说过："历史的魅力和神秘就在于，历史总是惊人的相似。"

那么，问题来了，为什么我们的经济总是处于泡沫和崩溃之间？又是哪些因素，造成了市场的这种不稳定性？对于经济的繁荣和萧条，对于资本市场的疯涨和暴跌，经济学家们给出了各种各样的解释。

第一章

谁是泡沫的罪魁祸首

一味地将投机泡沫和由此而引发的金融危机,都归责于政府显然是不合适的。纵是没有政府的存在和影响,投机泡沫及由此带来的金融危机同样会出现。

政府导致危机是个伪命题

就美国房地产泡沫——一个离我们最近的大泡沫——的破灭及由此而引发的2008年全球金融危机,时任澳大利亚总理陆克文[1]发表了他的看法。这位社会民主主义者和凯恩斯主义者认为,那场泡沫和由此带来的全球金融危机,已向人们表明:这是一场涉及体制、理论和意识形态领域的危机。他认为:"这场危机的确到了我们应该质疑过去几十年以来盛行的经济理论(新自由主义)的时候了。现在的确到了该检讨我们自己、检讨我们的过去,甚至于改变自己的时候了。"关于这点,我完全认同,这点也在我的《中国经济将重蹈日本覆辙?》一书里有所探讨,在本书接下来的其他章节里也将再次谈到这个问题。

但他的这一观点许小年教授显然是不能认同的。许教授在阅读了陆总理的此篇大作后,愤然写道:

---

[1] 其原名为凯文·迈克尔·拉德(Kevin Michael Rudd),1957年9月21日出生于澳大利亚昆士兰州楠伯镇,澳大利亚工党前领袖,2007年12月至2010年6月出任澳大利亚总理,2010年9月至2012年2月任澳大利亚外交部长。他在高中毕业后,以高分考取澳大利亚国立大学(ANU)修读中国历史及中国文学,同时取"陆克文"作为他的中文名。

陆克文先生不仅自制了一个子虚乌有的"新自由主义"妖魔,而且断言它就是当前金融危机的罪魁祸首。众所周知,这场金融危机的源头是美国的房地产泡沫,而资产泡沫的始作俑者就是美联储。以格林斯潘为首的美联储在过去的近二十年间执行了宽松的货币政策,特别是在亚洲金融危机、科技泡沫和"9·11"恐怖袭击等重大事件前后,为稳定资本市场而多次大幅减息,形成了世人皆知的"格林斯潘期权"。在"9·11"之后,美联储更将基础利率降到了第二次世界大战后最低的1%,并保持低利率达两年多之久。

低利率刺激了美国公司和家庭的借贷,在格林斯潘任职的18年中,金融机构的杠杆率(负债率)不断攀升;而家庭的储蓄率则不断下降,从20世纪90年代初的平均8%,下降到格林斯潘离职时的0左右。信贷的泛滥造就了经济的虚假繁荣,在次级按揭的推动下,房地产泡沫不断膨胀。然而借钱买来的景气无法持续,泡沫破灭之时,金融机构少得可怜的自有资本瞬间被巨大的投资损失所吞噬,微不足道的储蓄根本无法缓冲房价暴跌对家庭财务的打击,除了破产,借债成瘾的金融机构、企业和家庭再无其他出路。

低利率人为扭曲了资金价格,导致美国及西方经济的过度负债,金融机构和家庭的资产－负债严重失衡,这是当前经济危机的最根本原因。金融市场系统风险的上升是表,实体经济的严重失衡是里。华尔街的金融创新不过是推波助澜,而根子却在华盛顿(美国政府)的错误政策。事实难道不是这样的吗?先有次级按揭,然后才有债务抵押债券之类的资产证券化产品;先有美联储的低利率,然后才有次级按揭。这是再清楚不过的政府失灵加市场失灵,两类失灵绝不可并列,前者为主,后者为次,前者为源,后者为流。

陆克文总理承认这个事实,但他指鹿为马,将格林斯潘定性为"新自由主义者","新自由主义者"信奉市场至上，他们的失败就是市场的失败，一个明确无误的政府失灵就这样变成了市场失灵。陆先生要么对经济学说史和经济史缺乏了解，要么就是有意误导他的读者。

一言以蔽之，许小年的观点就是，2002—2006年美国房地产泡沫及由此而引发的全球经济危机根本就是政府造的孽。华侨大学的李拉亚教授显然持有与许小年相近的观点，他在一篇文章中也认为：

美联储自2000年高科技股票泡沫破裂后，连续多年采取低利率政策，刺激了房地产泡沫。这导致贷款意愿和抵押品价值之间螺旋上升。低利率刺激了居民的购房需求，而对购房的贷款政策又很宽松（一般首付20%），造成了市场上对房地产的强劲需求，直接推高了房地产价值。房地产价值的不断增值，导致了居民对房地产的投资性需求（拥有多套住房长期出租）和投机性需求（不是为了长期投资而是短期套利），也促使银行进一步放松贷款条件。一些贷款机构向低收入或低信誉购房者贷款，形成次级贷款。次级房贷的利率虽要高于优惠级房贷2%至3%，但次级贷款可以零首付。银行知道这隐藏着道德风险，但银行认为，反正房地产价值不断上升，即使次级购房者付不起房贷利息也不要紧，购房者可以卖掉房子，返还银行贷款，大不了银行收回房子再卖出。由此，房地产泡沫得以形成。

事实上，不独今天，早在19世纪，人们对金融泡沫和由此引发的经济危机的解释、流行的观点与今天是高度一致的。当时的学界和普通民众都如今天我们的许小年、李拉亚一样，普遍认为造成危机的根本原因，就是政府的错误政策：不负责任地滥发货币、存在垄断、滥用海关特权、存在贸易壁垒等。

陆克文在他的文章里虽然一直强调,应该极力反对激进主义的极端态度,但事实却是,他正走向一个极端而不自知的反方向。为此,许小年教授认定,陆克文否定新自由主义的文章是在误导他的读者,那么,同样的嫌疑也应落在许小年身上。许小年认为陆克文对经济学说史和经济史缺乏了解,他自己又何尝不是呢?尽管许小年们的观点充满着违背事实的结论,但这种观点代表了金融泡沫之后的一种流行思潮,值得我们认真地对待。

正如我们在前面提到的,早在19世纪,人们也经常性地将金融泡沫及由其引发的金融危机归因为政府的错误政策。但法国学者兼医生克莱门特·朱格拉(Clèment Juglar)并不这样认为,朱格拉认为"政治、战争、农业歉收以及气候恶化等因素并非经济波动的主要根源"。朱格拉的这一观点,得到了金融史上非常著名的"郁金香热"这一实证案例的有力支持。

据说,郁金香的花名源自土耳其语,意为"螺旋贝",16世纪中叶才传入西欧。而在那个时候,郁金香在君士坦丁堡已经风靡很久了。当时荷兰人崇洋媚外的国民心理,以及文人和学者们的生花妙笔,对郁金香在荷兰的流行乃至成为时尚,起到了推波助澜的作用。贝克·曼(Beike Man)对郁金香就不乏溢美之词:"好像没有任何一种植物能像郁金香那样美丽多彩,超凡脱俗。"

正是在文人们的推崇下,郁金香的名声在荷兰逐年提高。到1634年时,人们对郁金香的狂热程度提高到了无以复加的地步。当时的人们甚至认为,一个有身份和地位的人,如果不是郁金香的爱好者或收藏者,就说明他的趣味是低级的。那时的许多著名人物如安吉利斯和利普西尤斯,也都热衷于收藏郁金香。而中产阶级则对郁金香有着更为强烈的占有欲,无论是大商人还是小店主,甚至是经济状况一般的人,为了互相攀比,为了拥有更多郁金香的珍奇品种，也会不惜重金去抢购。

1634年，荷兰人把过多的精力都放在对这种花的占有上，甚至因此连国家普遍存在的人口问题和工业问题都置之不理。在那个时候，就连生活在社会最底层的人也来做郁金香生意。郁金香贸易越来越火，价格也随之水涨船高。到了1635年，很多人甚至愿意花10万弗洛林①的高价去买40株花。也就是说，每株花等于2500弗洛林。

那么，这2500弗洛林到底是个什么概念呢？当时，有一位名叫蒙丁的作家，写了一本厚达千页的书来描写人们对郁金香的疯狂追逐。这位用功的作家对这2500弗洛林所拥有的购买力，列了一份清单。在当时，这2500弗洛林=2拉斯特小麦（448弗洛林）+4拉斯特黑麦（558弗洛林）+4头肥牛（480弗洛林）+8头猪（240弗洛林）+12只羊（120弗洛林）+2桶果酒（70弗洛林）+4桶啤酒（32弗洛林）+2桶黄油（192弗洛林）+1000磅奶酪（120弗洛林）+1张大床（100弗洛林）+1套衣服（80弗洛林）+1只银酒杯（60弗洛林）。

很多外国人也在郁金香价格被炒到最高的时候，在利益的驱使下赶往荷兰，加入到对郁金香的疯狂追逐中。在当局看来，这次郁金香投机表现的是一种明显的不安全的金融投机活动。在这次投机活动中，正当的生意活动突然堕落为一种异乎寻常的赌博活动，这把荷兰共和国②的统治者们吓坏了。

沙玛（Schama）在他关于荷兰的黄金时代的历史书中，讨论了导致17世纪荷兰经济成功发展的动力问题。当时的共和国执政官一直试图在经济活动的"安全"与"不安全"区域寻找一种平衡，因为他们知道，持续稳

---

① 弗洛林，当时的荷兰货币。
② 其正式国名为尼德兰联省共和国（The Republic of Seven United Netherlands）。

定的经济安宁依赖于安全可靠的企业，而经济增长则有赖于一种从事新的冒险投机事业的意愿。

在共和国的统治阶级看来，经济和金融活动的安全区域就是诸如海上保险、维塞尔银行（Wissel Bank）及通过波罗的海进行的商品贸易，因为荷兰有效地垄断了这些贸易。虽然，他们为了谋取经济增长，也允许冒险投机，但他们却清醒地认识到，投机仍然是经济活动中致命的区域。为了有效隔离这种风险对本土的冲击，荷兰人将冒险的投机——向东方和美洲进行殖民掠夺及垄断东方、美洲贸易——都放在了那些距离本土颇为遥远的地方。

也正是基于"投机仍然是经济活动中致命的区域"这一认识，当时的共和国执政当局加强了对本土投机行为的监管。事实上早于1610年，荷兰政府就出台了一条法令，明确禁止"买空卖空"或"空头交易"。荷兰政府一直将期货交易看作赌博，因而一再颁布这条法令，而且随着荷兰于1621年恢复与西班牙的战争，这条法令得到延续，1630年又再次颁布了这条法令。

更重要的是，从大量的文献中我们不难发现，并没有证据显示，当时的执政当局曾出台过任何有助于泡沫形成的经济刺激政策。事实上，除了始终在重申禁止"买空卖空"或"空头交易"，强调"投机是经济活动中致命的区域"之外，政府在经济领域基本上采取的是一种自由放任的态度。

也正是基于这一原则，当郁金香泡沫越吹越大时，共和国的执政者们仍然拒绝直接干预，虽然他们认为这是金钱在一种无政府状态下作乱。他们认为，之所以会出现这种状态，是因为人们早已将所有用来规范大家采取道德的和冷静的商业行为的规章制度都抛到九霄云外去了。为了防止泡沫失控，除了再次颁布禁止"买空卖空"的法令外，更是于1634年掀起了一场反对这类投机行为的宣传运动，旨在从道义上对投机者予以劝诫。沙玛是这样来描述这场运动的：

> 荷兰的市镇地方长官认为，当务之急是制止大众迷醉于对郁金香的疯狂投机，而股票给社会带来的好处是次要的事情……于是，他们觉得不得不发动一场启发式的宣传攻势，通过散发传单、道德上的说教和印刷品来反对那些愚蠢行为，因为这些愚蠢行为的特别不道德之处就是把普通大众引入歧途。这次郁金香狂热亵渎了他们所有最神圣的信条：诚实、节俭、谨慎、在付出与得到报酬之间的正当理由和相关性。这次宣传热潮的目的是把投机倾向引入经济活动的安全区域。毫不奇怪，这些安全区域与由统治者阶层控制的区域一致。在这场反击运动期间出版了无数反投机思想的小册子[1]。

也就是说，整个郁金香泡沫根本就是自我生成、自我演化的结果，在整个过程中，几乎没有政府的影子。如果麦基仍然活着，我想他一定会支持我的这一观点的。原因是，这位英国历史学者在其著名的《大癫狂》[2]一书的前两章里，谈到历史上与郁金香热齐名的密西西比泡沫和南海泡沫时，对当时的法国与英国的政府和政客着墨甚多、大加嘲讽，从他的描述可见，这两场泡沫根本就是一场政府为达到减债目的而人造的泡沫。而他

---

[1] [美] 彼得·加伯. 泡沫的秘密：早期金融狂热的基本原理 [M]. 北京：华夏出版社，2003：34.

[2] 中国人民大学出版社 2011 版将其翻译为《财富大癫狂：集体妄想及群众疯潮》，这一译法是存在问题的，因为麦基的全书并不只是讨论经济问题，该书涉猎广泛，除经济问题之外，还涉及宗教、迷信。当然，该版本只是摘取该书的经济史部分而已，如果单就该版本的内容而言，在"大癫狂"之前缀以"财富"也并无不妥。

于该书的第三章提到郁金香泡沫时,我们几乎见不到荷兰政府及政客的影子。甚至当郁金香泡沫破灭,荷兰各地的商人召开大会,一致要求荷兰政府出面解决危机时,荷兰政府最初仍然"拒绝插手,只是建议商人们自行解决问题"①。事件最后转交海牙市议会处理,但议会给出的回复是"在没有更多资料之前,不能作出决议"②。也就是说,荷兰共和国的执政当局,到此时仍然秉持其一贯坚持的自由放任的态度。

从这里我们可见,一味地将投机泡沫和由此而引发的金融危机,都归责于政府显然是不合适的。纵使没有政府的存在和影响,投机泡沫及由此带来的金融危机同样会出现。事实上,早于朱格拉之前,马克思(Karl Heinrich Marx)和恩格斯(Friedrich Von Engels)就曾明确提出资本主义体系的致命弱点是它的自毁倾向,任何动荡与危机根本不是某个人、某个政府的失误所致,这种自毁倾向及其带来的危机正是资本主义制度固有的本质③。

但显然陆克文并不会这么认为,如果按照这位前总理的逻辑来看,荷兰郁金香泡沫和之后金融危机的发生,根本原因就在于当时的荷兰采取了一种自由放任的政策,也就是他文章中所说的新自由主义的路线。在这篇令许小年大为光火的文章里,他这样写道:"在新自由主义理论基础上建

---

① [英]麦基. 财富大癫狂:集体妄想及群众疯潮[M]. 北京:中国人民大学出版社,2011:152.
② [英]麦基. 财富大癫狂:集体妄想及群众疯潮[M]. 北京:中国人民大学出版社,2011:152.
③ 在《共产党宣言》里,马克思和恩格斯这样写道:"资产阶级用什么办法来克服这种危机呢?一方面不得不消灭大量生产力,另一方面夺取新的市场,更加彻底地利用旧的市场。这究竟是怎样的一种办法呢?这不过是资产阶级准备更全面更猛烈的危机的办法,不过是使防止危机的手段越来越少的办法。资产阶级用来推翻封建制度的武器,现在却对准资产阶级自己了。但是,资产阶级不仅锻造了置自身于死地的武器;它还产生了将要运用这种武器的人——现代的工人,即无产者。"参见:http://cpc.people.com.cn/GB/64184/64190/66153/4468837.html.

立的国家和全球监管框架是如此不堪一击,根本无法阻止经济重创造访全球。"从其字面意义理解,他似乎想表达这样一种观点,那就是只要我们摈弃了自由放任、摒弃了新自由主义理论,而走上他所认为的国家干预之路、大政府主义之路,那么荷兰郁金香式的泡沫是完全可以避免的。但这会是事实吗?我是深表怀疑的。

不稳定的市场:明斯基的解释

就泡沫和由其引发的经济危机问题,同属于凯恩斯主义阵营的海曼·明斯基(Hyman P. Minsky)教授则给出了与陆克文截然不同的解释。明斯基来自华盛顿大学圣路易斯分校,他用毕生精力拓展了凯恩斯(John Maynard Keynes)提出的理论。这位凯恩斯的信徒,还曾为凯恩斯写过一本非常著名的传记,并出版了著作《稳定不稳定的经济》。在这本专著里,他发展了凯恩斯的观点,也形成了自己的主张。他指出,凯恩斯的观点常常被学者们,甚至那些自诩为凯恩斯主义者的学者误读。明斯基通过分析凯恩斯《就业、利息与货币通论》中常被人们忽视的那些有关银行、信贷及金融机构的章节,并综合了凯恩斯的另一部重要著作——《货币论》——里的观点,指出凯恩斯论证了一个极其重要的结论,那就是,内在不稳定性是资本主义内部存在、不可避免的缺陷。正是资本主义的这种内在的不稳定,导致了金融乃至经济的危机。明斯基的分析则进一步明确指出,凯恩斯强调的内在不稳定性来源于资本主义的基石——金融机构,他说:

凯恩斯很清晰地分析过,资本主义经济存在一些根深蒂固的缺陷。

这些缺陷的存在又是源自金融体系对资本的不懈追涨，把企业家的冒险精神转化为投资的有效需求。这会带来投资的膨胀，造成经济失去控制地扩张。

在明斯基看来，不断增加的信贷活动，会使金融体系变得脆弱，这种失去控制的扩张也就会演变为金融乃至经济危机。凯恩斯和明斯基的这一观点无疑是正确的，但却是不充分的。因为更多的史料证实了，泡沫及由其引发的金融危机乃至经济危机，并不只是资本主义的特产。

事实上，投机泡沫和金融动荡史，最早可以追溯到公元前2世纪的古罗马共和国时期。当时罗马共和国的法律允许财产可自由转移，譬如金钱借贷必须支付利息；譬如只需银行出具证明，即可在罗马全境向换汇商兑换外币或要求支付。更重要的是，当时已存在股市概念。在当时，罗马共和国存在着一种叫资本家公会的组织，其组织形态与现代的股份公司接近，资本家公会是独立于会员公司的法人机构，所有权以股份区分。他们也设有管理部门，并公开相关账目，有时也会召开股东大会。

这一时期的股票价格就已出现上下剧烈波动。希腊历史学家波利比奥斯（Polybius）[1]就曾写道："（在当时整个罗马境内）拥有股票已经成为全民运动。"而在罗马帝国皇帝尼禄（Nero Claudius Drusus Germanicus）的宠臣盖厄斯·佩特罗尼乌斯（Aius Petronius）[2]的笔下，整个罗马则完全处于一种疯狂状态，"邪恶的高利贷及拜金主义当道是双重漩涡，它常让

---

[1] 波利比奥斯（前200—前118），生于伯罗奔尼撒的梅格洛玻利斯，是一位希腊军人，对历史学的兴趣引导他加入到探险的行列之中。在大约60岁的时候，他开始研究和撰写罗马帝国史。

[2] 佩特罗尼乌斯是罗马帝国皇帝尼禄的宠臣，据说也是《讽世录》一文的作者，该文最多篇幅和最出彩的部分是讽刺刚被释放的富裕自由民特里马尔奇奥的粗俗，书中所引正是来自这一部分。

市井小民葬身其中……后续问题更是如影相随，终于如蛆附骨"。从这种种的描述可见，当时应曾出现过，且是反复出现过投机泡沫，和由此引发的金融危机的，也就是说金融泡沫和金融动荡早于此时就是一种常态。而其形态与我们今天所遇的投机泡沫和金融动荡，更没有什么本质的区别。

随着西罗马帝国于公元410年沦陷，整个欧洲逐步步入了中世纪，占主导地位的封建体制，逐步废除了许多罗马时代的制度。被视为不公平、不合法、败德行为且危及国家整体的金融交易①，也随之彻底停止。但随着文艺复兴运动的兴起，倡导以人为本的古希腊和古罗马的一些制度和文化，重新引起了人们的关注②，罗马共和时期曾出现过的金融交易，也随之得以恢复。从13世纪中叶开始，威尼斯就开始在市中心的里亚托（Rialto）地区买卖政府证券。可能的情况是，当时出现了非常严重的投机泡沫，及由此而出现的市场恐慌和崩溃。也正是因此，作为政府干预的一部分，有关当局于1351年出台了极为严苛的法令，禁止市民散布任何可能打击政府证券价格的谣言。共和国总督及公爵议会也试图禁止内线交易。

综上可见，早在罗马共和国时期和文艺复兴初期，欧洲的金融市场就已表现出其不稳定的一面了。但我们却不能由此而得出罗马共和国或文艺复兴初期的意大利，就是资本主义社会这样一种结论。也正是因此，凯恩

---

① 中世纪遵循的是亚里士多德的"公道价格"观念，著名神学家艾奎纳斯就曾指出，"卖得比真正价值贵、买得比真正价值便宜"的行为都是不公平及不合法的。高利贷应受到谴责，而投机则被认为不道德，且危及国家整体。中世纪思想之父圣奥古斯丁则将不知节制地求财、争权及好色视为三大罪。在他所建构和宣扬的天国，没有任何空间是留给投机者的。

② 文艺复兴是13世纪末期在意大利各城市兴起，以后扩展到西欧各国，于16世纪在欧洲盛行的一场思想文化运动。人们以复兴古希腊和古罗马文化为由，提出应以人为中心而不是以神为中心，肯定人的价值和尊严的观点和主张。主张人生的目的是追求现实生活中的幸福，倡导个性解放，反对愚昧迷信的神学思想，认为人是现实生活的创造者和主人。

斯和明斯基所得出的"资本主义金融机构内在的不稳定,导致了金融乃至经济危机"的结论,是值得商榷的。

值得商榷的不是市场的不稳定性,而是他们认为的,只有资本主义社会才具有这种不稳定性。凯恩斯和明斯基的局限在于没有将这种不稳定放到更为宽广的时间里,去对人类社会发展史予以考察。

那么,到底是什么因素导致了市场的内在不稳定呢? 17世纪的荷兰学者德拉维嘉的困惑或许能给我们一些启示。

德拉维嘉的困惑

15世纪时,意大利的金融交易行为如其文化作品一样,开始席卷整个欧洲。在那时的莱比锡交易会上,人们可以自由买卖德国矿场的股票。巴黎的圣日耳曼交易会上,则不仅可交易彩券,还可交易市政公债和存单。而当时世界上最大的交易所当属位于佛兰德尔地区①首府安特卫普的安特卫普交易所,这是全球首家全年开放而不是定期开放的市场,因此它也被人们称为"经年累月的交易所"。

当时,安特卫普的一位名叫库尔兹(Kurz)的大宗商品交易商,对市场上经常会出现的价格波动的现象产生了浓厚的兴趣,经过研究,他认为未来的价格可通过观测星象来感知:"受到上帝的影响,情绪或欲望会蒙蔽自然因素。"也正是因此,他认为一般人会在价格最高时进场。库尔兹

---

① 欧洲历史地名。位于中欧低地西部、北海沿岸,包括今比利时的东佛兰德省和西佛兰德省、法国的加来海峡省和北方省、荷兰的泽兰省。

可以算是世界上最早的证券分析师，也是最早试图来探究资本市场运行机制的人。只是后来他的兴趣彻底转向了占星术，且其关注点也不再是金融市场而是政治。

我不知道作为安特卫普人的库尔兹，是否利用其占星术成功预测到了八十年战争[1]的爆发，但当时经济最为发达的佛兰德尔地区的首府，最后为西班牙所控制，其衰落也由此而始。由于笃信天主教的西班牙人的直接占领和治理，成千上万的清教徒和犹太人纷纷逃离被西班牙人控制的包括安特卫普在内的南尼德兰地区（今比利时王国），这些人怀揣着大量的资金及交易技巧抵达北尼德兰，也就是今天的荷兰。他们带给荷兰以巨大的震撼，到了 17 世纪初，荷兰共和国已成为欧洲最发达、最具活力的经济体。随着这些难民而来的，还有证券交易所。1610 年，阿姆斯特丹交易所正式成立，交易所内交易着各式各样的金融产品：大宗商品、外汇、股权和海上保险等。在当时，甚至已经出现期货交易和融资业务——投资者可将股票质押借款，然后再购买更多的股票。

对于当时的股票市场，德拉维嘉在其《混乱中的困惑》（*Confusion de Confusiones*）一书里做了记载，这本以西班牙文写成的书，于 1688 年在阿姆斯特丹出版。[2]在这本书里，德拉维嘉借由一位商人、一位哲学家和一位股市投资人之间的对话，来形容股市是疯人院，充斥着荒诞不经的迷信、诡异的言行及难以抗拒的吸引力。在德拉维嘉眼里，投机客"不稳定、不理性，又骄傲，又愚蠢。他们卖股票时不知道动机，买股市时也不知道理由"。

---

[1] 八十年战争（Eighty Years' War, or Dutch Revolt）发生于 1568—1648 年，是荷兰（即尼德兰联邦，荷兰只是联邦七省之一，不过多数以"荷兰"称呼之）清教徒反抗西班牙统治所展开的战争。该战争又称"尼德兰独立战争"或称"荷兰独立战争"。

[2] 关于这本书，国内有经济管理出版社于 2005 年出的译本，书名被翻译为《乱中之乱：股市三人谈》。

他们的行为让股价出现不必要的波动。

在德拉维嘉的笔下，投机客具有很多情绪暴起暴跌的特征。这种夹杂疯狂及抑郁两种极端的情绪，相当激烈、难以控制。身处疯狂期间，他们精力充沛、浮夸不实、贪心不足、兴致勃勃、心神涣散、口若悬河、散发出迷人的气质，并能左右他人，最重要的是无比乐观。相伴而来的是，他们的预期也就愈来愈脱离实际，疯狂便成为定势，这也就注定他们的沉沦将成为不可避免的结局。一旦情绪逆转，他们就会变得异常谨慎小心、紧张不安、精神不振、内向害羞、犹豫不决并极端缺乏自信。也就是说，于德拉维嘉看来，人的疯狂、惊恐和非理性，才是股市乃至经济之所以剧烈波动的根源。

第二章

人性让市场变得总是不稳定

尽管我们大都觉得自己的行为是理性的，
但实际上，我们更容易做出非理性的举动。

如何定义泡沫

德拉维嘉的观点，得到了很多人的赞同和继承。麦基无疑是最引人注目的一位，他将历史上历次发生的荒唐之举，都归结为非同寻常的大众幻想与全民癫狂。他在《大癫狂》一书前三章，关于密西西比泡沫、南海泡沫和郁金香投机潮的论述，对20世纪金融市场的参与者和观察家的思想产生了重大的影响。

华尔街的传奇人物伯纳德·巴鲁克（Bernard Baruch）就曾给麦基的这本书写了一篇导论。在导论中，他强调了在所有经济活动中大众心理学的重要性。

除此之外，华尔街的另一位天才投资者大卫·德雷曼（David Dreman）也强调了确定资产价格时心理学的因素，并把郁金香狂热当成是市场狂热的样板。在讨论接下来发生的巨大的投机崩溃时，他把郁金香狂热看作一种恒久不变的比喻。他叙述道："如果我的邻居试图要价5000美元卖给我一株郁金香，我只会笑话他……然而，可悲的是，在这次郁金香狂热中，像我们很快就会看到的一样，一株郁金香却确确实实地卖出了5000美元。一个人花掉一所房子的钱，就为了买下一朵花，这真是太荒唐了……"而经济史学家金德尔伯格在他那本著名的《疯狂、惊恐和崩溃：金融危机史》里，更是将投机泡沫和金融危机的一再爆发，归结为人性固有的非理性，归结为人的行为中的疯狂、惊恐。[1]

除此之外，野口悠纪雄和罗伯特·希勒（Robert J. Shiller）显然也秉持这一观点。就"泡沫"这一概念，日本早稻田大学的野口悠纪雄教授所给出的定义是："现实资产价格与实体资产价格的差，称为'泡沫'。"他所做的进一步阐释是，"泡沫"是指现实资产价格中，实体经济不能说明的部分。[2]在他这一观点提出后的第八年，也就是2000年，美国耶鲁大学的希勒教授响应了这一观点，在《非理性繁荣》一书里，希勒曾做过这样的表述：

新千年来临前夕，一次前所未有的飙升使股市达到目前这个惊人的高度。道琼斯工业平均指数（简称"道指"）1994年年初还在3600点附近徘徊，而到了1999年却已经突破了11000点大关，以道指为代表的股市整体价格在5年内的总涨幅超过了200%。2000年刚一到来，道指便又突破了11700点。

然而，与此同时，一些基本经济指标却并没有同幅增长：美国居民个人收入和GDP增长不到30%，如果再剔除通货膨胀因素的话，这个数字还要降低近一半；企业利润增长不到60%，而且这个数据是从阶段性萧条开始计算的。从这些数据中，我们不难看出股价的增长是没有理由的。

对于这一现象，希勒进一步提出了他的疑问："既然实体经济的增幅并不足以支持股市上涨到如此高度，那么，是什么因素将股价抬至如此高的水平？"在解答这一问题时他引入了"投机泡沫"这一概念，他说"是不是由于投机性泡沫在其中作用呢？"[3]从其全书的论述来看，答案无疑

---

[1] 金德尔伯格最为知名的著作就叫《疯狂、惊恐和崩溃：金融危机史》，这是一部一版再版的著作，但凡出现金融危机，他都会对这本书进行史料增加，然后出版。如果不是因为他已于2003去世，我想于2009年他还会继续修订的。

[2] [日] 野口悠纪雄. 泡沫经济学 [M]. 北京：生活·读书·新知出版社，2005：32.

[3] [美] 罗伯特·希勒. 非理性繁荣 [M]. 北京：中国人民大学出版社，2004：2-3.

是肯定的。为此,他进一步为投机泡沫做出如下定义:"所谓投机泡沫,是指不是由真实的价值和基本面信息所引起,而是由投资者购买行为所造成的价格增长。"而正如其书名所表明的,于希勒看来,投资者的这种购买行为完全是非理性的。早于希勒和野口悠纪雄之前,金德尔伯格就在其所著的《疯狂、惊恐和崩溃:金融危机史》一书里提到,投机泡沫简单地说就是市场过热,而在他看来,"过热"一词单从字面上理解就是非理性的。

就他们的观点,布朗大学经济学教授加伯做了一个恰当的总结,虽然他带着浓浓的不屑和嘲讽,他说,在这些人看来,"这些事件(历史上的历次投机泡沫),被视为非理性的大爆发。自发的乐观主义情绪的高涨,不断地给资产价格打气,并将投资和资源,不适当地吹大到如此巨大的程度,以至于接下来不可避免地要引发崩溃和重大的金融和经济灾难"。[1]

理性并不总是靠谱

公地悲剧

除了加伯之外,新古典主义的领军人物、诺贝尔经济学奖得主米尔顿·弗里德曼(Milton Friedman)显然也不能接受金德尔伯格等人的观点。在他与金德尔伯格的交流中,就曾公开质疑过其观点,他说:"投资者如果总是在价格上涨时买进、下跌时卖出,这种贵买贱卖肯定会造成亏损,这完全不符合适者生存这一机制。因此,他得出这个世界上根本不可能存在

---

[1] [美]彼得·加伯. 泡沫的秘密:早期金融狂热的基本原理[M]. 北京:华夏出版社:2003:3.

不稳定的投机这种可能。"他所基于的观点是，人是自私的、功利的，但更是理性的，因此人类会理性地追求自身功利的最大化。在他看来，每个经济行为主体对未来事件的预期也必然是合乎理性的。也就是说，人类努力最大限度地获取他们认为有用的东西，他们理智地进行着这一切，同时进行着这些计算。

以弗里德曼为代表的新古典主义者的理论主要依靠这样一个事实，即在他们概念中的人类是非常精明的。但事实并不总是如此。再回到弗里德曼所提到的"贵买贱卖"这个问题上来。老实说我们无法想象，在这个世界上会存在一个刻意的专挑贵时买而贱时卖的投资者。其实，我们之所以能够判明，某人当时买贵了或卖贱了，都属于典型的事后判断。在事前和事中，很难判定其当时所买价格，到底是买贵了还是恰好。投资者之所以在贵时仍然做出买入的决定，肯定是经过再三分析、反复权衡而得出投资标的仍会大幅上涨这一结论的。从这里可见，理性的确存在，但却非常有限：尽管我们大都觉得自己的行为是理性的，但实际上，我们更容易做出非理性的举动。

这类的事情可谓不胜枚举。我们知道，婚姻和职业之于每个人，可以说是终身大事，其选择必然是慎之又慎，自己与家人、朋友会反复观察和比较，再三权衡后才会做出决定。但事实却是，纵然如此，于现实世界里，还是有太多太多的人缔结了错误的婚姻，太多太多的人选择了错误的职业。由此可见，纵使从理性出发，人们也并不一定能够到达正确决策的彼岸。

可见，弗里德曼显然是严重地误读了达尔文（Charles Robert Darwin）。虽然达尔文强调过，任何一种生物、任何一个个体都必须做出最有利于自己的选择，否则它将无法生存。但问题在于，达尔文强调的只是适者生存，他并没有保证，每一物种或种间的每一个体都能够生存下来。达尔文的这种表述也就隐含着这样一种观点：对于大多数生物而言，它们看似做出了对自己有利的选择，但事实却是，它们经常不能做出真正有利于自己的选择，所以它们最后多不能适应环境的变化而被无情地淘汰出局。

为此，金德尔伯格很不客气地批评新古典主义者错把假设当真实。他说："当然，理性只是一个假设，它更多地描述世界应该怎么样，而并非现实世界怎么样。"[1]

那么，再退一步，假定弗里德曼是对的，也就是说，我们假定所有的人都是理性的，其所有的行为都符合理性原则。按照微观的全集就是宏观这一逻辑推论，那么，个人利益最大化的全集，就必然是整体利益的最大化。但事实却恰好相反。经济学里有一个概念叫合成谬误（fallacy of composition），这个概念最早是由保罗·萨缪尔森（Paul A. Samuelson）提出来的。在由他编著的《经济学》一书里，他是这样写的："由于某一原因而对个体来说是正确的，便据此而认为对整体来说也是对的，这就是合成推理的谬误。"换言之就是：微观上而言是对的东西，在宏观上并不总是对的。

我不知道萨缪尔森这一观点的提出是否受到威廉·福斯特·劳埃德（William Forster Lloyd）的影响，虽然他们的观点是那么的接近。但有一点却是可以肯定的，那就是劳埃德确实影响了美国科学家加里特·哈丁（Garrett Hardin）。1968年，哈丁在学术期刊《科学》上发表了一篇题为《公地的悲剧》（The Tragedy of the Commons）的论文。这篇对后世影响很大的论文，就是他在劳埃德的比喻上延伸而成的。

劳埃德的故事是，假设有一个向一切人开放的牧场，如果每个人都基于经济人假设出发，都谋求自身利益最大化，那么大家都会毫不犹豫地多养羊，因为收益完全归自己，而草场退化的代价则由大家负担。每一位牧民都这样思考时，"公地悲剧"就上演了——草场持续退化，直到所有人都无法再养羊。经济学家和其他社会学家眼里的理性行为，在这时事实上

---

[1] [美]金德尔伯格. 疯狂、惊恐和崩溃：金融危机史（第五版）[M]. 北京：中国金融出版社，2011：40.

已经演化为理性的恶行。

其实，这种理性的恶行，并不只是发生于劳埃德和哈丁论文所假设的场景里，而是实实在在地发生于我们这个现实世界。著名演化生物学家、加利福尼亚大学洛杉矶分校的贾雷德·戴蒙德（Jared Diamond）教授在他的《崩溃：社会如何选择成败兴亡》一书里曾提到这样一件事情：在蒙大拿，大多数人钓的是鳟鱼；少数人喜欢钓梭子鱼，这是一种会吃其他鱼类的大鱼，但这种鱼并非蒙大拿西部的本土物种。那些喜欢垂钓梭子鱼的人就偷偷地将梭子鱼放入蒙大拿西部的湖泊和河流里，这对当地的鳟鱼无疑造成极大的威胁。最初阶段，受益者自然是那些喜欢钓梭子鱼的家伙。但随着鳟鱼及其他鱼类的锐减，梭子鱼的食物链慢慢地开始断裂，那些钟情于钓梭子鱼的人也受到了影响，到最后他们也沦落到无鱼可钓的尴尬境地。也就是说，最符合个体理性的选择，往往导致的却是集体的非理性。

更有甚者，扯着"利己"原则做大旗，认为损人利己没有什么不对。在没有相关法令约束或法律执行力不够的情况下，这些行恶者深受巨大、确实和即时利益的驱使，工于心计，但蒙受损失的却是大众。戴蒙德曾提到的蒙大拿矿产主们在公司的案例无疑是这类恶行的典型例证。在1971年之前，蒙大拿的那些矿产公司倒闭后一走了之，任由含铜、砷和酸性物质的废水渗入河流中。这是因为，当时蒙大拿州政府并没有法律规定矿场关闭后，矿产公司必须清理环境。到了1971年，蒙大拿州议会通过了相关法律，但"道高一尺，魔高一丈"，那些矿产公司采取的应对策略是，它们只要将高价值的矿石挖掘出来，便立马宣告公司破产。如此一来，便可省掉一大笔清理环境所需的资金。结果数以亿计的环境治理费用便落到了蒙大拿州的纳税者头上。

事实上，对于这种现象，大卫·休谟（David Hume）早已做出过批评。他说人们的行为常常和他们所明知的利益相抵触，尤其是他们宁取任何现实的些许利益,也不顾维持社会秩序。[1]

这样的事件还有很多。譬如,某些奶制品企业为了降低原料成本,而在其牛奶中混掺入三聚氰胺。从经济人的理性出发,降低成本,努力将自身利益最大化,这些行为无可厚非。但问题却在于,这些企业虽然降低了100万元的原料成本,但整个社会却要为此付出巨大的代价——无数儿童的健康和数以亿计的善后费用。

事实上,这样的恶行在股票市场上也经常性地上演着。一些精明的投机者,通过各种手段,极力将股市的泡沫越吹越大。而一旦股市走势逆转,市场开始大跌,他们则又必然忽悠道:如果任由大盘继续下跌,那么必然会引发事关经济全局的系统性风险。这时他们摆出一副忧国忧民的姿态,要求政府介入。政府基于经济全局的考量,不得不出手救市。投机者们则正好将手中的股票出手。这样一来,政府的态度也为我们的经济领域创立了一个新的规则:那就是,对于投机者实行"社会主义"。也就是说,投机者的利润被私有化,但损失却由国家承担,由纳税人支付,其败坏的,无疑是我们的市场和国家声誉。

政府的这种应对,即以通过政府的名义、让信用变得更为容易获取的方式,来阻止危机的发生和扩散,等于是不问是非地给那些投机者提供某种最终担保,这反过来又为市场带来更大的"道德风险"。也就是说,那些现在被危机困扰的投机者,还会继续不负责任地耍以前的把戏,只要他们心里料定,政府会在他们陷入泥潭时出手把他们拉上来。

囚徒困境

除"公地悲剧"之外,"囚徒困境"也证实了理性的恶行。这是美国

---

[1] [英]休谟. 人性论[M]. 北京:商务印书馆,1996:575.

兰德公司（RAND Corporation）于 1950 年提出的博弈论模型。"囚徒困境"的故事讲的是，甲与乙合伙抢劫了一家银行，但很不幸，在作案后不久，他们俩就被警察抓获，被拘捕关押，但互相隔离。他们被抓的时候，搜出了没有登记过的随身左轮手枪一支。但是除了非法持枪这个铁证之外，检控方并没有确凿的证据来起诉他们抢劫银行的罪行。他们也知道检控方证据不足，所以他们现在只要一口咬定没抢银行，那就最多因非法持枪罪判刑 1 年。警察知道两人有罪，但苦于缺乏足够的证据。这于警察而言，无疑是个无奈的局面。

这时有个年轻的检控官站了出来，他说："我有办法。"这个聪明的检控官，先后见了甲和乙，并与他们进行了交流。在交谈中，他告诉他们：如果两人都不坦白，他们会因非法携带枪支的罪名各判刑 1 年；如果其中一人坦白而另一人选择沉默，坦白者作为证人将不会被起诉，另一人将会被重判而入狱 10 年；如果两人都坦白了，那么两人都会以抢劫罪名各判 5 年。那位年轻的检控官临走时扔下一句话："你好好想想吧，明天早上我们会正式提审。"于是，在这个夜晚，嫌犯甲和乙都辗转反侧，权衡利弊，以期做出对自己最有利的选择。

于他们而言，各自的选择会产生 4 种可能的结果，我在这里把这 4 种结果都罗列出来，见表 2-1。

表 2-1 囚徒困境的 4 种结果

	乙选择沉默	乙选择坦白
甲选择沉默	甲和乙各被判入狱 1 年	甲被判入狱 10 年，乙获自由
甲选择坦白	甲获自由，乙被判入狱 10 年	甲和乙各判入狱 5 年

好，我们来看一下他们的选择思路。以甲的角度，他现在不知道同伙

乙会怎么选，所以他必须考虑乙做出的每一种选择，以及可能给他带来的后果。

假如乙选择了沉默，那么甲现在做哪个选择更划算呢？如果甲也选择沉默，那他只需要坐1年牢而已；但如果甲坦白了，那么他连那1年牢也无须坐了，可以直接获得自由。所以如果乙沉默的话，对他而言应该选坦白从宽更为划算。

假如乙选择了坦白，那甲的两种选择分别会带来什么样的后果呢？如果甲选择沉默，那他就得坐10年牢；如果甲坦白，则甲要被关5年。选择坦白无疑更为划算。

基于上述推论，无论乙做出何种选择，甲选择坦白无疑都更为划算。于是，坦白便成为甲唯一合理的、利益最大化的选择。但问题在于，基于同样的推论，乙同样也会选择坦白。这样一来，第二天早上，当检控官正式提审时，他们将会毫无悬念地得到两份认罪供述。这个毫无悬念的结局就是经典"囚徒困境"的唯一答案。虽然，明明有一个"你好我也好"——他们只会因非法携带枪支而被判入狱1年——的可能，但个体的理性，硬是将他们逼入了一个悲惨的困境，各判入狱5年。

这不仅仅是理论上的结果，也得到了实证证据的有力支持。2014年，由于风调雨顺，农业专家就预测该年南方某省的荔枝将会大丰收。见到这一报告后，主管农业的官员却忧心忡忡，原因是荔枝的增产导致的必然结果就是其价格的下降。为了防止果贱伤农的事情发生，相关部门建议果农将荔枝树上的花打掉三分之一，通过压低产量来稳定价格。但结果却令相关官员大跌眼镜，正如之前他们所担忧的，这年荔枝大丰收了，荔枝价格下降不说，还造成了严重的滞销，大量的荔枝烂在枝头无人问津。这是相关部门最不愿意看到的局面。那么，为什么会出现这样的局面呢？原因就出在"囚徒困境"上。

于某位果农而言，其他果农响不响应政府的号召去压缩产量，于我而言增加产量总是会占便宜。他的推论是：如果别人压缩产量，那么别人就帮我提高了价格。他们压缩产量的时候我增产了，那么我就可以充分享受别人以牺牲产量把价格提上去的好处。而如果别人也增产，我自己压缩产量则只会把市场份额让给别人。正是在这样的理性推论下，所有的果农都选择了增产而不是压缩产量。本来可将荔枝的销售价格稳定的，可正是由于这种理性，导致的结果是大家都只增了产量却减了收入，一年下来，白忙活了一场。

放眼投资市场，我们也能观察到类似的现象。人们买入股票是因为看好其性价比，比如估值不高、有较好的成长性等，以便未来获得较高的投资收益。但是，如果每个人都同时竞相买入，股价就会飙升，这时性价比就会大幅下降。在这样的条件下，买入股票不仅不能带来盈利，反而会因为追高买入而直接招致损失。

与买入相反，卖出股票是为了兑现盈利，或者回避风险。如果只是一个人或少数几个人卖出股票，不会对市场造成影响，可以实现兑现盈利的意图。但是，如果每个人都这么做，必然会导致股价急跌、暴跌。本意是锁定利润、减少损失的卖出行为，这时却直接导致股价大跌，不仅意图泡汤，最终还放大了风险。这样的例子在股市里并不鲜见，没有人能幸免，没有股票能躲过。

就投资市场上所发生的微观有效、宏观无效现象，在一封写给耶鲁大学希勒和约翰·坎贝尔（John Campbell）的信中，萨缪尔森这样写道：

现代的各种市场表现出相当的微观有效性。（少数人注意观察市场对于微观有效性的偏离，并且能够通过套利从中受益。这样，他们消除了导致微观失效的因素。）然而我同时假定市场具有宏观失效的特点，这与我上面阐述的毫不矛盾。宏观非有效性表现为证券价格综合指数的波动长期偏离各种基本面指标……尽管市场观察家的敏锐力越来越受到肯定,但这种长期的偏离却一直没有得到修正。[1]

回到亚当·斯密那里

包括弗里德曼在内的新古典主义者一直认为,他们的观点来自亚当·斯密(Adam Smith)。在1776年出版的那本伟大的著作《国富论》里,斯密提出了至今仍被人们奉为神明的"看不见的手"的理论:众多经济个体在追逐个人私欲和不同利益的同时,促成了稳定、具有自我调节能力的经济体系的产生。个体选择行为看似混乱,但其背后则暗藏着稳定和秩序。

这种坚持市场具有稳定功能的信念,必然导致一个重要的结论:如果市场具有自我调节的功能,且其决策机制总是符合理性原则,那么市场上的资产交易价格便应该总是准确合理的。也正是基于这种理念,法国数学家路易斯·巴舍利耶(Louis Bachelier)在其1900年出版的《投机理论》(Theory of Speculation)里就提出:资产价格是由市场的供需所决定的,价格能够准确地反映所有的市场信息。在他看来,资产价格不会被低估也绝对不会被高估,市场总是会完美地体现出其基本价值。而资产价格之所以剧烈波动,只是因为市场对新的信息的理性和自动反应。也正是基于这一理念,在1929年的8月或者9月,普林斯顿大学的经济学家约瑟夫·劳伦斯(Joseph Lawrence)自信地宣称:"在令人鼓舞的证券市场,数以

---

[1] [美] 罗伯特·希勒. 非理性繁荣[M]. 北京:中国人民大学出版社,2004:247.

百万的投资者的共识表明，股票价格目前并没有被高估。"他的这一讲话是专门针对美联储的总设计师、卓越并富有声望的银行家保罗·沃伯格（Paul Warburg）的。在这之前，沃伯格发表了一个不那么乐观的预警，他说："如果这种投机交易的放纵，不被约束而散播太远的话，最终的崩溃将带来覆盖全国的大萧条。"显然，劳伦斯更相信投资者的智慧。

虽然"大萧条"已经证明了，投资者并不总是像巴舍利耶、劳伦斯们所认为的那样富有智慧，但经济、金融学术界却并没有因此而死心，第二次世界大战之后很多学者，如罗伯特·卢卡斯（Robert E. Lucas）、尤金·法玛（Eugene Fama），以及我们在前面提到的对麦基、金德尔伯格等人大加嘲讽的加伯等等，建立了大量复杂精巧的数学模型，旨在证明市场的理性有效。他们同样坚信，市场价格就是准确的，资产价格不可能被高估或低估。因为他们坚信，所有的人——当然包括投资者在内——的所有市场行为，永远都是理性的。他们完全排除了，一个理性的人，也许有时会做出非理性之举来。

他们所秉持的这一观点，显然并不是斯密及其代表的古典经济学派所认同的。在谈到南海泡沫时，斯密就曾说过"大量房地产主享受着高额的资本利得。因此，很自然地，管理中将盛行愚蠢、疏忽和挥霍浪费"[1]。同样，现代经济学之父阿尔弗雷德·马歇尔（Alfred Marshall）虽然从来都没有使用过"非理性"这个词，但从其表述来看，他显然并不排斥这个词汇。在《货币、信用和商业》一书里，他就曾做过这样的表述：

鲁莽从事贸易的恶魔，总是很容易扩散到相关的人群。当市场上出现

---

[1] [英]斯密. 国富论[M]. 纽约：现代图书馆，1937：703-704. 转引自：[美]金德尔伯格. 疯狂、惊恐和崩溃：金融危机史[M]. 北京：中国金融出版社，2007：27.

某家银行信用危机的谣言时，人们会疯狂地出售其所持有的该银行的票据；他们对谣言的信任是无知的，其原来的不信任也是无知的。处于谣言漩涡中的银行原本是可以逐步偿还贷款的，但人们争相挤兑往往会导致其倒闭。一家银行的倒闭反过来又将引起市场对其他所有银行的信任危机，甚至那些原本十分健康的银行也随之倒闭。这一过程就如一座木屋着火后迅速蔓延至另一座，直至将防火墙也卷入火海一样。①

从这里可见，以弗里德曼为代表的新古典主义者，显然已经遗忘了古典经济学曾立足的某些关键的基本原理。对此，美籍日裔学者弗朗西斯·福山（Francis Fukuyama）有着非常深刻的认识，他说："最早的古典主义经济学家亚当·斯密认为人们受私欲驱动来改善他们的条件，但是他从来不会赞同经济活动仅仅是理性地追求功利的最大化。的确，除了《国富论》，他的另一本重要著作《道德情操论》阐述了经济动机的高度复杂性。"②

确实如此。譬如，如果按照弗里德曼们的理性观点，那么所有的女人，都应该考虑嫁给世界上最具有权势的男人才对。但事实并不总是如此，很多女人仍然会选择爱情，而不是以对方的权势作为标准。同样，这一理论也无法解释，每次在危急关头，父母们为什么总是会选择以牺牲自己为代价，去换取自己孩子的生命。但心理学却可以解释——那根本就是人的本能反应。

由此可见，人类远非新古典经济学所假设的那样，在任何博弈机制下都能精确地对利弊进行权衡，而是无时无刻不受到宗教信仰、习俗、惰性、情感认知局限乃至本能的羁绊。

---

① [英]马歇尔.货币、信用和商业[M].纽约:奥古斯.凯利,1965:305.转引自:[美]金德尔伯格.疯狂、惊恐和崩溃：金融危机史[M].北京：中国金融出版社,2007：27.

② [美]弗朗西斯·福山.信任：社会美德与创造经济繁荣[M].海口：海南出版社,2001：21.

被忽略的人的动物精神

被忽视的"人"

薛涌在他的《国家强盛之道：怎样做大国》一书里曾提到："本书虽然叫'怎样做大国'，但大国仅是一个背景，一个生活场景。书的核心是人。"可惜他的定义与他实际走的路线却并不一致。这位美籍华人学者显然继承了另一些美籍华人学者，如宋鸿兵、陈志武们的衣钵，在他那本教人"怎样做大国"的书里这样教导我们："金融是经济的神经中枢。大国经济离不开大国金融。19世纪初英国崛起为'日不落'帝国，也正是伦敦取代阿姆斯特丹成为世界金融中心的时刻。19世纪末美国成为世界第一大经济体，正好和华尔街崛起为世界金融中心同步。过去四分之一世纪，中国靠着劳动力密集型的制造业实现经济起飞，正从世界最穷国家的行列步入中等发达国家，并成为世界的经济大国。"

国际货币基金组织以购买力平价为基准方式而得出2008年中国排名世界第二大经济体，他对此大发感慨："有如此举足轻重的经济地位，中国却没有一个世界级的金融中心。""这种缺乏世界级金融中心的状况，与中国作为世界经济大国的地位极不相符。比如，中国在过去四分之一世纪的强劲发展中积累了世界最大规模的外汇储备，却几乎只能认购美国的国债、购买美元资产，并冒着这些积累会随着美元贬值而大幅度缩水的危险。想为自己辛辛苦苦挣来的财富保值，却要听命于人。这说明中国如果不在自己的土地上建立世界级金融中心，就不能成为一个真正的大国。"

他甚至将鸦片战争之败亦归结为金融："1840年鸦片战争之际，中国是世界最大的经济体。但是，竟被英国的一支现代化舰队跨越半个地球轻松击败，被迫签订了丧权辱国的《南京条约》。如果从经济总量的角度看，这样的结果是难以想象的。为什么世界最大的经济体会如此脆弱？历史学家从政治、军事、工业、科技、文化等方面分析原因，但是往往漏掉了金融。"他认为鸦片战争也是一场金融战争："清政府虽然统治着世界最大的经济体，却没有金融市场可依赖。其政府财政还是依靠落后的税收体系，根本应付不了突发的大危机。"

宋鸿兵、陈志武和薛涌们所指出的"金融战争"至关重要，掌握财富分配的金融最为根本，但他们却忽视了一点，所有的货币、资金以及实物，都掌握在人的手里，金融衍生物也不过是聪明人的游戏罢了；有人认为科技创新是强国之本，但他们还是忽略了技术与知识都是需要和必须为人所掌握的，所谓的科学和技术只不过是人的创新和创意的体系化表现而已；还有人认为实业是强国之本，但企业的运营和发展又何尝不是人来实现的呢？

作为辩证唯物主义者的毛泽东，从来都坚持物质和精神的辩证统一，毛泽东曾经明确地指出，国家"力量对比不但是军力和经济力的对比，而且是人力和人心的对比"。[1]在毛泽东的思想世界，国家实力中"人心""士气"这些精神要素是一个重要的要素。其根本原因就在于毛泽东透彻地认识到了，"人是一切事物发展的决定性因素"。

这也正是明斯基的问题所在。明斯基强调，金融内在不稳定性，来源于资本主义的基石——金融机构。问题来了，金融机构又何尝不是由人所组成的？"人"这一核心显然也被明斯基忽略了。

被忽视的人的动物属性

提到"人"，我们就必须意识到它的双重属性，即它既有社会属性，

---

[1] 毛泽东．毛泽东选集（第2版第2卷）[M]．北京：人民出版社，1991：469．

又有自然属性。所谓社会属性是指在实践活动的基础上，人与人之间发生的各种关系。社会之所以能够成立，是因为人类有交往的需求，其中经济活动又是人类所有活动的主要组成部分，经济是社会的基础，政治、法律等是社会的上层建筑。一个社会的政治、法律等，归根结底都是由经济基础决定的，都是为维护自己的经济基础服务的。社会是每个人相互联系的场所，联系的方式由人性所决定。社会始终离不开人，而人又始终离不开人性，离不开人性的"恶"，离不开人身上所拥有的精神力量及其作用。

这也就决定了我们在研究经济问题时，是无法摆脱社会问题、人性问题的，因为经济问题仅仅是社会现象的一个组成部分。但可惜的是随着学科的细化，近来经济学研究越来越偏离这种轨迹，越来越呈现出一种孤立的或自足的存在趋势。这种趋势能够直接把像社会那样的整体，理解为自成一体的存在，并独立于构成它们的个体之外。经济学越来越表现出一种脱离人性、单就数量而研究的倾向，这些理论只考察物质因素，把人性、把精神因素都排除在理论之外，只想论述物质因素，以致把一切都局限在均势和优势、时间和空间这几个数学关系上，局限在几个角、几条线上。如果只有这点可怜的东西，那么，恐怕还不能用来给小学生出一道数学习题。而我认为，这里根本不是什么科学公式和习题的问题，物质事物的关系都是非常简单的，要把握住起作用的人、人性、精神要素才比较困难。

这种困难又主要取决于人的自然属性或动物属性。我们知道，人本就是动物大家庭的一员，瑞典博物学家卡尔·冯·林奈（Carl von Linné）[1]曾给人做了如下定义："人处于动物界，脊索动物门，脊椎动物亚门，哺

---

[1] 瑞典博物学家。动植物双名命名法（binomial nomenclature）的创立者。曾游历欧洲各国，拜访著名的植物学家，搜集大量植物标本。1735年发表了最重要的著作《自然系统》（Systema Naturae），1737年出版《植物属志》，1753年出版《植物种志》，对动植物分类研究的进展有很大的影响。

乳纲，真兽亚纲，灵长目，人科。"正如林奈所说，人是自然界中存在的一种生物，处于动物界。因而，人必然具有与动物的相同之处，即具有自然性。譬如，依靠小脑的功能本能地生存。虽然，面对进化过程中适者生存的竞争，人脑逐渐增强了对大自然有意识的反应，导致人脑急剧地变化，大脑逐渐形成，这成为人类区别于动物的分水岭，人类因此从动物大家庭中脱离出来升级成"高级"动物。此后，人类的大脑经过350万年的进化，日趋完善，又通过后天的教化，形成有意识的思维，应该做什么，不应该做什么，用理性的判断来扼制本能冲动。人类便由动物本能地生存过渡到有情义、有理性、有道德的社会生活。但纵是如此，由于基因遗传的缘故，人类仍然不可避免地残留着某些动物的特质。

事实上，凯恩斯也是持有上述观点的，他甚至将人的非理性行为直接称为动物精神。凯恩斯承认，大多数经济行为源自理性的经济动机，但是也有许多经济行为受动物精神的支配。人们总是有非经济方面的动机，在追求经济利益时，并不总是理性的。在凯恩斯看来，这些动物精神是经济发生波动的主要原因。也正是因此，要想理解经济、理解金融市场，就必须理解它是如何受动物精神所驱使的。

群体压力、从众行为与乌合之众

牛顿：一个被泡沫击败的天才

刚才提到，弗里德曼一直拒绝相信，这个世界上会存在着贵买贱卖、追涨杀跌这种不符合达尔文机制的投机者。但不管他信或者不信，事实却是，这种人大量存在。其中，就不乏以理性见长者，牛顿爵士无疑就是个中的代表。

牛顿也许是整个科学史上最没有争议的科学家了。早于1664—1665年间，也就是他还只是剑桥大学的学生时，他就发现了广义二项式定理。后来，他又以此作为基石，发展出了一套新的数学理论，这便是后来为我们所熟知的微积分学。在此后两年里，牛顿在家中继续研究微积分学、光学和万有引力定律，这为他以后的进一步研究，奠定了坚实的基础。

1666年，他创立了光的"微粒说"。从1679年起，他又将主要精力放在了力学的研究上。在其影响深远的《自然哲学的数学原理》一书中，牛顿系统地阐述了其后两百年间都被视为真理的三大运动定律，并提出首个分析测定空气中音速的方法。正是这些论述，奠定了此后三个世纪里物理世界的科学观点，并成为现代工程学的基础。此外，他展示了地面物体与天体的运动都遵循着相同的自然定律，从而消除了对太阳中心说的最后一丝疑虑，推动了科学革命。

是的，他的成就如此辉煌，以至于当我们查阅任何一部科学百科全书的索引时，常会发现，有关牛顿和他的定律及发现的材料，要比任何一位科学家都多二到三倍。在巨大的成就面前，一直为牛顿所攻击的德国著名哲学家莱布尼茨也不得不承认[1]："从世界的开始直到牛顿生活的时代为止，对数学发展的贡献绝大部分是牛顿做出的。"法国科学家拉普拉斯的评价

---

[1] 在承认牛顿巨大成就和贡献的同时，我们也不得不承认这样一个事实，那就是牛顿的人品实在是非常糟糕的。他沽名钓誉而且经常不择手段。牛顿晚年的大部分时间是在争吵中度过的。他首先和天文学家夫莱姆斯梯德发生冲突；之后，又与胡克激烈争吵色彩理论，争夺万有引力定律的发现权；与莱布尼茨争夺微积分的发现权。关于牛顿的为人问题，可参阅霍金在《时间简史》一书附录部分给他做的小传。

是："《自然哲学的数学原理》是人类智慧的产物中最卓越的杰作。"法国数学家拉格朗日经常说牛顿是有史以来最伟大的天才。而在美国学者麦克·哈特（Michael Hart）所著的《影响人类历史进程的100名人排行榜》一书中，牛顿的地位仅次于穆罕默德，高居第二位。哈特所给予的理由是："在牛顿诞生后的数百年里，人们的生活方式发生了翻天覆地的变化，而这些变化大都是基于牛顿的理论和发现……科学发现不仅带来技术上和经济上的革命，它还完全改变了政治、宗教思想、艺术和哲学。"

除了科学家这一身份外，他还是一位财经官员，一位经济学家。1696年，牛顿得到时任财政大臣查尔斯·孟塔古（Charles Montagu）的提名，结束了他的教职，正式出任皇家铸币厂（当时的印钞厂）督办一职。这是一个享受高薪[1]却没有决策权的闲职，但牛顿却并未因职位的无足轻重而懊恼。牛顿非常清楚，虽然他曾贵为皇家学会会长，但于经济和铸币而言，自己仍是一个彻底的门外汉。入职后，他将科学探索的劲头用在了新工作上。在这段时间里，他投入了大量精力对铸币生产流程进行研究，通过不断进行技术革新，在短时间内大幅度提升了铸币产能和铸币精确度。正是在他这种努力之下，由他主持的货币重铸工作得以提前完成。基于其在货币重铸项目中的杰出贡献，牛顿获得国王嘉奖，获任太平绅士。

1699年铸币厂原厂长去世，牛顿被任命为新任厂长。正是在这一职位上，他注意到，一个金路易[2]在法国价值为17先令，而在英格兰为17先令6便士[3]，这就使得黄金大量流入英国。而银块的价格继续高于银币所代表

---

[1] 据孟塔古给他的书信可见，这份工作的年薪为600英镑，这是他任教授时所得的三倍。

[2] 法国金币名。铸于1641—1795年间。币上铸有路易十三和路易十四等人头像。

[3] 先令（Shilling）是英国的旧辅币单位。1英镑=20先令，1先令=12便士。1971年英国货币改革时被废除。

的价格，因此，投入到流通中的700万英镑的银币很快就退出了流通，这就造成了白银的短缺。在一份他于1717年9月提交的货币报告中，牛顿分析了欧洲各国及中国、日本、东印度的金银价格情况，认为英国当时的白银短缺已是不可改变的事实。随着黄金的大量流入，人们已开始拒绝使用白银进行支付。而且，黄金的大量流入也使金价自动地回落了。在报告中，牛顿指出，当时英国虽还有很多银器，如把这些银器拿来进行铸币也能暂时解决白银短缺的问题。但是，既然存在金银利差，黄金仍会持续不断地流入英国。因此他主张应该停止用白银而改用黄金铸币。在这份报告书里，他建议将黄金价格定为：每金衡盎司（纯度为0.9）为3英镑17先令10便士。牛顿的建议为金本位制的形成——英镑和黄金之间建立一个比例关系——奠定了理论上的初步基础，这对今后金本位的实施起到了促进作用。

然而就是这样一位百科全书式的全才，这样一位智者，却在南海泡沫中彻底被击倒了。在这轮泡沫中，许多投资人血本无归，牛顿也未能幸免。1720年4月，他通过分析，认为当时南海公司的股票价格估值偏离，于是将手头的所有股票沽清，这为他赚取了100%的利润。不幸的是，就在他沽清股票后，南海公司的股价却出乎意料地猛涨，他周围所有的人，都在南海公司的股票上赚了大把的钱，以致他的理性分析最后演变为说得越多错得越多。这让这位理性的科学家、经济学家开始自我怀疑，他已不能确定自己是否永远正确。而不断上涨的股价和更多勇敢的人赚取大钱的消息，终于将其原有的自信打垮，他认定自己之前的判断是错误的。特别是自《泡沫法案》颁布后，他坚信，在所有竞争对手都被压制的前提下，处于绝对垄断地位的南海公司的股票必然还会继续上涨，且会大涨特涨。于是他决定买入更多的股票，这次他几乎动用了一生的积蓄。但不幸的是，就在他买入后不久，南海公司的泡沫就彻底破灭了，他为此亏损了足足2万英镑。2万英镑是个什么概念呢？有关文献显示，当时建立格林尼治天文台，即所谓"夫莱姆斯梯德大厦"的基础资金才花去了500英镑多一点而已。而他在剑桥大学任教的年薪也不过200英镑。也就是说,他很可能因为这场泡沫而赔光了所有积蓄。为此,这位百科全书式的"全才"不得不感慨道:"我能计算出天体运行的轨迹,却难以计算出人类的疯狂。"

现在的问题是,以理性见长的大科学家牛顿为什么会放弃自己的判断,而向大众投降了的呢?对于这个问题,阿希实验或许能够给我们一定的解释。

阿希实验

备受推崇的社会心理学家所罗门·阿希(Solomon E. Asch),于1955—1956年间,曾做过一个非常有名的实验——"线段实验",旨在通过研究,来观察人们会在多大程度上受到他人的影响,而违心地进行明显错误的判断。阿希请大学生们自愿做他的实验对象,告诉他们这个实验的目的是研究人的视觉情况。实验中,每组7人,坐成一排,其中6个为事先安排好的实验助手,只有1人为真的实验对象(见图2-1)。

图 2-1 阿希实验场景图

注:测试者为阿希本人,左起第6个人为真的实验对象。

实验开始时,实验者每次向大家出示两张卡片。其中卡片1画有标准线 X，卡片 2 则画有三条长短不一的竖线，分别标识为 A、B、C（见图 2-2）。实验其实很简单，就是要让大家比较一下，卡片 1 上的 X 线，与卡片 2 上 A、B、C 三条线中的哪一条线等长。实验指明的顺序总是将真的实验对象排到倒数第二或最后。

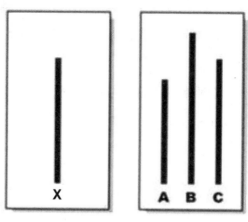

图 2-2　阿希实验内容

这是个看上去再简单不过的任务，应该没人会选错，但事实恰好相反。测试正式开始后，在第一、二次测试时，结果很正常，实验对象正确地做出了判断。但在其后的测试中，那些实验助手按照实验要求，故意在测试过程中，给出一个明显错误的答案。于是真的实验对象开始迷惑了，他是坚定地相信自己的眼力呢，还是说出一个和其他人一样但心里认为不正确的答案呢？即使答案如此明显，实验的结果仍然令人震惊，在 3 所大学的 123 名实验对象所做的判断中，平均从众行为百分比为 35%。

阿希的实验向我们表明：群体压力对个人判断的影响十分强烈，即使这种意见与他们从自身感觉得到的信息相互抵触。群体压力导致了明显的趋同行为，哪怕是处在以前从未彼此谋面过的偶然群体中。该实验也表明，人们乐于信任多数人所持有的观点，即使这种观点与自己通过分析所得的结论相矛盾时也无所谓。其实这种行为在很大程度上是很明智且很理性化的：大多数人都有着这样的经历，当自己试图独立而不是随大流时，他们的判断，在事后来看往往是错误的，这时他们就开始怀疑自己的能力，以及脱离群体而独立思考的价值和意义，如果他们所面对的某事件再一次证实群体行为的正确性，那么他们就会毫不犹豫地向群体投降，而也正是从这时起，他们就越来越丧失独立思考的能力和兴趣，他们对群体行为越来越崇拜，越来越迷信。

通过上述分析，我们就不难理解牛顿为何投资失败了。一个重要原因是，他承受了巨大的群体压力，最后不得不放弃自己的判断而选择了随大流。

乌合之众

牛顿的行为就是从众行为。所谓从众，是指个体受到群体的影响而怀疑、改变自己的观点、判断和行为等，以和他人保持一致。有关从众心理的分析，我们甚至可以追溯到法国社会心理学家、社会学家勒庞那里。

在他那本影响深远的《乌合之众：大众心理研究》一书里，勒庞认为作为个体的人的行为，和群体下的行为是截然不同的。按他的评价，被裹挟进入群体的个人，在集体潜意识机制的作用下，在心理上会产生一种本质性的变化。在勒庞看来，当独立、冷静、客观的个人，一旦聚集成群，那么，他们的感情和思想便全都转到同一个方向，他们自觉的个性消失了，进而形成了一种新的集体心理，这就是群体。

勒庞总结出了群体具有如下特点：其一，冲动、急躁。在勒庞看来，群体几乎完全受着无意识动机的支配而不是由大脑支配的，因此所有刺激因素都对群体有控制作用，群体根本是刺激因素的奴隶。这也就决定了群体行为往往表现得冲动而急躁。其二，群体表现出来的感情不管是好是坏，其突出的特点是极为简单而夸张。它全然不知怀疑和不确定性为何物，这就会使得群体情绪往往容易陷入极端：提供给他们的各种意见、想法和信念，他们或者全盘接受，或者一概拒绝，将其视为绝对真理或绝对谬论。当群体人数众多时，这也就使得他们为群体意识赋予了偏执和专横的性质。如此一来就决定了，群体的行为往往缺乏理性，而身处群体中的个人，往往缺乏判断力（至少是判断力下降）和批判精神，他们习惯夸大感情因素。

正是受制于群体的上述特点，群体中的个人会不由自主地失去自我意识，完全变成另一种像"动物、幼儿和原始人"一样智力水平十分低下的生物：当一个人孤立地生活着的时候，他可能是一个有着教养的个人，但在群体中他却变成了野蛮人——一个行为完全受本能支配的动物。这时的他，表现得身不由己，残暴而狂热，也表现出原始人的热情和英雄主义。和原始人更为相似的是，他甘心让自己被各种言辞和形象打动，他会情不自禁地做出同最显而易见的利益和最熟悉的习惯截然相反的举动。

勒庞举出的一个经常为人们所见的例证是：孤立的个人很清楚，在孤身一人时，他是不可能在大街上焚烧大楼、车辆、洗劫商店的，即使受到这样做的诱惑，他也很容易抵制住这种诱惑。但是在成为群体的一员时，他就会意识到人数赋予他的力量，这足以让他生出杀人劫掠的念头，并且会立刻屈从于这种诱惑。出乎意料的障碍会被狂暴地摧毁。[1]

这种行为就是我们前面讲到的从众。勒庞称之为"群体精神统一性的心理学规律"。他认为这种精神统一性的倾向，造成了一系列的严重后果，如教条主义、偏执、人多势众不可被战胜的感觉，以及责任意识的放弃。

---

[1] [法]古斯塔夫·勒庞.乌合之众：大众心理研究[M].北京：中央编译出版社，1998：22，27.

在勒庞看来，这时的人根本就是一种近乎于动物的生物。

也正是基于群体的这些特点，勒庞得出这样一个观点，那就是，于他看来群体在智力上总是低于孤立的个人的。一旦人们被群体化，那么个人的智力品质也就变得无足轻重。从他们成为群体一员之日开始，博学之士便和白痴一起失去了判断能力。这也解释了为什么智慧如牛顿者，一旦受到群体压力，不得不放弃自己的判断而选择从众。而被裹挟进那个群体时，其在股市上的智力，顿时就泯然如众人了。

群体意识是如何形成的

现在的问题是，群体意识又是怎样形成的呢？另一个实验应该能够说明一些问题。这个实验要求实验对象去购买一些商品，实验就在两家相邻的商店里进行。测试者告诉他们，这两家商店中，只有一家有货真价实的商品（事实是这两家的商品质量和价格完全一样）。测试者对规则进一步明确道，如果谁购买的商品价格超过其他人，那么他将承担由此而带来的价差。对于两家商店的具体情况，实验对象都一无所知，但他们不能够直接去考察这两家商店的信息。从外部看来，这两家商店的外观相近，都有透明的窗户，人只要在街上走过就可以将里面看得清清楚楚。

当第一个实验对象走到街上时，他望了望两家空无一人的商店，显然有些犹豫，最后选择了 A 店。接着走来的是第二位实验对象，在稍微犹豫之后，也选择了 A。跟着的第三个、第四个、第五个……实验对象都选择了 A。

当实验者要求他们解释自己的行为时，最后一位说："这两家商店在外观上几乎一样，这已经不能构成我决策的判断信息源，我之所以选择 A，仅仅是 A 店里已经有那么多人了，这么多人的选择应该不会有错。"他前面的几位也表达了同样的观点。当问到第二位时，他老实地承认，其实他也不能确定到底是 A 好还是 B 好，促使他选择 A 的原因仅仅是第一个人选择了 A。而第一个实验对象则告诉大家，他心里根本没有底，他之所以选择 A，完全是赌运气而随机做出的决定。对于这种现象，作家詹姆斯·瑟伯（James Thurber）[1]的一段文字很是传神：

突然，一个人跑了起来。也许是他猛然想起了与情人的约会，现在已经迟到很久了。不管他想些什么吧，反正他在大街上跑了起来，向东跑去。另一个人也跑了起来，这可能是个兴致勃勃的报童。第三个人，一个有急事的胖胖的绅士，也小跑起来……十分钟之内，这条大街上所有的人都跑了起来。嘈杂的声音逐渐清晰了，可以听清"大堤"这个词。"决堤了！"这充满恐怖的声音，可能是电车上一位老妇人喊的，或许是一个交通警说的，也可能是一个男孩子说的。没有人知道是谁说的，也没有人知道真正发生了什么事。但是两千多人都突然奔逃起来。"向东！"人群喊叫了起来。东边远离大河，东边安全。"向东去！向东去！"……

从这里我们可见的是，首先，事实上很多群体的意见都是在无意识的情况下自发形成的。回到前述实验我们可见，于第一个实验对象而言，他所能够获得的可供决策的信息，仅仅是空无一人的商店。但于第二个实验对象而言，情况就大不相同了，他所能够得到的决策信息已经不仅仅是空无一人的商店，还可以参照第一位实验对象的决定。这时候事实上他们两

---

[1] 美国作家和漫画家，作品普遍受到人们的喜爱，但最成功的要数他那些冷面滑稽的讽刺小说，比如《当代寓言集》和《当代寓言续集》。他尤其擅长刻画大都市中的小人物，笔法简练新奇，荒唐之中有真实，幽默之中有苦涩，被人们称作"在墓地里吹口哨的人"。

个已经形成了一个群体，等到第三个实验对象出场时，他就已经被这种群体意识所左右了。从实验对象参与过程中做决策的表情可见，越是后来的参与者，他们的心态越是平静，最后发展到不假思索的状态。这种意识的形成过程，瑟伯的描述也给我们提供了佐证。我不知道勒庞是否也注意到了这一点，但他确实认为，群体中个人的个性，因为受到不同程度的压抑，即使在没有任何外力强制的情况下，他也会情愿让群体的精神代替自己的精神。

易被暗示和易轻信的

其次，当群体形成时，人们是很容易受暗示和轻信的，勒庞就曾一再地提到过这一点。在《乌合之众：大众心理研究》一书里，他提到："我们在定义群体时说过，它的一个普遍特征是极易受人暗示，我们还指出了在一切人类集体中，暗示的传染性所能达到的程度。这个事实解释了群体感情向某个方向的迅速转变……最初的提示，通过相互传染的过程，会很快进入群体中所有人的头脑，群体感情的一致倾向会立刻变成一个既成事实。"[1]

"贝勒·波拉"号事件确实完美地印证了他的这一观点。护卫舰"贝勒·波拉"号一段时间来一直在外海游弋，目的是寻找在一场风暴中，与它失散的巡洋舰"波索"号。某天中午时分，执勤兵突然发现了船只求救的信号。顺着信号指示的方向望去，所有官兵都清楚地看到一只载满了人的木筏被发出求救信号的船拖着。然而这不过是一种集体幻觉：德斯福斯将军下令放下一条救生船去营救幸存者，在救生船接近目标时，船上的官兵看到有一大群活着的人伸着手，听到许多混乱的声音在哀嚎。但是真正

---

[1] [法]古斯塔夫·勒庞. 乌合之众：大众心理研究 [M]. 北京：中央编译出版社，1998：22, 27.

接近目标时，他们才发现，自己不过是找到了几根长满树叶的树枝。❶

这一事例明白地诠释了暗示、群体意识与集体幻觉之间的关系和作用机制。一方面，我们看到一个在期待中观望的群体，另一方面是值勤者发现海上有遇难船只的信号这样一个暗示。在相互传染的过程中，这一暗示被当时的全体官兵所接受。

其实这种暗示与传递机制大家肯定不陌生，2014年3月1日昆明火车站暴力恐怖案发生后，成都发生过一起因惧怕同类事件发生而引发的恐慌事件。事情发生在2014年3月14日下午，成都春熙路附近的数家商场内，购物的人群突然跑出，春熙路、总府路、盐市口短时间内聚集大量人流。

跑动最先发生在盐市口附近的潮流广场。但是人们并不知道发生了什么事，有人说砍人了，有人说地震了，还有人说着火了……只是看到别人在跑，也跟着跑起来。在接下来的几分钟内，大量人从旁边的商场跑出，就连远离盐市口的伊势丹、百盛都有人群从楼里跑出，从其他商场跑出的人群大多听到了这样的传言：有歹徒在附近某商场持刀砍人行凶，行凶者正往这里来。随即便有部分人从伊势丹跑出。

无独有偶，据新闻报道，2014年3月15日上午8时，在广州沙河大街某服装城的保安员抓获一名小偷，该小偷突然大喊一句："有人砍人！"引起周边群众向四周跑散。还是广州，2014年6月8日，广州地铁乘客因砍人谣言恐慌奔逃，造成6人受伤。

这三起事件，其共同点都在于，一方面是受昆明事件影响，而形成了一个充满恐惧的群体，另一方面则是"砍人"这样一个暗示。在相互传染的过程中，这一暗示被当时的人们接受了。

---

❶ [法]古斯塔夫·勒庞. 乌合之众：大众心理研究[M]. 北京：中央编译出版社，1998：30.

这种机制其实在股市中表现得更为明显，当股市形成一个在期待中观望的群体时，只需要一个改变股市现状的暗示，在相互传染的过程中，这一暗示很容易就为这一群体所接受，进而影响股市的走势。英国著名经济学家阿瑟·塞西尔·庇古（Arthur Cecil Pigou）在分析经济波动时，就曾指出："商人们预期的变化……此外再没有别的东西，构成了产业波动的直接原因。"[1]金德尔伯格则更是认为，"狂热与崩溃曾经是和普遍的非理性或者暴民心理结合在一起的"。

信息不完备才是从众效应产生的关键

遗憾的是，勒庞没有就集体意识形成的根源给予更深层次的分析，我个人则倾向于认为，这与信息有关。再回过头来检视一下前述购物实验、瑟伯的描写及成都、广州的真实案例，我们不难发现，其实慢慢形成的信息瀑布，是群体形成的主线。随着群体的滚雪球效应，这个瀑布的势能也就越来越大。最后，它甚至会裹挟着受该群体影响的每一个个体——包括那些无论是有意识还是无意识地创造了这一群体意识的人。有则笑话就形象地反映了这种势能的影响力：

一位石油大亨到天堂去参加会议，一进会议室发现已经座无虚席，没有地方落座，于是他灵机一动，喊了一声："地狱里发现石油了！"这一喊不要紧，天堂里的石油大亨们纷纷向地狱跑去，很快，天堂里就只剩下后来的那位了。这时，这位大亨心想，大家都跑了过去，莫非地狱里真的发现石油了？于是，他也急匆匆地向地狱跑去。

---

[1] Pigou. Industrial Fluctuations[M]. London，MacMillan Co.，Ltd.，1927.

信息不完备是从众效应产生的关键要素。我们知道，信息可以减少不确定性。在具体的经济活动中，经济人如果获得了准确、及时和有效的信息。那么，也就意味着他可以获得高额利润或者避免重大的经济损失，至少他将获得交易这一博弈活动的主导权。

但是在现实世界里，信息的获得不仅需要支付经济成本，不同参与者获得信息的途径和能力也各不相同。政府、机构、大企业乃至技术娴熟的投资者（或约翰·穆勒眼里的职业赌徒），往往拥有资金、技术和人才的规模优势，个体参与者、不成熟的投资者（或穆勒眼里的鲁莽投机者）在信息成本的支付能力上远不能同他们相比。由此导致的直接后果是，这些机构和投资者往往比个体参与者、不成熟的投资者获得更多的有效信息。而个体参与者、不成熟的投机者在获得有效信息和交易优势上，往往处于不利地位。这时，个体参与者为了趋利避害、获得更多的真实信息，将可能四处打探、广泛收罗"内部消息"。这也就部分地解释了，为什么在投资市场，较之于机构投资者，散户更容易输的原因。值得一提的是，这种现象不独发生于虚拟的金融市场，在实体经济中同样存在，这在更大程度上助长了市场的追风倾向。

而事实上，即便是政府、大型企业机构、技术娴熟的投资者，信息也是不充分的。以投资市场为例，一方面每个投资者都拥有某只股票的私有信息，这些信息可能是投资者自己研究的结果或是通过私下渠道所获得的；另一方面，即使与该股票有关的公开信息已经完全披露，投资者还是不能确定这些信息的质量。在这种市场环境下，投资者无法直接获得别人的私有信息，但却可以通过观察别人的交易行为，来推测其私有信息时，就容易产生从众行为。尽管机构投资者相对于个人投资者处于信息强势，但是由于机构投资者相互之间更多地了解同行的交易情况，并且具有较高的信息推断能力，他们反倒比个体参与者更容易发生从众行为。

这种行为很容易导致盲从，而盲从往往会陷入困境、遭到失败：由于从众行为者往往抛弃自己的私有信息而追随他人，这会导致信息传递链的中断。这一情况将会造成两方面的影响：其一，从众行为由于具有一定的趋同性，一旦积累到一定的量能时，其本身就可以改变市场运行的方向。其二，如果从众行为是因为大家对相同的基础信息做出了迅速反应，在这种情况下，人们的从众行为加快了自己所关注事件对信息的吸引速度，促使事件更趋向于自己所认定的轨道前行。这时，反过来又会将更多的公众吸引到这一行为中来。而从众群体的扩大，又反馈到事件发展的方向上，推着它按照这些人的预期前进，这就是所谓的信息反馈环。

这在投资市场表现为，当投资者看到价格上涨就会蜂拥而上，把价格拉得更高，这样一来，就会吸引更多的投资者，于是泡沫越吹越大。而一旦市场的信息状态发生变化，一种全新的信息出现，那么，原有信息所形成的从众行为，就会随之土崩瓦解，最终的结果就是原来趋势的崩溃。这时又将诱发另一个重要的现象——也就是所谓的"负反馈环反应"的出现：在上升的市场中，盲目地追涨，超过价值的限度，只能是制造泡沫；在下降的市场中，盲目杀跌，形成"消极泡沫"，使得危机加深。

产生这种反馈机制的部分因素，被希勒称为"人类行为的基本变量"。除了从众行为以外，自我归因偏差也是变量之一。

过度自信和自我归因偏差

勒庞一直坚信，孤立的个人比群体中的人总要高明，那么这是事实吗？老实说，我远没有他那样乐观。

第二章 人性让市场变得总是不稳定

美国人奥瑞·布莱福曼（Ori Brafman）和他兄弟罗姆·布莱福曼（Rom Brafman）合著的《摇摆：难以抗拒的非理性诱惑》一书里，提到了一个案例。说一位儿科医生，在其漫长的职业生涯中，大部分时间都在从事儿科工作。他拥有一位医生应该拥有的所有优秀品质——他很耐心、愿意倾听，且很聪明，最重要的是他经验丰富。正因为如此，会让人觉得他做出的每一个决定都一定是正确的，这位医生自己显然也是这么认为的。

一天，一位年轻的妈妈抱着孩子惊慌失措地来到急诊室。她告诉这位医生说，她两岁的女儿肚子疼得厉害。通常，遇到这种情况，医生都会马上为孩子做检查，并对其症状做出诊断。在最初那刻，他在脑子里很快也列举了急诊医生应该采取的系列措施，但很快他又停了下来。这时，他并没有专注于孩子，更没有采取任何检查措施，而是将注意力都集中到了那位年轻的妈妈身上：她表现得是那么惊慌，而且表现出了过度的担忧，属于那种毫无育儿经验而反应过度的初为人母者。也正是基于这样的主观判断，这位医生就告诉那位年轻的妈妈，说孩子没事，不要紧张。

可是，第二天那位年轻的妈妈又带着她的孩子来了。作为一位经验丰富的医生，他知道，在处理刚学会走路的小孩的情况时，倾听孩子父母的陈述是绝对重要的，因为他们常常对孩子的问题具有非常敏锐的感觉。但是这一次，他发现了那位年轻妈妈反应过度的更多证据：在医院，她显示出了"疑病症患者"（hypochondriac）——也就是他们常说的"医院常客"的所有征候。于是，他在没有给孩子做任何检查的情况下，再次将她们打发回家了。

第三天的情形与前两天如出一辙。那位年轻的妈妈再一次回来了，她的焦躁情绪，让这位医生更加确信了自己的判断——这位年轻的妈妈根本就是反应过度。然而就在这天晚些时候，孩子再次被送到急诊室。

只是这次，孩子已经彻底地失去了知觉，这位资深的儿科医生这才意识到问题的严重性，但为时已晚，他和他的同事们使出浑身解数，还是没能救活那个孩子。酿成这一悲剧的根源，仅仅是因为那位医生的过度自信。

过度自信的远非这位医生一人。乔纳森·波顿（Jonathan Bolton）在他的《投资巨人》一书里，邀请他的读者回答以下两个问题：

- 我在与人相处方面是不是高于平均水平？
- 我是一个高于平均水平的司机吗？

波顿在书里又写道，正常情况应该是，多数人会对这两个问题给出肯定的答复。波顿的这一判断是有实证依据的，有研究表明，大约90%的人对这类问题都会给出肯定的答复。显然，不可能有90%的人，在与人相处的问题上高于平均水平，也不可能有90%的司机高于这个平均水平。原因很简单，在现实中只有一半左右的人能够高于平均水平。

另一个很好的例子是，1998年2月蒙哥马利资产管理公司所做的一份调查，调查结果显示，74%的被访者认为他们的投资收益将高于市场平均回报。当然，这显然是不可能的，因为投资者的全集就是市场。

对于这种现象，认知心理学家试图通过大量的试验来给出解释。早在1935年，心理学家弗兰克就发现人们过度高估了自己完成任务的能力，并且这种过度估计随着个人在任务中的重要性而增强，人们对未来事件有不切实际的乐观主义。社会心理学家、《社会认知：洞悉人心的科学》一书的作者齐瓦·孔达于1987年所做的研究也发现，人们期望好事情发生在自己身上的概率高于发生在别人身上的概率，甚至对于纯粹的随机事件也有不切实际的乐观主义。人们会有不切实际的积极的自我评价，往往认为自己的能力、前途等会比其他人更好。

DHS模型的发明者丹尼尔（Daniel）、赫舒拉发（Hirshleifer）和苏布拉马尼亚姆（Subrahmanyam）于1998年所做的一项研究也发现，成功者往往会将自己的成功，归因于自己知识的准确性和个人能力，这种自我归因偏差会使成功者过度自信。对此，心理学家格维斯（Gervaris）、希顿（Heaton）和奥登（Odean）于2002年给"过度自信"做出定义。在他们看来，所谓的过度自信，就是人们认为自己知识的准确性，比事实中的程度更高的一种信念，即对自己的信息赋予的权重大于事实上的权重。事实上，关于主观概率测度的研究也发现，确实存在过度估计自身知识准确性的情况。人们往往有事后聪明的特点，夸大自己预测的准确性，尤其在他们期望某种结果，而这种结果确实发生时，就会过度估计自己在产生这种合意结果中的作用。

正是因为这种过度自信，导致人们在做决策时，往往会过度估计那些突出而能引人注意的信息，尤其会过度估计那些与人们已经存在的信念一致的信息，并倾向于搜集那些支持其信念的信息，而忽略那些不支持其信念的信息。当某些观点得到活灵活现的信息、重要的案例和明显的场景支持的时候，人们会更自信，并对这些信息反应过度。而当某些观点得到相关性强的、简洁的、统计性的和基本概率信息支持的时候，人们通常会低估这些信息，并对这些信息反应不足。

此外，偏见往往也是导致人们过度自信的因素之一。譬如你看好美国股票市场的后市，那么你肯定会对它未来的表现充满信心。就算它猛然下跌，你也能找到各种各样为其辩护的理由。譬如，你会认为，这是上涨过程中的一次正常回调和能量释放，你会一厢情愿地认定其后市表现一定非常出色。

为自己的观点找理由，或者说只关注和自己的观点一致的证据，而不关注也不搜集和自己的观点相抵触的证据，这种行为就是证实偏见。它的直接后果就是常使得人们过度自信。由于人们只看到了对自己有利的信息，他们就非常乐观地相信自己的判断，越来越觉得自己的判断是对的，而不知道真理到底是什么。

休谟在《人性论》一书里也曾强调过："人类是大大地受想象所支配的，而且他们的感情多半是与他们对任何对象的观点成比例的，而不是与这个对象的真实的、内在的价值成比例的。"❶

这种现象在经济领域特别是投资领域，表现得尤为明显。投资者经常将偶然的成功归因为自己操作的技巧，将不断增长的收益归因为自己的聪明智慧，而不承认其实他们自己也是市场中众多的傻瓜中的一员。在偏见、曲解和其他非理性倾向的共同作用下，轻率和爱冒险成为一种流行病。这种流行病最大的问题在于，它会严重地扭曲市场价格信号：由于过度自信，使得价格接受者会过度估计他们的个人信息，这会导致总的信号被过度估计，使得价格偏离其真实价格。由于过度自信使投资者扭曲了价格的影响，进而使得市场波动增加。

而当这种过度自信，在一个时代或一个国家形成一种合力时，那么这个时代和这个国度就会罹患上一种叫作"这次不一样"的病症。莱因哈特和罗格夫认为这种病症源自人们心中一个根深蒂固的信条，即认为经济危机是一件在别的时间、别的国家、发生在别人身上的事情，经济危机不会发生在自己身上。原因是我们做得比别人好，比别人更为聪明，同时我们也从历史错误中汲取了足够的教训。于是宣称旧有的规律已然过时，与以往历次经济繁荣之后就发生灾难性崩盘的情况不同，现在的繁荣是建立在坚实的经济基础、结构性调整、技术创新和适当政策的基

---

❶ [英]休谟.人性论[M].北京：商务印书馆，1996：575.

础上的。[1]

我们先来看看2001年互联网泡沫破灭之前美国的"这次不一样"综合征。从1991年4月至2001年3月，美国经济持续增长了120个月，成为第二次世界大战后历史上最长的经济扩张期。在经济全球化和信息化的带动下，美国经济具有明显的高增长率、低通货膨胀率、低失业率等特点，而且增长持续的时间也与以往平均50个月左右的时间大相径庭，不符合朱格拉们所预测的经济周期现象。就在这个黄金增长期中，美国经济不但承受住了东南亚金融风暴影响，其市场还显现一副欣欣向荣的模样，到处充满了乐观情绪。由于这段时期经济表现出了高增长率、高生产率、低失业率、低通货膨胀率的新特点，当时就有一些理论家将其称为"新经济"，他们乐观地认为这种新经济已经抹平了经济周期，告别了传统模式，揭开了人类经济发展可永续繁荣的崭新时代。

但事实却是，这种想法就如同经济周期一样，绝不是第一次发生，也绝不会是最后一次。从美国的经济史中我们可以看到，1901年至今的美国共经历了4个大的繁荣周期，而在每一次的繁荣周期内总会有人跑出来告诉你，"新经济已经抹平了经济周期""人类经济发展已开始走向一个可永续繁荣的崭新时代"，诸如此类的话。

20世纪初，托拉斯主义兴起，《纽约时报》一篇社论很能够代表这种倾向：

新经济到来了，这是"利益共同体"的时代，人们希望它能够避免以前在经济萧条时期发生的毁灭性的削价和破坏……相互竞争的铁路正通过

---

[1] [美]卡门·莱因哈特，[美]肯尼斯·罗格夫.这次不一样？800年金融荒唐史[M].北京：机械工业出版社，2010：13.

合并或租借的形式，实现了成本的降低和降价的终止。

越洋无线电传输的成功引发了新科技主义浪潮。1901年，纽约州水牛城举行的泛美博览会将高科技作为一个重点。当时另一篇新闻做了这样的描述：

人们正在谈论着，火车以每小时150英里的速度飞驰……报纸出版商只需按下电钮，自动化设备就会完成其余的工作。

当时的人们相信新世纪的乐观主义情绪可以延续到2001年。1925年，经济繁荣，有媒体感叹：

现在看不到有什么东西可以阻碍美国享受贸易史上的繁荣。

评估公司穆迪的老板约翰·穆迪（John Moody）在他发表于1928年的文章里这样写道：

我们也许只是刚刚开始发现，自己所处的这个现代化文明正处于自我完善的过程中。

而对于这轮的繁荣，查尔斯·A. 戴斯在《股市新高》一书里，试图这样来解释：我们现在处于一个新世界，批量生产的技术、大型研究部门、电气时代的开始、南方工业化、大规模生产及农业的机械化，构成了我们现在工业的新世界；分期付款的扩展、连锁店的壮大、刺激消费的广告和新的市场研究方法，构成了我们现在分配的新世界。

《美国新闻与世界报道》（*U.S. News & World Report*）于 1955 年 5 月的一篇文章中说道：

新经济时代的感觉又一次弥漫。人们信心高涨，对未来无忧无虑。

而这一波繁荣跟电视的普及有莫大渊源。在 20 世纪 50 年代，电视得到了普及，1948 年只有 3% 的家庭拥有电视，到 1955 年就达到了 76%，电视是一种能够激发人想象力的生动的技术创新产品，它证明了技术进步的存在不容忽视。而与此同时高速公路网的建设对美国经济的影响也不容忽视，这项工程从 1956 年开始，大大地改变了美国经济。因为它，人们开始离开大城市，将郊区作为活动的中心；也因为它，企业降低了运输成本，提高了生产率。它的出现使得零售商在地理上扩大了销售覆盖率，当然也加剧了零售商之间的竞争，带动了上游的工业。

1960 年，在约翰·肯尼迪（John Kennedy）当选总统后，他对刺激经济措施的倡导，使人们普遍看好美国的未来经济。他的经济计划激发了信心，使一些人得出国家正在进入摆脱了经济周期影响的新经济时代，在这种新经济环境里，商人们"能够永远享受到合理延续的繁荣"。

一次次的危机，并没有给这些人以清醒的认识。1997 年，史蒂芬·万博在其发表于《外国事物》上的文章《商业循环的终结》中认为，当时宏观经济的风险是比较低的，技术、就业、意识形态等方面的挑战，同生产和消费的全球化一道，减少了工业世界经济活动的变量。由于经验和理论两方面的原因，发达工业经济中，商业循环的浪潮已经变成涟漪。

历史上每次经济步入一个繁荣期时，人们总自信地认为，自己已经解决了经济周期性波动的问题，并且固执地认为，他们所处时代的繁荣，完全是自己已经将经济周期熨平的结果。他们还认为，由繁荣向衰退发展，那是低度文明社会才存在的现象。

正如前面所提到的，不但不同时代如此，就是同时代不同国度也存在这种情况。典型案例为南海泡沫时期的英国。虽然，1720年的法国的密西西比计划彻底被证实为只是一个可笑的泡沫，巴黎的股价一直在下跌，虽然，英国人与法国人玩的是同一个把戏；但是一海之隔的英国人却乐观地认为，两国国情截然不同，新兴的英国完全有能力避免重蹈没落帝国法国的覆辙。正是在这种民族过度自信的自我激励下，英国人认定"这次不一样"。正是在"这次不一样"的推论下，英国人的投资热情日益高涨，全国上下不分性别、不分贵贱，甚至不分老幼，全部扑到投资中来。

成功时，人们倾向于将其归因为自己的聪明。与此形成鲜明对照的是，一旦事情朝着反方向即失败运行时，人们又都力图把责任推诿给外界和他人。当然，这样的归因，对于人的心理调节和自我防卫是有利的，如果从"经济人"的理性假设出发，这种行为也无可非议。

第三章

外部冲击力：
泡沫形成和崩溃的诱发因素

如果没有外力的冲击，那么现有的情绪，
也就不可能发生改变。

没有外界刺激就不会有情绪

当然，需要认识到的另一个事实是，无论是疯狂抑或惊恐，都有如法国著名小说家阿尔贝·加缪（Albert Camus）笔下的鼠疫病菌——绝不会死亡或者消失，平素会蛰伏起来，沉睡着，顽强地等待着，不会无缘无故地发作。一旦受外力冲击，将其唤醒，它就会再次发作。它又如一粒成熟、干燥的种子，这粒种子要想发芽成长，必须有与之相对的条件外因来配合才行，譬如适度的温度、湿度、土壤。

心理学方面的研究也证实了这一观点。谈到疯狂、惊恐这类人性中的动物性，或许还得从何谓情绪说起。关于情绪，有人给出的定义是，它是对一系列主观认知经验的通称，是多种感觉、思想和行为综合产生的心理和生理状态。最普遍、通俗的情绪有喜、怒、哀、惊、恐、爱等，也有一些细腻微妙的情绪，如嫉妒、惭愧、羞耻、自豪等。情绪常和心情、性格、脾气、目的等因素互相作用。而《牛津英语词典》的解释则是，"情绪"的字面意思是"心理、感受、激情的激动或骚动，任何激烈或兴奋的精神状态"。

关于"情绪"的确切含义，心理学家还有哲学家已经辩论了一百多年。虽然众说纷纭，但在以下方面却是有共识的，那就是情绪是指伴随着认知和意识过程产生的对外界事物的态度，是人脑对客观外界事物与主体需求之间关系的反应，是以个体需要为中介的一种心理活动。美国心理学家约瑟夫·坎波斯（Joseph J. Campos）就认为情绪是个体与环境之间关系的心理现象。理查德·拉扎勒斯则认为，情绪是来自正在进行着的对环境中好的或不好的信息产生生理、心理反应的组织，它依赖于短时的或持续的评价。简而言之就是，没有外界刺激，就不会有情绪。据此进一步推论，我们似乎还可得出这样一种结论，那就是：如果没有外力的冲击，那么现有的情绪，也就不可能发生改变。

于市场情绪而言，其外部冲击主要是指一些改变了时间段、改变了预期、改变了预测的利润机会和投资者行为的外部事件。譬如，汇率的大幅波动、重大的发明和创新、开拓的新市场、政治局势的重大改变……这些外部事件既可能形成对需求侧的冲击，也可能形成对供给侧的冲击。极端的时候，甚至空穴来风式的预期，譬如新领导者的上台或是政府内部某种人事的调整，都足以让所有人充满变革的想象，进而对市场形成冲击。

汇率的波动

历史上著名的1986—1990年日本股市、房地产业的大泡沫，无疑就是受汇率大幅波动这一外部事件冲击，进而形成大泡沫的典型案例。

20世纪80年代初期，美国财政赤字剧增，对外贸易逆差大幅增长。1985年，日本取代美国成为世界上最大的债权国，日本制造的产品充斥全球。日本资本疯狂扩张的脚步，更是令美国人惊呼"日本将和平占领美国！"为此，许多美国制造业大企业、国会议员开始坐不住了，他们纷纷游说美国政府，要想解决巨额的贸易赤字问题，就必须增加产品的出口竞争力，而最好的办法就是让本币贬值。为此，他们强烈要求当时的里根政府干预外汇市场，让美元贬值，以挽救日益萧条的美国制造业。与此同时，更有许多经济学家也加入游说政府改变强势美元立场的队伍，想以这种办法来改善其糟糕的国际收支状况。

正是在这样的背景下，1985年9月22日，美国与日本、联邦德国、法国及英国签订"广场协议"，联合干预外汇市场，诱导美元对主要货币的汇率有秩序地贬值，以解决美国巨额贸易赤字问题。

在协议签订后，上述五国开始联手干预外汇市场，在国际外汇市场大量抛售美元，继而形成市场投资者的抛售狂潮，不到3个月，美元迅速贬值20%。在这之后，以美国财政部长詹姆斯·贝克（James Baker）为首的美国政府当局，和以弗日德·伯格斯藤（Fred Bergsten）为代表的专家们，不断地对美元进行口头干预，表示当时的美元汇率水平仍然偏高，还有下跌空间。在美国政府强硬态度的暗示下，美元对日元继续大幅度下跌。"广场协议"揭开了日元急速升值的序幕。

为了摆脱日元升值造成的经济困境，也为调整经济结构，日本政府采取了积极的财政政策和宽松的货币政策，以此来作为因应之策。正是这种极度扩张的货币政策，导致了日本经济体系到处充斥着廉价的资金，长期的超低利率又将这些资金推入股票市场和房地产市场。1986—1990年"日本大泡沫"就此形成。

重大技术发明与创新

重大技术发明和创新这一外部事件所造成的冲击的典型案例，大概非

第三章 外部冲击力：泡沫形成和崩溃的诱发因素

1995—2000年的美国互联网泡沫莫属了。1994年，Mosaic浏览器及World Wide Web的出现，令互联网开始引起公众注意。1995年8月5日硅谷一家创始资金只有400万美元的小公司——网景公司——在华尔街上市的几个小时后瞬间成了20亿美元的巨人，上午11时网景公司的上市引爆了大众和华尔街。头天夜里工作到凌晨3点，年仅24岁的公司创始人马克·安德森（Marc Andreessen）在睡梦中便轻而易举地完成了从普通人到千万富翁的人生嬗变。当天，见证过人类百年发展历程的《华尔街日报》评论道：通用动力公司花了43年才使市值达到27亿美元，而网景公司只用了一分钟。

真实的诱惑散发出空前的魅力，网景一夜崛起的神话让互联网技术第一次向世人展示出汇聚财富的惊人速度与庞大规模，吸引着无畏而敢于冒险的创业者和风投家们奋不顾身地投入其中，一个千帆竞渡、万马奔腾的新时代拉开帷幕。

1996年，对大部分美国的上市公司而言，一个公开的网站已成为必需品。初期人们只看见互联网具有免费出版及即时传播世界性资讯等特性，但渐渐地人们开始适应了网上的双向通信，并开启了以互联网为媒介的直接商务（电子商务）及全球性的即时群组通信。这些概念迷住了不少年轻的人才，他们认为这种以互联网为基础的新商业模式将会兴起，并期望成为首批以新模式赚到钱的人。

这种可以低价在短时间接触世界各地数以百万计人士，并向他们销售产品的通信技术，令传统商业信条包括广告业、邮购销售、顾客关系管理等因而改变。互联网成为一种新的最佳媒介，它可以即时把买家与卖家、经销商与顾客以低成本联系起来。互联网带来了各种在数年前仍然不可能的新商业模式，并引来风险基金的投资。

风投家们目睹了互联网公司股价的创纪录上涨，故而出手更快，不再像往常一般，谨小慎微地选择让很多竞争者进入，再由市场决定胜出者来降低风险。在这些企业家中,大部分人缺乏切实可行的计划和管理能力,却由于新颖的".com"概念,仍能将创意出售给投资者。

图 3-1 是由希勒绘制的,展现的是美国自 1871 年 1 月至 2000 年 1 月实际(扣除物价上涨因素影响)标准普尔综合股价指数及同一时期相应的实际标准普尔综合收益的曲线图。正如希勒所指出的,"不难看出,当今市场的表现与过去迥然不同"。的确如此,自 1992 年开始到 2000 年为止,股价近乎直线上升。

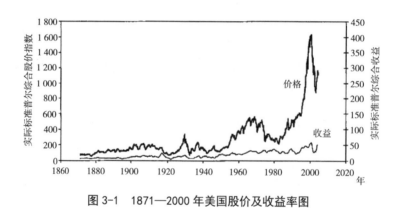

图 3-1　1871—2000 年美国股价及收益率图

资料来源:[美] 罗伯特·希勒. 非理性繁荣(第 2 版)[M]. 北京:中国人民大学出版社,2007:3.

道指从 1928 年到 1982 年升高了 300%。然而,在接下来的 20 年里,道指更是以令人惊讶的速度再度升高了 1200%,这一增长速度是美国此前 54 年的增长速度的整整 4 倍,而花费的时间却比以前少了足足 70%。以 1994—1999 年为例,1994 年年初,该指数还在 3600 点附近徘徊,但到了 1999 年,却已突破了 11000 点大关。也就是说,于短短 5 年时间内,以道指为代表的股市价格整整翻了两番。

第三章　外部冲击力：泡沫形成和崩溃的诱发因素

"与此同时，一些基本的经济指标却并没有同幅度增长。"[1]希勒教授所掌握的数据显示，美国国民个人收入和GDP，"于这5年内增长幅度不超过30%，如果再剔除掉通货膨胀的因素，那么这一数值还要降低一半。此外，企业的利润增长亦不到60%"。[2]

有学者认为，测量整个股票市场规模的最好方法，就是将它与该国经济整体的规模相比较，即以美国股票的市场价值和用GDP衡量的美国经济的年度总产出为计算标的。根据历史数据显示，1925年起到1995年之前，所有股票的总价值平均是整个经济产出价值的一半左右。虽然股票市场的价格有时候会高涨，并且远超出这一平均水平。例如，1929年华尔街大崩盘之前，股票价值一度就达到GDP的81%。但这是此后的66年里该比值所达到的最高值。按照统计学的平均取值法来看，自1925年以来的70年里，美国股票的价值，平均相当于GDP的55%。

然而到1995年9月，这一数值却迅速上冲，击破1929年的81%的这一历史最高位，达到82%。此前70年的历史已经表明这是一个危险的水平，然而正如我们所见的，一个大泡沫时代才刚刚开始。

1996年，股票市场总价值与经济总值的比值，从前一年9月的82%增长到了100%。也就是说，美国的投资者将上市公司的价值定位于与美国这个全球最大经济体的经济总产值同等的水平。但随后的一年，市场创造了另一个纪录，达到了GDP的120%，到1998年时该数值则上蹿到140%了，1999年更是突破了170%的水平。到市场登顶时，美国股市的市场总值占全国经济产出总值的比值已经高达183%了。这也就意味着，美国的资本市场不是被定价为美国经济价值的一半，而是扩张为全世界经

---

[1] [美] 罗伯特．希勒．非理性繁荣 [M]. 北京：中国人民大学出版社，2004：2.

[2] [美] 罗伯特．希勒．非理性繁荣 [M]. 北京：中国人民大学出版社，2004：2.

济总值的一半。这一定价与历史经验数据中，国家所认为的正常定价的极限，有着惊人的偏离率。如果市场与它的长期平均值相符，2000年它本应被定价为5.3万亿美元。但事实是，亢奋中的投资者将它推高到了17.7万亿美元这个"珠穆朗玛峰"[1]。

这绝对不是一个正常的现象，即使我们用泡沫规模与该国经济规模的比例来衡量泡沫大小，并将这个比例与历史的相应比例作比较，这仍是一个惊人的大事件。为此，榊原英资（Eisuke Sakakibara）博士——这位可爱的"日元先生"[2]就直率地说，美国经济已经陷入严重的"泡沫.com"（bubble.com）之中。

对于20世纪90年代末期美国股市资产价格的这种异常飙升，希勒当时就不客气地指出："从这些数据中我们不难看出股价如此大幅度地增长是没有理由的。"[3]卓曼价值管理公司（Dreman Value Management LLC）的主席大卫·卓曼（David Dreman）也曾感慨过："这真的是一代人的泡沫，它真的比郁金香热还要疯狂。"

除此之外，另一个典型案例则来源于20世纪20年代的美国大繁荣。对，就是那个导致1929年大萧条的大泡沫。这个大泡沫也是由发明和创新的冲击而形成的。

在第一次世界大战初期，美国忙于军工生产和重工生产，1917年4月参战后又忙于战争，所以无暇顾及陈旧生产设备的更新，生产技术比较落后。战争结束后，美国依靠在战争中积累下来的雄厚资金，和一些

---

[1] 上述数值还可参考：吴向宏.股市市值占GDP比率高涨难道是好事吗？.[N]南方都市报，2007.10.08.转引自南方网：http://www.southcn.com/finance/caijingshiping/content/2007-10/08/content_4254710.htm.

[2] 榊原英资，1995年任大藏省国际金融局局长，1997任大藏省事务次官，升至日本官僚系统的最高位。因为主管利率、汇率等货币金融政策，他被称为"日元先生"。

[3] [美]罗伯特·希勒.非理性繁荣[M].北京：中国人民大学出版社，2004：2.

新技术的突破，出现了一个更新生产设备、扩大生产规模及采用新技术的热潮。与此同时，美国还大力推行"工业生产合理化运动"。当时，运动最有代表意义的就是泰罗制和福特制。早在19世纪八九十年代，年轻的工程师弗雷德里克·W. 泰罗（Frederick Winslow Taylor）就着手研究工厂的科学管理，并发展成为一种理论。在这个理论成熟后的20世纪20年代初期，工商企业中几乎每一个部门都不同程度地接受了科学管理。所谓福特制，即采用装配线作业或流水线作业技术。这种技术先是在福特汽车公司采用，由于能大大提高生产效率，降低生产成本，所以在20年代初期，被应用于许多工业部门。随着这些发明创造而来的是，汽车产量的爆破式增长、美国大部分地区实现电气化、电话网络的快速延伸、影院数量的急速增加……正是这些发明创造的广泛应用催生了20世纪20年代的美国股市大泡沫。

政治与军事的胜败

促成1995—2000年美国互联网泡沫形成的另一个重要冲击要素，来源于政治局势的重大改变。对于美国前总统罗纳德·威尔逊·里根（Ronald Wilson Reagan），《胜利——里根政府是怎样搞垮苏联的》一书作者、美国中央情报局要员彼得·施魏策尔（Peter Schweizer）评价道，"这位演员出身的美国总统，对复杂的世界事务，却有一种历史洞察力或本能"。就在其于1981年上台之初，里根就坚信苏联体制有着致命的弱点，这不只表现在他的演说中，而且更多地转化成美国国家政策。其实里根对苏联的战略十分简单，那就是尽可能利用苏联的弱点，并由此确立美国的战略优势。

1981年，苏联的全球扩张达到顶峰。在中亚、拉美、南部非洲、东欧、东南亚及世界其他地方，苏联代理人也在进行各种军事冒险。而此时，苏联国内由于长久推行优先发展军工产业的政策，高度集权的苏联计划经济模式已难以维系，年年的粮食短缺与资源危机严重困扰着克里姆林宫。

正是洞察到这点，里根政府从地缘政治、经济和秘密战三个层次，对苏联发动了咄咄逼人的攻势。里根本人亲自挑起了对苏联的"神经战"，最具代表性的是1984年的扩音器事件。该年8月11日里根在他的私人农场度假，计划发表一篇关于美国经济问题的讲话，美国几家大媒体记者赶来采访。当记者们忙于准备时，总统的声音突然从扩音器中传出："亲爱的美国同胞们，我很高兴地告诉你们，本人刚刚签署了一项法律，宣布苏联为不合法政府。5分钟后，美国将轰炸苏联！"

正是这种强硬又不可捉摸的行事作风，给克里姆林宫的领导层造成了一种心理上的恐慌与不确定感，苏联领导人无法预见那位好莱坞演员下一步将要做出什么事情，出于自卫本能，只能加强与美国的竞争，而这在无形中又加重了苏联的经济负担。与此同时，为配合里根的强硬政策，美国军方加强了对苏进攻态势。从1981年起，美军战机多次逼近苏联领空，这种进攻性的心理战，让苏联处于被动防御境地。

里根对苏战略的制定和实施，主要集中于国家安全委员会而不是国务院，制定对苏战略的核心人物是国防部长温伯格（Caspar Willard Weinberger）与中央情报局长凯西（William Joseph Casey）。里根的对苏战略并不见诸公开的白宫声明或国务院报告，而是写在一系列绝密的国家安全决策指示中（简称NSDDs）。这一系列国家安全决策指示，沉重地打击了苏联体制的核心。概括起来讲，里根对苏战略有七个要点：

1. 以隐蔽手段对波兰团结工会的活动予以财政、情报和后勤方面的支持，以确保反对派在苏联帝国心脏的生存；

2. 对阿富汗政府抵抗组织提供财政与军事支持，把战争引向苏联自身；

3. 通过与沙特阿拉伯合作压低国际石油价格，并且限制苏联向西方出口天然气，以减少苏联的硬通货收入；

4. 发动一场不择手段的神经战，在苏联领导层中制造恐慌情绪；

5. 发动一场包括秘密外交在内的全球性战役，从而极大地减少苏联获得西方高技术的可能性；

6. 广泛地散布假技术情报，企图瓦解苏联经济；

7. 开展一场名为"战略防御计划"（俗称的"星球大战计划"）的具有进攻性的高新技术国防建设，使苏联经济遭受沉重压力，并且加剧其资源危机。

里根的对苏战略在波兰、阿富汗、石油价格战和高科技军备竞赛方面取得了决定性胜利。最终，苏联耗尽自身资源，但没能闯过美国的"星球大战计划"，在波兰和阿富汗遭遇地缘政治挫折，在石油出口方面遭受了数百亿美元的硬通货损失，以及无法渡过西方技术所设置的重重难关。在内外交困中，苏联——这个曾经的超级大国，于1991年轰然解体。曾在军事、制度上对美国构成严重挑战的竞争对手，就这样不复存在了，这于美国而言，无疑是重大利好。此外，自20世纪70年代起，于经济领域对美国构成严重威胁，一度大有取美国而代之的日本，此时也因为1986—1990年股市、房地产业泡沫的破灭，而深陷经济危机的泥淖中。

正如希勒所说的，在当时，仿佛整个世界都向美国倾斜了。为此，福山兴奋地认为历史已经终结。在他看来，人类社会的发展史，就是一部"以自由民主制度为方向的人类普遍史"。自由民主制度是"人类意识形态发展的终点，是人类最后一种统治形式"。他认为，"从此之后，构成历史的最基本的原则和制度将不再进步了"。[1]

也正是基于对自己国家的制度和模式的自信,美国人自然而然地将这种国家情绪,转化成了对股市的信心。在他们看来,美国的模式、美国的制度是世界上最好的,自然美国的股市也将是世界上最有价值的。胜利主义与爱国热情相辅相成。爱国主义的自我鼓励一直在股市讨论中占有突出地位。世界最著名的证券零售商和投资银行之一的美林证券(Merrill Lynch),在20世纪90年代所用的广告语便是"我们坚信美国是牛市"。

金融改革也是一股不容忽视的冲击力

就1985—1990年的日本大泡沫的形成,金德尔伯格给出的一个解释是,"对金融机构管制的放松是导致20世纪80年代(尤其是80年代后半期)日本资产价格泡沫的重要诱因"。金德尔伯格说,每一家日本的银行都关注资产规模和存款规模的增长。每一家银行都希望将资产蛋糕做大,这意味着每家银行都努力使其贷款规模增长得比其他银行更快。

不独20世纪80年代的日本如此,事实上接踵而至的美国互联网泡沫也有金融改革的身影在其中。由于美国对银行和金融机构管制的放松,催生更多的衍生产品(衍生产品很早就出现了,不过放松管制前规模很小)。共同基金和对冲基金借此可获得新的摄取财富的机会,房地产投资信托基金(REITs)、银行都可将贷款和抵押贷款通过证券化出售。

放松管制导致资产价格泡沫的最典型案例还包括2002—2006年的美

---

[1] [美]弗朗西斯·福山. 历史的终结及最后之人 [M]. 北京:中国社会科学出版社,2003.

国房地产泡沫。因为互联网泡沫的破灭，股市很是低迷，但同期房屋价格的增长却颇为亮眼。1999年房屋价格的增速为5.2%，2000年为7.6%，2001年为7.5%，2002年为7.6%。于是华尔街就想到了，他们可以拉拢投资者和房主，利用房贷来发财。

情况大致是这样的：在正常的情况下，有人想要买房子，那么他们就得存够一定比例的首付款，然后再和房贷经纪人联系。这时，这一家庭通过房贷经纪人找到房贷公司，房贷公司则根据该家庭的收入情况、信用度等信息，来决定是否该放贷给他们。如果这个家庭条件符合要求，那么房贷公司就会放款给他们。这时，这家人就拿到了这笔房贷，买到了房子而成为房主。房贷公司则收取相应的利息，而经纪人从这笔交易中抽取一定额度的佣金。更重要的是，因为房价事实上一直都在上涨，这让各方都觉得一切都是那么完美（perfect）。

有一天，房贷公司接到华尔街某家银行的电话，华尔街的银行家在电话里说，他想买下房贷公司手头的这些房贷。基于华尔街银行家给出的价格非常之诱人，房贷公司就爽快地将这笔房贷卖给了他。华尔街的银行家就这样，靠从美联储或其他机构借来的数以千万乃至更多的钱，买下了成千上万份的房贷，再将其打成一个漂亮的"包"。于是乎，每个月他就可以得到这个"包"里房主还的房贷，然后他召唤评级公司这些"金融巫师"施展魔法，将这些房贷按照信用程度分为三部分：安全的、及格的、有风险的。接着将其予以再打"包"，并给其取了个债务抵押债券（collateralized debt obligation，CDO）的名字。

随着房价的上升，投资者对其持有的这些CDO，特别是那些风险甚高但收益亦非常之高的产品颇为满意。在一片繁荣的景象中，人们爱冒险的情绪被彻底激发出来，于是他们想买更多的CDO；华尔街的银行家们则受到前期成功效应的鼓励，再次找到房贷公司，想买更多的房贷；房贷公司则找来经纪人，要求他们提供更多的房主。可问题是，经纪人再也找不到买房的人了，因为那些符合申请房贷条件的人，都已经有了房子。但他们还是有办法的，在这样的大环境下，也使得人们比其他任何时候都愿意更多地提供或取得信用，最后连那些根本没有资格获得信用的人，也开始有人愿意提供信用给他们了。这时，那些事后被人们视为害群之马的，与次级抵押贷款相关的各路人马也就开始粉墨登场了。

包括华尔街的银行家和房贷公司等在内的 CDO 产品制造商们发现，美国的房价仿佛只会升不会跌。于是他们认定，纵是那些没有资格获得信用的人，买了房子成了房主，哪怕付不起房贷，对于他们而言也是没有损失的。因为他们完全可以将这些人赶出房子并将物业收归公司，等到时机合适、价格合适的时候再将其售出。也就是说，他们认定一直在上涨的房价，完全可以覆盖因为断供而造成的相应风险。

持有这种观点的不仅仅是这些金融机构，还包括低利率政策的主导者艾伦·格林斯潘（Alan Greenspan）。就有关房地产业"投机过剩"的质疑，这位因"行动迟缓"而被后来也成为美联储主席的本·伯南克（Ben Shalom Bernanke）和经济学家保罗·克鲁格曼（Paul R. Krugman）讥为"格林斯潘桑"[1]的时任美联储主席，在国会上保证道："虽然在新的房屋抵押贷款如海啸般涌来时，价格已经上涨了，但房产所有者权益的价值上涨得更快，因为房产的价值上涨了。所以负债可能上涨了，但是资产价值也在上涨。净效应是家庭的资产负债表处于良好的状况，资产超过负债。"[2]

---

[1] 当时作为普林斯顿大学经济系主任的本·伯南克，曾在公开场合一再批评日本，认为日本经济之所以陷入衰退，根本原因是日本央行印钱不够。另外，他的普林斯顿大学同事克鲁格曼也持这一观点。他们之所以为格林斯潘加个日本特有的敬辞"桑"，就是在嘲讽他像日本人一样，连钱也不会印。

[2] [美]威廉·弗莱肯施泰恩，[美]弗雷德里克·希恩. 格林斯潘的泡沫——美国经济灾难的真相[M]. 北京：中国人民大学出版社，2008.

第三章　外部冲击力：泡沫形成和崩溃的诱发因素

格林斯潘和那些制造 CDO 产品的华尔街银行家所忽视的是，房地产泡沫一旦破灭，房产的价值也就会随之下跌，但因房产而欠下的债务的价值却并不会因此而消失，所以留给家庭的是贬值的资产和固定的负债。遗憾的是，高收益使人们往往忽视了高风险的存在，他们在格林斯潘式的逻辑中继续前行。

在这些金融机构看来，只需提高新房贷的风险，至于新的购房者，他们既不需要首付，亦不需要收入证明和任何相关手续。事实上，他们也正是这么干的：他们不是把钱借给那些值得信赖的潜在房主，也就是所谓的优级贷款，因为他们的风险低，也就决定了其收益也很低；而是四处找人，并且是专找那些不靠谱的人，于是就出现了次级贷款。

在这样非理性亢奋的刺激下，2005 年下半年房地产推动的泡沫开始扩大为整个经济的泡沫。在这一年里，美国的人均收入的增速从 21 世纪前 4 年的 4% 提高到了 5% 甚至以上，但同期房价的年均增速则是由 2004 年 13%，迅猛地拉升至 18%。

对于房贷投资这条链上的投资者而言，一切都是那么的顺利，大家都发财了。但，毫无悬念，一些房主注定是还不起房贷的。最后，以至于零首付及用"超优惠利率"支付贷款的房子都超出了许多美国人的购买能力范畴，这时房屋销售自然开始萎靡不振了。2007 年，次贷危机由此而引爆。

新市场也足以诱发一场泡沫

由新市场而诱发一场泡沫的典型案例则非南海泡沫莫属了。1711 年，时任英国财政大臣托利党人罗伯特·哈利提出的一项法案在国会中获得通过。根据这一法案，后来闻名世界（也可说臭名昭著）的南海公司正式成立。法案规定，南海公司将从政府处获得英国与南海地区贸易的特许权。所谓南海，就是现在的拉丁美洲、大西洋沿岸地区。而当时，人人都认为上述地区埋藏着巨大的金银矿藏，坊间都视其商机无限。也正是因此，人们对南海公司的期望很高，甚至夸耀地称之为"牛津伯爵的杰作"（the earl of Oxford's masterpiece）。

单从"南海公司"这个企业名就可见，这根本就是一个路人皆知的图谋。那时的南海地区，属于西班牙人的殖民地，英国政府却敢有动它的念头，本就说明英国人意图从西班牙人那里直接掠取南美的巨大财富。英国人的如意算盘是，只要他们登上南海海岸，马上就会像当年的西班牙人一样，将数不尽的金砖银锭源源不断地运回英国。最坏的结果也只是，只要英国人将他们的工业产品运到南海海岸，那里的原住民肯定会以价值百倍的金子、银子来交换。作为宿敌的西班牙，显然没有让他们的算盘得逞的意思，它压根就没想过允许英国人接近其在美洲的港口。虽然根据1713年签订的《乌德勒支和约》的相关规定，西班牙不得不割让直布罗陀和米诺卡岛给英国，并授予英国向其殖民地贩卖黑奴的30年特权。

而该条约的签订，被当时执政的托利党政府视为一大胜利。为了与政敌辉格党人控制的英格兰银行抗衡，托利党政府决定将和约中应享有的黑奴贸易的专营权授予南海公司。1713年6月召开的全体股东大会上，董事会主席格拉夫（Graf Oxford）兴高采烈地向股东们宣布，南海公司获得了西班牙授予的"阿西恩托"（Asiento）❶，根据这个特许专利权，南海公司有权每年向西属南海地区运送一次黑人奴隶，数目大约为4800名。其后，英、西两国在《乌德勒支和约》的基础上，又通过贸易谈判签订了《贩奴

---

❶ 西班牙国王正式颁发的贩奴特许证。

协议》。该协议约明，除南海公司有权在以后 30 年时间内，向西班牙的南海殖民地无限输入黑奴外，还可从 1716 年起，每年派出一艘货船，与南海地区的墨西哥、秘鲁进行贸易。同时，还给出了一份大大超出约定范围的清单，让人们感到似乎西班牙的所有港口和码头都会向英国开放。

在当时，奴隶贸易虽然不及直接搬运黄金白银，但仍被视为很赚钱的行业。也正是因此，虽然英国人已无法上岸去西班牙的殖民地挖金子，也不能从事其他贸易活动，但南海公司的前景仍为人们所看好。

当然，诱发泡沫形成及其后破灭的因素，有可能是单个，也有可能是多个，但更多的时候，更趋向于多个因素的叠加。正如我们前面所提到的 1995—2000 年的美国互联网泡沫，它的诱发因素就包括互联网大创新、美苏冷战和与日本的经济模式之争的最后胜利。

第四章

信用扩张：泡沫的助燃剂

信用就是货币，货币就是信用；信用创造货币；信用形成资本。

大泡沫为什么爆发于日本而不是德国

对于泡沫这场"火灾"而言,信用扩张无疑就是它的"助燃剂"。最能说明这一问题的经典案例莫过于1986—1990年间的日本和德国。

对于1986—1990年日本大泡沫,在日本国内主流的看法都认为,美国胁迫五国签订"广场协议",是想通过牺牲日本,来解决自身的"双赤"(财政赤字与贸易赤字)问题。"广场协议"之后,日元大幅升值,直接诱发了1986—1990年日本大泡沫,最后泡沫崩溃,日本经济一蹶不振[1]。

其实这种观点在中国亦是大有市场的,2010年9月27日的《中国证券报》的一篇题为《"广场协议"埋祸根 日本深陷"失去的十年"》的新闻综述就很具有代表性。报道援引复旦大学冯昭奎教授的话说:"尽管日本政府阻止美元过度贬值也是为了使已有的对美投资不贬值,然而这种措施的结果是继续推动对美投资并容忍美元资产进一步贬值,这意味着日本已经陷入一种极为被动的、受制于美元的圈套。"而身居日本的中国籍作家俞天任,则更是直白地认为,日本的大泡沫和以后的大灾难,都是从"广场协议"开始的。

---

[1] 关于上述论调,可参阅:[日]吉川元忠.金融战败:发自经济大国受挫后的诤言[M].北京:中国青年出版社,2000.

然而日本人和我们的国人所刻意忽视的事实是,在"广场协议"升值的"黑名单"上,除了日元外,德国马克、法国法郎、英镑也赫然在列。所涉及四国中,德国和日本最具有可比性,因为两国都是第二次世界大战的战败国,制造业都对两国经济做出了巨大贡献,两国的经济增长都很快,并在"广场协议"签订之前相继成为世界第二大和第三大经济体。"广场协议"中明确规定,不仅是日元,德国马克也应大幅升值,事实也是如此。我们回顾一下历史,看看"广场协议"前后日元和德国马克对美元的汇率变化:

日元兑美元到1987年年底时已接近升值100%,而德国马克比日元还升值得更多,达到101.27%。到1988年,德国马克的升值率相较于日元升值幅度有所收窄,但与"广场协议"签订时的1985年相比,其升值幅度仍然达到70.5%①。

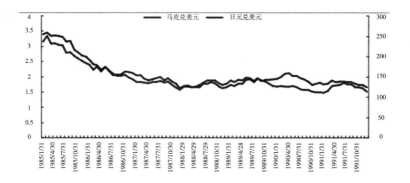

图4-1 马克、日元兑美元走势图(1985年1月31日—1991年10月31日)
资料来源:国泰君安策略部

由此可见,美元的贬值,并不只针对日元,还有联邦德国。更要紧的是,两个币种贬值幅度也非常接近。所以,那种"日本为美元贬值单独买单"

---

① 与此对应的是:日元86.1%。

的论调是颇值得商榷的。同样，将"广场协议"之后日本大泡沫乃至之后20年经济萧条的原因，归咎到日元升值的论断，也过于武断。

在前面我们已经说过，泡沫的形成是三要素共同作用的结果。我们先来看看第一个要素：人的动物精神。从这点而言，德国和日本具有很强的可比性，都具有很强的动物精神。事实上这点在第二次世界大战时表现得尤为明显，在当时，两国人民的表现完全符合"乌合之众"的定义。可以断言，德国人和日本人的人性是趋于一致的。事实上何止德国人和日本人，中国人、美国人，乃至整个人类何尝不是如此呢！投机泡沫既曾爆发于荷兰，也曾爆发于法国、英国、美国、日本、东南亚、科威特、东南亚诸国，同样曾爆发于中国。从这点可见，动物精神并没有国家和民族的差别，而是人类的共性。

再来看第二个要素：外部冲击力。于两国而言，当时面对的诱发因素也都是一样的，那就是两国都在承受着由"广场协议"而造成的汇率波动。

问题来了，同样的人性，同样的本币大幅升值，为什么德国没有爆发大泡沫，而日本却爆发了呢？合理的解释是（也只能是），两国在信用扩张方面，有着截然不同的态度：

从1986年1月开始到1987年2月，日本银行为应对升值萧条，防止通货紧缩，连续5次降息，一直将中央银行再贴现利率由5%下调到2.5%。这不仅是当时的日本历史最低利率水平，也是当时世界主要发达国家中最低的水平。与此同时，1987年日本政府减税1万亿日元，追加5万亿日元的公共事业投资，后又补充了2万亿日元的财政支出。过度扩张的货币政策和财政政策，使得日本的货币供应量持续上升，造成日本国内过剩资金剧增。

反观同期的德国，事实上也采取了信用扩张的货币政策，于1987年1月将短期法定利率下调至3%。但需要注意的是，与此同时，德国人却在财政政策上采取了紧缩政策。来自德国统计部门的数据显示，德国财政赤字占GDP的比重，从1982年的3.3%逐年递减至1987年的0.4%。

第四章 信用扩张：泡沫的助燃剂

到了 1987 年年中，日本与德国纷纷摆脱了"广场协议"汇率升值带来的压力，经济开始趋于好转。与此同时，经济中潜在的通货膨胀压力也在增加。此时，日本和德国均面临着是继续遵守"卢浮宫协议"[1]，维持低利率、协调各国汇率的政策，还是为抑制国内可能发生的泡沫和通货膨胀而采取提高利率政策的矛盾选择。

日本政府当时的态度和措施是，继续采取维持低利率的扩张性货币政策。而德国则采取了提高利率的紧缩性货币政策——在 1987 年 10 月 14 日将短期利率提高至 3.6%，同月 15 日再次提高至 3.85%。到了 1988 年，西方各主要国家的经济都出现了良好的势头，经济增长率均高于 1987 年的水平。日本由 1987 年的 4.3% 上升至 1988 年的 6.2%。德国则由 1.5% 上升至 3.7%。在这种情况下，德国中央银行先后在 1988 年 7 月、8 月和 1989

---

[1] "广场协议"之后，尽管美元对日元等非美元货币大幅度贬值，但由于美国政府未能采取有效措施改善自身财政状况，同时由于货币贬值存在"J 曲线效应"，在"广场协议"之后两年多的时间里，美国对外贸易逆差不仅没有缩减，反而继续恶化。1987 年，美国贸易赤字达 1680 亿美元，占 GDP 的 3.6%，其中，四分之三的赤字来自日本和联邦德国的经常项目盈余。美国贸易收支状况恶化和外债的急剧增加，影响了外资向美国的流入，市场对美元信心下降，继续让美元贬值明显弊大于利，美国对日本和联邦德国的贸易摩擦重新加剧。同时，受日元和马克升值的影响，日本和联邦德国外贸出口下滑，经济增长率出现下降。日本经济增长率从 1985 年 4.2% 下降到 1986 年的 3.1%，1985—1987 年联邦德国经济增长率在 2% 徘徊。日本和联邦德国对美国未能按"广场协议"有效削减财政赤字表示不满。此外，美元大幅度过快贬值也引起了国际外汇市场和世界经济的较大震荡，主要发达工业化国家明显感到要尽快阻止美元下滑，保持美元汇率基本稳定，这有利于世界各国的共同发展。当时，美国可以选择提高国内利率的办法吸引国际资本流入，减缓美元过速贬值。但是由于担心这样会引起国内经济萧条，美国不愿意提高国内利率，反倒更希望日本和联邦德国降低利率。在美国主导下，为了稳定国际外汇市场，阻止美元汇率过多过快下滑，通过国际协调解决发达国家面临的政策难题，1987 年 2 月，G7 国家财长和中央银行行长在巴黎的卢浮宫达成协议，一致同意 G7 国家要在国内宏观政策和外汇市场干预两方面加强"紧密协调合作"，保持美元汇率在当时水平上的基本稳定。此次会议协议史称"卢浮宫协议"。

年 1 月、2 月四度提高利率，恢复到了 4.5% 的正常水平。而日本则继续维持在 2.5% 的低利率水平，直到 1989 年 5 月才首次将利率提高 0.75 个百分点。这比德国晚了足足 10 个月。[1]

受此政策影响，日本的信贷供应不断增长。截至 1990 年 3 月，日本银行[2] 5 年内总放贷金额增加了 96 万亿日元（折合 7240 亿美元）。除此之外，消费信贷公司这些非银行金融机构，也加入信贷扩张的行列。1985 年时，这类机构放出去的地产类贷款为 22 万亿日元，到 1989 年年底时，已增至 80 万亿日元（折合 6000 亿美元）。这些钱，一股脑地都跑到股市、楼市中去了。

为此，认为日本败于美国经济阴谋的日本经济学家吉川元忠，在其所著的《金融战败：发自经济大国受挫后的诤言》一书中，也不得不供认道，当时日本经济泡沫的形成，主要是由日本政府长期实施低利率的信用扩张政策所导致。[3]

信用即货币，货币即信用

在这里有必要认识一下"信用"。正如有些学者所论的，人类历史发展到今天，"信用"这个词已经包含着极其丰富的内涵。它可能是人类认

---

[1] 刘涛. 日本、德国应对本币升值的货币政策比较及启示：基于广场协议的分析 [J]. 中国债券，2011（10）：55-56.

[2] 日本银行（Bank of Japan），是日本的中央银行，在日本经常被简称为日银。

[3] [日] 吉川元忠. 金融战败：发自经济大国受挫后的诤言 [M]. 北京：中国青年出版社，2000：83.

识中最为复杂、最难以捉摸的概念之一。就"信用"一词,一般而言可以从以下四个角度来理解:

首先是伦理道德层面的。伦理道德层面的"信用"是指,参与社会和经济活动的当事人之间所建立起来的、以诚实守信为道德基础的"践约"行为。

其次是法律层面的。例如,《中华人民共和国民法通则》中规定"民事活动应当遵守自愿、公平、等价有偿、诚实守信的原则"。《中华人民共和国合同法》中则要求"当事人对他人诚实不欺,讲求信用、恪守诺言,并且在合同的内容、意义及适用等方面,产生纠纷时要依据诚实信用原则来解释合同"。

再从经济学层面看。信用实际上是指"借"和"贷"的关系。信用实际上是指"在一段限定的时间内获得一笔钱的预期"。你借得一笔钱、一批货物(赊销),实际上就相当于你得到了对方的一个"有期限的信用额度",你之所以能够得到对方的这个"有期限的信用额度",大部分是因为对方对你的信任,有时也可能是因为战略考虑和其他的因素不得已而为之。

最后是货币角度。在信用创造学派的眼中,信用就是货币,货币就是信用,信用创造货币,信用形成资本。由于本书所涉及的主题"投机泡沫"属于经济金融领域的话题,因此,本书中我们采用的是货币层面的定义,即信用就是货币。

这一观点的提出者正是密西西比计划的总策划、总导演劳(见图4-2)。正如马克思所观察到的,早期的经济学家并不像后世的经济学家那样,是纯粹的学者。他们往往具有复杂的身份,比如哲学家、牧师、股票经纪人、革命者、贵族、美学家、怀疑论者或者流浪者。劳正是这样一个涉猎广泛、经历坎坷、酷爱冒险、被人称为"花花公子"和职业"赌徒"的早期经济学家。

图 4-2 约翰·劳画像

劳于 1671 年出生于苏格兰首都爱丁堡的一户富裕人家。他父亲既是一名金匠，又是一位银行家。这位老金匠早已预备让他子承父业，但劳从小就表现出他的不安分，他喜欢奢华、喜欢交际。待父亲去世后，他就耐不住苏格兰这个落后国家的寂寞，而跑到了繁荣发达的邻国英格兰去了，[①]但一起由桃色事件引发的血案，让他又不得不逃离了繁华的伦敦，而浪迹于欧洲大陆。

劳在欧洲大陆游历了多年，这段时间里，他养成了这样一种习惯：上午他都会专注于研究各国的财政、贸易及货币与银行方面的原理；到了晚上，他便会参加各种沙龙。而当时的沙龙多设有赌博性质的牌局，他的数学天赋这时发挥了重要作用，他从不随便出手，而是依照计划稳扎稳打，他的每一次下注都要先在头脑里进行周详的数学计算。这样一来，钞票从

[①] 英格兰和苏格兰直到 1707 年才合并，在这之前两国有时虽共戴一主，但仍属两个独立的主权国家。

赌桌上源源不断地滚入他的腰包。很快,他就成了所有参加沙龙人士所崇拜的对象。更由于他本就出手阔绰,又潇洒风趣,受到了欧洲大陆各国上流社会社交界,尤其是那些名媛的普遍欢迎。

然而,就在他走红欧洲大陆上流社会的时候,他却毅然地抛下了欧洲大陆的奢华生活,只身回到了他的祖国苏格兰。原因是当时他的祖国正深陷泥潭而不能自拔。

在早前,伦敦东印度公司垄断了远东的贸易——对公司股东来说,那是相当丰厚的利益;但对于竞争者而言,那简直就是一场噩梦。正在这时,一位叫威廉·佩特森(William Pedersen)的苏格兰籍殖民者给他的祖国提出了一套殖民方案。佩特森计划运送1200名移民者到巴拿马海峡,建立一块殖民地,开发出一条横穿大陆、直通太平洋的贸易路线,以此协助远东地区的贸易活动,使其建立贸易网络,冀图打破伦敦东印度公司的贸易垄断。由于这些移民者着陆的地点位于巴拿马的达连省,因而这一历史事件被称为"达连殖民计划"(见图4-3)。

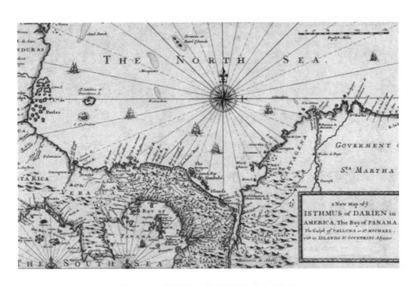

图4-3 "达连殖民计划"规划地图

佩特森的这一构想，与苏格兰的统治阶级的想法不谋而合。因此，在他回到苏格兰后不久，便成功地说服了苏格兰政府来执行这一计划。1695年，苏格兰议会批准成立了"非洲和东西印度群岛贸易公司"，公司资金向公众募集。公共市镇组织、国会议员、地方士绅与数以千计的包括船长、医生与药剂师等职业的拥资公民，皆兴致勃勃地把终生积蓄投入这一殖民计划中。最后，该公司一共筹集到了 40 万英镑——相当于当时苏格兰全国流通财富的一半。

第一批殖民者于 1698 年 11 月到达目的地。但"卧榻之侧，岂容他人酣睡？"苏格兰人的计划，很快就受到来自老牌殖民者西班牙人和英格兰人的围堵遏制。于 1699 年第二支殖民船队抵达巴拿马之前，苏格兰人建立的"新爱丁堡"，已经被西班牙人彻底摧毁。再加上痢疾、热病、内讧和叛逃，"达连殖民计划"很快彻底宣告失败。"非洲和东西印度群岛贸易公司"输了，一起输掉的还有整个国家一半的财富。

正是面对着这样的局面，劳认为，他一展身手的机会来了，他认为他有能力拯救祖国。回到祖国的首都爱丁堡，劳看到苏格兰经济低迷，他认为根本原因就在于缺乏货币。为了说服执政者和公众，于 1705 年，他出版了一部名为《论货币和贸易：兼向国家供应货币的建议》的书。在书中，他强调：经济之所以不景气与货币有关。他还提出了一种从未有过的说法——货币需求。劳试图向读者说明，由于货币供给量太少，货币的利率就高，解决的办法就是增加货币供给量。他声称，扩大货币供给量能够降低利率，而且只要国家以全部生产能力运行，就不会导致通货膨胀。增加货币供给量的最好办法就是抛开金属本位的约束，全面使用纸币。为了说明这一点，他进一步写道："商品交换的目的不是获得货币，而是获得商品的价值。货币的用处就是购买商品，而白银作为货币并无更多的用处。"他进而得出一个结论：国家要繁荣，就要发行纸币。

为了推广其理念，他对这本书做了大量的推销工作，在爱丁堡的大街小巷到处都张贴着这本书的宣传海报，海报上列出了书里的核心观点和对苏格兰经济重建的建议要点。经过不懈努力，他也的确获得了不俗的反响。一时间，苏格兰举国上下都在讨论劳的建言。劳则不失时机地又提出了他的另一项建议，在苏格兰成立一家"土地银行"。劳认为该银行可以发行银行券，但所发行的银行券的价值及其正常利息之和，不能超过国家所拥有土地的价值。持有银行券的人，不仅可以获得利息，还有权选择在特定时间里将银行券兑换为土地。劳为什么选择的是土地而不是金银呢？他的观点是，土地既能作为货币，也可以用作其他用途。而金银就不同，一旦成为货币，就失去了本身的作用。

这个建议立马引起了轰动，劳的忠实信徒，甚至还组织了个名为"骑兵队"（squadrone）的党派，来推动这一计划的实施。但批评者也不少。有人甚至认为，劳所设想的这一银行根本就是"建立在沙滩上的大厦"。这一方案如果在苏格兰获得实施，那么整个苏格兰将跌入深不见底的深渊。最后，议会也对这一提案予以了严肃的辩论。然而，议院的大部分议员还是无法接受这一方案。更多的议员倾向于与英格兰合并，将麻烦留给英格兰来解决。

这于劳而言，是再坏不过的事情了。因为，他在英国仍属逃犯之身。带着无比的失望，他又不得不回到了欧洲大陆。重新过起了他先时的那种颇有规律的生活：上午专注于研究各国的财政、贸易，以及货币与银行方面的原理；晚上参加各种沙龙。他的研究越来越深入，使他掌握到了更多国家的贸易和资源情况。研究的结果使他更为坚信其理论的正确性：一个没有纸币的国家，是无法富强起来的。

为了实践学术理想，他有意地利用其在社交界的影响力，广泛地结识着各国年轻的纨绔子弟，并大力宣扬自己的观点。他知道，这些接受他说教的纨绔子弟，日后多能执掌一国朝政。而这些纨绔子弟也深信，在不久的将来，他也会成为叱咤风云的人物。当然这套把戏也让他吃了不少苦头。据记载，他先后被威尼斯和热那亚驱逐出境，原因是当地的官员非常担心他的这一思想会荼毒年轻人。当他即将要被驱逐出意大利时，沙和伯爵维多阿玛道斯给了他一个建议，沙和伯爵凭借自己对法国人长期的观察，认为以法国人的性格，会欣然接受劳的这一全新的计划。

当劳辗转进入巴黎后，他的行动也引起了警察总长德·艾金森的戒备，总长就曾警告过他，如果胆敢在巴黎宣扬他那有毒的观点，那么自己有权将其驱逐出境。也正是在巴黎逗留的那段时间，劳遵从沙和伯爵的建议，向时任法国财政部长迪斯马列提出了一项融资计划，当然这个计划还是没有超出他的"土地银行"的建议框架。但也正如沙和伯爵所认为的，这项计划很快就引起了路易十四的兴趣，只是后来他听说这个建议的倡议者并不是天主教徒，而是"该死的"新教徒才作罢。

也正是在这一时期，劳广泛地结识了法国上层社会的一大批权贵，这些人中就包括后来成为路易十五[1]摄政王的波旁皇族成员奥尔良公爵[2]腓力二世（Philippe II, Duke of Orléans, Philippe Charles）[3]和孔代亲王[4]第七路易·

---

[1] 路易十四与王后玛丽·特蕾兹共生有三男三女，其中三个于出生当年就夭折了，另外两个，一个活了3岁，一个活了5岁，只有太子活到50岁。而皇太孙也只活了30岁，所以当路易十四去世时，只能将王位传给只有5岁的曾孙路易十五。

[2] 奥尔良公爵（法语：Duc d'Orléans）是从1344年开始使用的一个法国贵族爵位，以其最初的封地奥尔良命名。这一称号只授予王室的亲王。也就是说只要被授予奥尔良公爵的就一定是亲王。

[3] 奥尔良公爵腓力二世（1674—1723），生于圣克卢（Saint-Cloud），是路易十三次子、路易十四之弟奥尔良公爵腓力一世和他第二个妻子巴拉汀郡主伊丽莎白·夏洛特所生之子。路易十四1715年死后，他成为年仅5岁的侄孙路易十五的摄政王。

[4] 法国王室波旁家族一个重要分支的世袭爵位。

亨利一世·德·波旁。特别是前者，十分欣赏这位来自苏格兰冒险家的魄力，而劳也对这位平易近人的公爵充满了好感，两人惺惺相惜，摄政王更是慨然地应允将成为劳的赞助人。

路易十四的驾崩，让身为皇侄的奥尔良公爵腓力二世的声色犬马的日子到了头。他被大行皇帝路易十四指定为摄政王，来辅佐当时年仅5岁的族孙小路易十五。遗憾的是，面对债务压顶，他的智慧、魄力和精力都不足以去应对当时的局势。这时，他想起了劳。

虽然摄政王黔驴技穷、面对困局一筹莫展，但于劳而言，这正是实现其构想最好不过的时机了。劳，这个拥有"纸币"奇想的"赌徒"，终于在他44岁那年得到了一场豪赌的机会：创造纸币。劳此前一直在酝酿却始终得不到施展的伟大计划，终于有用武之地了！

这又得从1716年说起。1716年，也就是摄政王开始摄政的第二年。这年年初，摄政王接见了劳并和他讨论了施政方略。踌躇满志的劳，一见面就向摄政王指出可怕的金融危机已笼罩着法兰西。他说，仅有金属货币而缺少纸币的辅助，庞大的货币需求量永远都会处于失衡状态，这根本不符合一个商业国家的标准。他还专门引述了英国的例子，来说明纸币的好处和优越性。同时，他还提出了许多关于货币信用的实际数据，这一切都是为了一个目的——重建法国的货币体制。他提议设立一家银行，这家银行可以发行银行券。这一提案提出之初，摄政王并不置可否。

劳非常聪明，他知道，摄政王并不是一个真正有担当敢冒险的领袖。要想促成这一计划，还需要强大的舆论支持。他办了件漂亮的事情，将自己关于货币与贸易的文章全部翻译成法文，或于法国各大报刊上发表，或印刷成书全国发行。再加上他的社交界的朋友们，如摄政王和孔代亲王到处揄扬他。一时间，劳成了人们热烈讨论的对象。对于他的理念，人们更是抱有了很大的兴趣，他们开始寄希望于这位专家来重振法国的经济。

面对大众的情绪，摄政王做了一件顺应民意的事。1716 年 5 月 5 日，摄政王奥尔良公爵腓力二世以国王路易十五的名义颁布命令，授权劳成立通用银行（Banque Generale）[1]。这份授权书还特别强调，法国所有的税收都要用这家银行发行的银行券缴纳。在通用银行成立之前，为应对财务危机，摄政王经常擅自减少金币含金量，搞得金币几乎变成了铜币。人们对货币乃至整个经济都信心不足。为此，劳做了几件漂亮而干净的事情：

第一件，劳规定纸币可以"见票即付"。也就是说，无论何时都可以到该银行将持有的纸币赎回足量的金属硬币。

第二件，他规定若是银行印刷出来的纸币超过金属硬币的支付能力，那他就理应"受死"。

这些条规有效地建立起了金本位体系的原型。劳的这两项政策很快就产生了积极的效应，以黄金为后盾的纸币大受民众欢迎。投资者对"减轻的"金币丝毫没有信心，却对纸币信心十足，人们争先用面值 100 里弗尔[2]的金币，去换取 100 里弗尔的纸币。纸币胜过了黄金！新的纸币作为硬通货已普遍被人们接受。到 1717 年，也就不过短短一年时间，100 里弗尔纸币的价格就涨到了 115 里弗尔金币。这种可靠交易手段的出现，很快就刺激了贸易的发展。除此之外，事实上通用银行也发放年息为 6%、不久后又降至 4% 的低息贷款，而放高利贷者之前要求的年息则高达 30%。通用银行所经营的低息贷款活跃了经济。商业出现好转，人们更坚定了对纸币的信心，对纸币的需求也与日俱增。

劳顺势发行了 6000 万里弗尔的新纸币，这一数额是其自有资本的

---

[1] 在麦基的书里，称其为劳氏公司。

[2] 法国的古代货币单位名称之一。又译作"锂"或"法镑"。

10倍。因为这个货币体系还在出色地运转着，所以这种纸币发行量和自有资本之间的不相称也就没有干扰到别人。公众对货币满怀信心是实现货币稳定性的保障。摄政王显然是注意到了这一点，之前还非常不情愿让政府直接涉足银行，如今他一改之前的勉强态度，索性将通用银行国有化，并将其改名为法兰西皇家银行（The Royal Bank of France）。同时，还授予皇家银行更多特许权，其中就包括独家冶炼金银权，以此来进一步支持它。这也意味着法兰西皇家银行将以波旁王朝的信誉作保证发行纸币。

但事实是，也正是从这一天起，劳的——如果一家银行没有足够的资金储备去支持所发行的货币，那他就只有死路一条——这一准则被彻底破坏了。刚刚接手皇家银行的摄政王，立马下令赶印10亿里弗尔的纸币。在摄政王的肆意妄为下，劳正一步步地放弃了自己应有的原则。

劳当时所持有的逻辑是，一方面由特权贸易公司接收皇家银行发行的纸币，把它借给中央政府，而中央政府则用它来支付日常开支及一部分债息；另一方面特权贸易公司通过发行股票来回收路易十四时期的行政债券。随着股价上扬，公司在发行新股时又明确约定，新股申购必须以行政债券支付。这就驱使市民，必须拿着皇家银行发行的纸币，向持有这些债券的那40个私人银行家购买行政债券，纸币便开始注入商业银行体系。这样一来，不仅通过股权置换债券，将国家债务偿还了，而且货币也顺势进入了流通领域，整个体系似乎运转得非常好。

但表象绝不代表事实。大臣中就不乏清醒之士，时任摄政委员会成员圣西蒙公爵（Memoirs of Duc de Saint-Simon）就是其中最为杰出的代表，他对滥发纸币必会带来灾难发出了严重警告。有一天，在摄政委员会会议结束后，摄政王单独留下了与会的圣西蒙公爵，问他为何不接受劳贿赂给他的股票。对于摄政王的这一问题，圣西蒙公爵的回答是："自从米达斯神话[1]以来，我还从没听说有谁能将他用手触及的一切都变成黄金呢。我相信，约翰·劳也不具备这种力量。"冯·萨沃恩公爵对摄政王和劳的批判更为风趣，他说："我的钱还不足以去毁掉我自己。"

除了这两位公爵之外，大法官兼财政大臣德·达古索也是上述政策坚定的反对者。他坚决反对增加纸币流通量，也反对将金银钱币贬值，且其反对的态度比圣西蒙公爵和萨沃恩公爵远要激烈。这让摄政王大为光火。为了有效地贯彻自己的意志，摄政王采取的策略是，将不听话的达古索撤职，而让自己的亲信德·艾金森[2]接替了他的位置。

一番较量后，劳氏政策的反对派立马察觉到他们先前的对策完全是失策的，他们意识到劳才是这些政策的幕后推手，于是将火力对准了劳。而劳的最大短板是，他是个外国人，且是不信天主教的异教徒。于是，在反对者的大力推动下，国会于1718年8月12日通过了一项强硬的法案：禁止任何外国人以私人或其他名义，来干涉法国财政经济事务。一些激进者甚至提议要将劳送上法庭，而一经定罪就要处死他。对于反对派的举动，摄政王大为恼火，他采取的措施是：下令逮捕国会主席和两位反对派议员。在这种铁腕镇压下，反对派的声音终于被压制下去了。

摆平反对声音之后，摄政王越发肆无忌惮了。他的逻辑很简单，既然纸币如此好用，在一张纸上随便填上个数字就可以拿着它去买各种商品，享受各种服务。那么，为什么不多印刷一些呢？！摄政王命令他直属的皇家银行，不断地发行更多的纸币。据说，单于1719年7月至12月这半年间，

---

[1] 米达斯（Midas），希腊神话中的佛律癸亚国王，贪恋财富，求神赐给他点石成金的法术，狄俄尼索斯（Dionysus）神满足了他的愿望。最后连他的爱女和食物也都因被他手指点到而变成金子。他无法生活，又向神祈祷，一切才恢复原状。

[2] 就是要将约翰·劳驱逐出巴黎的那位警察总长。

他就印刷了89000万里弗尔的纸币并投入使用。而当时，就法国而言，纸币是个全新的东西，其设计和印刷工艺都难免粗糙。这就给伪造提供了方便之门。据说，当时市场上流通的，除了皇家银行所发行的货币之外，还有至少5000万里弗尔的伪币。在泛滥的流动性的驱动下，股价也水涨船高，特别是劳也在想方设法使投机狂潮得到激化，印度公司的股票价格不断上涨也就并不奇怪了。

南海泡沫的形成也跟英国信用的扩张有着莫大的关系。金德尔伯格则认为，南海泡沫乃是由法国的法兰西皇家银行和英国的剑刃银行（Sword Blade Bank）共同为南海公司发放私人信贷所导致。

金德尔伯格的这一观点，得到了南海泡沫时期，英国国会下议院的布罗德里克（M. P. Broderick）议员所提供的证据的支持。在1720年9月13日写给大法官米德莱顿的一封信中，他就认为那场泡沫的形成与破灭，与"他们将货币供应推到了极限，而背后却根本没有足够的贵金属储备来作为支撑"有关。①

对于荷兰爆发的郁金香热，英国金融史学家爱德华·钱塞勒（Edward Chancellor）在其《金融投机史》一书里，对当时的金融环境曾做过这样的描述：

在17世纪初期，东印度公司的行动中出现了期货交易。投机者还可以用股票做抵押借贷，最高额度是股票市场价值的80%（这就是后来美国人所谓的保证金贷款②）。这里还交易优先认股权。所谓优化认股权，是

---

① 这封信，后来收录于历史学家、传记作家威廉·科克斯所著的《华尔波尔传》一书中。
② 保证金贷款业务的实质是银行通过券商向普通投资者贷款而获取利息收入，券商收取服务费或者少量利息差，投资者适度放大风险和收益。

指买方有权在合约期内以固定价格买卖股票,但跟期货合约不同,这是权利而非义务。17世纪的晚些时候,东印度公司发行了小额股票,面值是普遍股票的十分之一,使得不那么富有的投机者也有机会参与炒作。期货、优先认股权和小额股票都是我们所谓的金融衍生品,也就是价值衍生自股票等标的的资产的金融合约。加上股票抵押贷款,这些金融产品制造了利用金融杠杆的机会。❶

充分利用金融杠杆在郁金香热时期表现得尤为明显,在当时,许多交易彻底演变成了合同的买卖。合同从你的手里转到他的手里,价格不停地翻上去。买者付的不是钱,是一张纸(信贷),而卖者得到的也是一张纸,郁金香球茎到底在哪里?谁也不去多管。更有甚者,为降低买卖的门槛,有交易商将一个球茎分为几分之一,使交易者可以买卖几分之一的郁金香球茎。这一金融创新一经出炉,郁金香球茎的价格又往上涨了几番。从这可见,郁金香泡沫的爆发,与私人信贷扩张和融资滥用高度相关。❷

不独老欧洲,新大陆上的美国也是如此。威廉·富勒(William Fuller)于1862年宣称,美国"史上最伟大的投机时代已经开始了"。而究其原因,历史学家亨利·亚当斯(Henry Adams)给出的解释是:"在南北战争期间,美国政府大量发钞,造成货币贬值及资金和信用的浪费,进而引发了一场美国从未经历过的投机狂热。这场狂热不仅席卷了纽约的投机中心百老汇,还一路蔓延至北部各州。"詹姆斯·梅德贝利(James Medbery)也认为是在美钞和巨额财富得失的刺激下,才使得"所有北方人

---

❶ [英]爱德华·钱塞勒.金融投机史[M].北京:机械工业出版社,2013:7.

❷ 当然,你也可将上述描述定义为金融创新,但不可否认的是,正是这种创新,导致了私人信贷扩张的事实。

都陷入了投机狂热之中"的。他声称:"南北战争让我们成为了伟大的民族,但也让我们变成了受投机思想支配的民族。"❶

同样,有着大量的证据表明,20世纪20年代的那个美国股市大泡沫,与信用的扩张也有着莫大的关系。《美国大萧条》一书的作者默里·罗斯巴德(Murray N. Rothbard)就观察到,在20世纪20年代的整个繁荣时期里,美国的货币供给增加了280亿美元,也就是说8年时间里,货币供给量的增幅达61.8%,平均每年增长7.7%。❷罗斯巴德还观察到,当时美国的货币扩张主要发生于货币代替物身上,他认为这是信贷扩张的结果。其中,只有数量非常小的信贷扩张是由政府证券买卖而引起的,大部分都是私人贷款与投资。

在《金融投机史》一书里,钱塞勒也写道:"在20世纪20年代,保证金贷款是另一个大受欢迎的个人信贷来源。"而最重要的还是来自美联储的降息,他说"1925年的降息引发了这场股市暴涨",原因是这项政策意在帮助英格兰银行——由于依照战前汇率恢复金本位造成黄金严重外流,所以当时英格兰银行处境艰难。1927年夏季,在法国和德国共同施压下,美联储再次应英国的要求,将贴现率降至3.5%的历史新低。❸

罗斯巴德也持有这一观点,在《美国大萧条》一书里,他写道:"1924年的信贷扩张除了为刺激对国外放贷,还有一个目的是为了阻止这些获得授信国家的黄金流入美国。黄金流入主要是由于其他国家采取通货膨胀政策所致。尤其是英国,当时该国面临严重的经济问题。英国打算重新实行

---

❶ Henry Adams.the New York gold conspiracy,in chapters of Erie and other essays.Boston,1871,p.100;Fowler. ten years,p.36;Medbery.men and mysteries,pp.10-11.

❷ [美]默里·罗斯巴德.美国大萧条[M].上海:上海人民出版社,2003:149.

❸ [英]爱德华·钱塞勒.金融投机史[M].北京:机械工业出版社,2013:179-180.

金本位制，并采取战前平价……英国政府没有取消失业保险，紧缩信贷，和/或者采用一个更实际的兑换价格回归金本位，而是扩大了货币供给以抵消流失的黄金并转而寻求美国的帮助。因为如果美国政府扩大美国的货币供给量，英国的黄金将不会再流失到美国。"

虽然，美国经济早已于 1890 年就已全面赶超英国了。但此时的英国，仍为当时国际秩序的主导者。美国人的高明就在于，它完全有能力直接挑战英国的国际地位，但它却放弃了这种成本过高的愚蠢策略，而将挑战权让渡给了德国，自己反倒是采取了一种务实的跟随战略。也正是在这一战略思想的主导下，在接到英国方面的请求后，美国人一口就答应了。这就有了钱塞勒所提及的，美联储应英国的要求，一再降低贴现率的那一幕了。

虽然其后美联储改变了策略，从 1928 年 2 月起，它连续提高了贴现率，直到 1929 年 8 月升至 6%。这一利率对于整个实体经济而言，明显偏高了。但就抑制投机而言，这一利率又显得是那么的低。

当时，在美国，用保证金贷款炒股的收益实在是太诱人了，只要股市继续走高，投机者就愿意支付更高的利息来获得保证金贷款。这些资金主要来源于美国的公司和外国银行，特别是那些上市公司。这些公司从股市中募集到大量的资金，但它们并没有直接用于实业投资，而是将这些成本为 4% 左右股息的资金，转手变成利率高达 15% 的保证金贷款借出去。于上述公司而言，这一投资，不仅回报快且收益远高于主业的投资收益。这样一来，利用保证金贷款炒股的投机者则进一步推高了股价。反过来，借助股价的持续上扬，那些上市公司则更容易从资本市场上募集到更多的资金。那些资金作为保证金贷款的重要资金来源，反过来进一步推高了股价……用当时一个财经评论家的话说就是，保证金贷款对股市的影响"真的是个恶性循环"。[1]

---

[1] North American Review, 228, p.166.

第四章　信用扩张：泡沫的助燃剂

而就1986—1990年的日本股市及房地产大泡沫的形成，我们已经在前面做过分析，这里就不再提。总之随着日本信用扩张而来的是大泡沫形成，并于随后崩溃。日本倒下后，美国正式接过日本的棒，迈入一个泡沫膨胀的时代。

1987年9月4日，刚刚出任美联储主席不到3个月的格林斯潘第一次宣布加息，他的前任保罗·沃尔克（Paul Volcker）给他发来了贺信："恭喜你，你提高了贴现率，你已经是一位中央银行家了。"但就在沃尔克首肯格林斯潘是个真正的中央银行家后不久，格林斯潘开始采取沃尔克所深恶痛绝的货币与信用扩张的政策，通过低利率的手段来向市场开闸放水。

1987年10月19日，星期一，格林斯潘出任美联储主席后的第69天，也是他宣布加息的第45天。这一天，道指极速下跌了508点，这相当于被纳入道指中的股票，市值一天就损失了22.6%，几乎是众人皆知的1929年股市崩盘单日下跌幅度的两倍。

据说，格林斯潘在危机中展示了自己的魄力。当天股市收盘后，美联储大量买入国库券，巨额现金直接流入卖出国库券的银行家手中，金融系统被注入了大量流动性。这一次，美联储公开市场操作时，共向银行系统提供了至少170亿美元，这笔额外的资金比银行准备金的25%还多，相当于美国货币供给的7%。

第二天股市开盘之前的8点41分，格林斯潘更是发表了简短的声明，声明称："美联储会始终坚守它作为中央银行所应负的使命，随时准备为经济和金融系统提供流动性。"①也正是得益于格林斯潘的这个表态。"黑

---

① 次贷危机一周年：清算格林斯潘[J]. 新民周刊.2008. http://xmzk.xinmin.cn/xmzk/html/2008-04/14/content_141297.htm.

色星期一"之后，道指当年即上涨2%，第二年进一步上升了12%，接下来的一年上涨幅度更是达到了27%。《华尔街日报》的一篇文章称，这次股市大震荡"奠定了他（格林斯潘）'华尔街之神'的地位"[1]。

而格林斯潘的挑战远没有就此而结束，安抚完1987年股市的暴动之后，麻烦接踵而至——小查尔斯·基廷（Charles Keating, Jr.）的加利福尼亚州林肯信用社，于1988年后被证券交易委员会指控犯有欺诈的罪行，这一指控导致了林肯信用社的破产。1989年，林肯信用社被联邦监管当局全面接管，其破产清算更是花费了纳税人至少25亿美元。但林肯信用社的破产不是终结，只是这个行业崩溃的开始，在接下来的一段时间里，越来越多的储蓄贷款机构等待着当局的接管，这是美国在1990—1991年间所经历的衰退中的一个重要的标志性事件。

对于这一事件，我们完全可以归因于格林斯潘在1987年的降息和之后美国有关当局对林肯信用社的接管。正是由于低利率政策和政府救助的前科，加剧了其他信用社的道德风险。因为在那些信用社的经营者看来，它们自身出现问题的时候，美国监管当局一定会出手救助，因此在没有足够的风险补偿的情况下也愿意承担风险。但，在当时，这一点显然没有被有关决策者意识到，或者说他们根本不愿意直面这样的问题，至少格林斯潘是如此。在1994年5月向参议院银行委员会所做的发言中，格林斯潘对美联储的做法和理由给出的解释是：

> 由于觉察到债务递增带来的资金压力所引发的后果，我们从1989年春季开始对货币市场放松管制。家庭和企业不愿再借贷和消费，贷款人也

---

[1] 次贷危机一周年：清算格林斯潘[J]. 新民周刊 .2008. http：//xmzk.xinmin.cn/xmzk/html/2008-04/14/content_141297.htm.

不再愿意授信，这就是我们所说的信用紧缩现象。为了尽全力克服上述金融压力，我们在1992年整个夏天逐步调低了短期贷款利率，直到1993年年末，我们都将该利率维持在少有的低水平。①

这两项工作的完成，缔造了格林斯潘"辉煌成就"的开端。正如他的信徒后来在给他唱的颂歌里所描述的，"在格林斯潘担任美联储主席期间，美国经济出现了创纪录的持续增长期……他运用宽松的货币政策使美国股市出现了前所未有的大牛市"。②格林斯潘创造这一切的魔棒就是低利率，就是不断地向市场注入大量贬值的货币。也正是因此，格林斯潘获得了一个"宽松的艾伦"（Easy Al）的外号③。

正是在这样扩张的信用环境下，美国互联网泡沫开始形成。1996年，美国股票市场总价值与经济总值的比率达到100%。美国的投资者将上市公司的价值定位于与经济总产值相等的水平。在这一关键时刻，格林斯潘于1996年12月5日，在华盛顿发表了一次重要讲话。在这次原本很沉闷的讲话中，他首次运用了"非理性繁荣"一词来形容当时的美国股票市场。但很快他又改变了立场，几个月后，他再次发表讲话，认为当时的美国股市和经济都呈现出"这次不一样"的"新经济时代"的特征。正是在这一观点的指导下，美联储维持了宽松的货币政策。

受此影响，美国互联网泡沫越吹越大。随后的一年，即1997年，美

---

① [美]威廉·弗莱肯施泰恩，[美]弗雷德里克·希恩.格林斯潘的泡沫——美国经济灾难的真相[M].北京：中国人民大学出版社，2008.

② 美国联邦储备委员会前主席格林斯潘[N].新华网，http：//news.xinhuanet.com/ziliao/2002-10/15/content_597265.htm.

③ 次贷危机一周年：清算格林斯潘[J].新民周刊.2008. http：//xmzk.xinmin.cn/xmzk/html/2008-04/14/content_141297.htm.

国股市创下了另一个纪录，美国股票市场总价值与经济总值的比率达到120%；1998年达到了140%；1999年更是突破了170%的水平；2000年3月，市场达到了顶点，美国股票市场总价值相当于全国经济总值的183%。

2000年3月，过度膨胀的股市泡沫终于自我毁灭了，崩溃的股市将经济拖进了衰退期。在20世纪90年代刺耳的夸耀声中，股票市场一直高涨。而在21世纪最初的几年，它下跌、猛烈地下跌。

当互联网泡沫破灭，格林斯潘立即意识到美国的总需求正在迅速下降。基于对经济全面衰退的担忧，作为回应，从2001年9月起，美联储连续11次降息，创下了1981年以来"最为猛烈的降息轮回"[1]。直到2003年6月，联邦基准利率降低到朝鲜战争以后50年来的最低点——1%，并一直维持在历史低位近一年时间，直至2004年6月再次加息。伴随着这一政策出台而来的是，美国随后又进入另一个泡沫期，即2002—2006年的美国房地产泡沫时期。

当然我们也必须承认，纵然在一个全然不知信用为何物的社会，也会出现某些商品价格由于投机而上涨到极高程度，然后急剧回跌的现象。但这种情况多会出现在刚性需求市场，譬如在一个将大米作为主食的地区，由于天灾的缘故，大米产量大幅下降，必然导致大米价格上涨，进而诱发投机。但在这样的环境里，资本市场却很难启动。原因是在货币总量不变的前提下，如果将货币投入在资本市场，就意味着人们日常所需的交易性货币会随之减少，这将直接影响到人们的日常生活。根据马斯洛需求层次理论，人们固然恐惧贫困，但没有多少人在饿着肚子的情况下，还会产生理财相关的需求。

---

[1] 李晓.6年后看911：格林斯潘路线潜伏次债危机[N].中评社，2007.09.12.http：//www.zhgpl.com/doc/1004/4/7/3/100447373.html?coluid=7&kindid=0&docid=100447373.

金融创新和宽松的货币政策：造成信用扩张的途径

通过对过去 400 年泡沫史（从 17 世纪之初的荷兰郁金香泡沫算起，到 21 世纪前 10 年的美国房地产泡沫为止）的回顾，我们不难发现，造成信用扩张的途径主要有以下两种：

一是金融创新。正如我们在前面提到的，荷兰的郁金香热无疑就是金融创新造成信用扩张的典型案例。这样的案例还有很多。譬如，金德尔伯格就认为，1882 年法国的信贷扩张源于当时金融机构的革新。当时，法国股票交易所推行股票交易双周清算制度，延迟支付相当于为投机者的投机行为提供了融资。购买股票的人可以有最长 14 天的支付宽限期，这就相当于他在结算日前获得了一笔无息贷款。而 1907 年美国信贷扩张则可直接归因到当时信托公司贷款业务的扩张。第二次世界大战之后，可转让大额定期存单的出现，也大大促进了信贷的扩张。此外，有证据表明，20 世纪 20 年代美国股市大泡沫的形成，与纽约短期拆借市场信贷扩张也有很大的关系。

二是政府在货币上采取一种宽松的政策，对市场进行货币干预，以此来直接使银行信贷扩张。密西西比计划时期劳和摄政王滥用钞票可归为此列，20 世纪 20 年代美国大泡沫、1986—1990 年日本大泡沫、1995—2000 年美国互联网泡沫和 2002—2006 年美国房地产泡沫时期，美、日央行人为压低利率亦属于此列。

第五章

不容忽视的时代背景

时代背景就好比是土壤,原因则好比是植物种子,泡沫事件就是生长成的植物。

泡沫的形成，是三要素共同作用的结果：当某一外部冲击事件发生，譬如某项技术创新出现，使得相关领域企业的利润快速上升，且这种上涨是大幅度的，那么必然会对其他投资者产生吸引力。如果这时信用正好处于扩张周期，那么，这种财产迅速增加的事例，必然会吸引来大量的追随者。投资者看到价格上涨就会蜂拥而上，把价格拉得更高，这样一来，就会吸引更多的投资者，于是泡沫越吹越大。

被 20 亿债务压垮的法国

当然，我们还需要认识到，任何事情的发生、发展，往往都离不开它所处的时代背景，经济、文化、社会环境、地域特点、传统观念、前期发生的重大事件，都会对后续事件产生深远的影响。冰冻三尺，非一日之寒。了解背景，有助于我们了解和明晰事件兴衰成败的原因、始末及先后事件的连贯性。泡沫也不例外。

密西西比泡沫的产生与劳和摄政王奥尔良公爵的密西西比计划有着因果关系。同样，南海泡沫的产生与罗伯特·哈利的南海计划也有着因果关系。而密西西比计划和南海计划是如何出台的呢？这跟当时各国为称霸欧洲而纷争不止的大背景是密不可分的。1600年至1917年，整个西方犹如中国古代的春秋战国时期，国与国之间互相征战、兼并，大国称霸，小国自保，合纵连横、相互攻伐。在这一时期，战争是社会生活中的重要内容。

很多人认为在法国历史上，最能打仗的自然非拿破仑莫属。事实是，路易十四的政治轨迹与拿破仑也有几分神似：都是戎马一生，都是先胜而后败。

路易十四全名路易·迪厄多内·波旁，是法王路易十三的长子，1638年出生。他虽早于1643年便正式登基，但由于年幼，便由其母代为摄政。但这位西班牙哈布斯堡[1]公主并没有太多的政治野心，对政治事务似乎也不感兴趣，于是她将内政外交大权都交给了宰相马萨林。直到1661年马萨林去世，路易十四才得以亲政。

亲政之初，年轻的路易十四表现得励精图治，每天工作8小时以上，以无比的热忱与精力治理着他的国家。政治上，他借由法国历史上最伟大的演说家博旭哀主教，积极宣扬君权神授与绝对君主制[2]；借助铁腕治理，他彻底驯服了法国贵族与教会；在经济领域，他重用重商主义者柯尔贝尔，鼓励发展本国工商业，同时提高关税来对其予以保护。而他更大的兴趣则在于对外扩张。

在亲政后的第6年，他便主动发起了一场战争。这场战争还得从其婚姻说起。1660年，路易十四迎娶了他的表妹、西班牙国王腓力四世之女玛丽·特蕾兹。5年后，腓力四世驾崩，路易十四的年仅4岁的小舅子卡洛斯二

---

[1] 哈布斯堡王朝（Habsburg），欧洲历史上统治领域最广的王室。其家族成员曾出任神圣罗马帝国皇帝、奥地利公爵、大公、皇帝、匈牙利国王、波希米亚国王、西班牙国王、葡萄牙国王、墨西哥皇帝与意大利若干公国的公爵。哈布斯堡王朝后期繁衍甚广，因而出现奥地利哈布斯堡王朝、西班牙哈布斯堡王朝和哈布斯堡-洛林王朝三个分支。

[2] 路易十四的名言"朕即国家"（l'etat, c'est moi）。

世继位。这时路易十四的跋扈和他对外扩张的野心就彻底暴露出来了。为恢复法国的"天然疆界"[1]，路易十四早就觊觎没落帝国西班牙占有的西属尼德兰。加之自他亲政以来日益增长的经济实力，也增加了他与西班牙对峙的经济筹码。于是，他趁着西班牙王位传承之际首先发难，借口自己的王后是西班牙老国王的亲生女儿，因此也享有西班牙王位的继承权。如卡洛斯二世不肯让出王位，作为交换条件，就必须将西属尼德兰作为老国王的遗产，转给他的王后。这一霸道要求自然遭到西班牙的断然拒绝，这令他大为光火。经过两年的备战，他正式向西班牙宣战。短短三个月内，法军便占据了西属尼德兰大部分地区。这一举动，引起了另一半尼德兰人——荷兰人的强烈不安。就在他打算乘胜攻下比利时地区时（时为西属南尼德兰），荷兰共和国开始插手干涉。荷兰人担忧，比利时这一法、荷两国间的缓冲区被法国吞并，会威胁荷兰的国土安全。于是荷兰人软硬兼施，联合英国、瑞典组成"三角同盟"，要求法国与西班牙缔和，并归还大量的占领地，否则就会对法宣战。由于战争准备不足，路易十四被迫接受了这一要求，这场历时二年的战争就此宣告结束。

伴随着战争结束而来的是，路易十四种下了对荷兰的强烈怨恨。这时，路易十四将战争的矛头由西班牙转向荷兰，因为在于他看来，荷兰无疑已成为他扩张的最大障碍。就在法西遗产战争刚结束之际，路易十四便马不

---

[1] 在16世纪末、17世纪初，法国出现了所谓追求"天然疆界"的说法。这一观点最早由路易十三的宰相阿尔芒·让·迪普莱西·德·黎塞留（Armand Jean du Plessis de Richelieu）提出。在其所著的《政治遗书》里，他写道："我秉政之目的在于：为高卢收回大自然为它指定的疆界，……将法国置于高卢的位置上，在原属古代高卢的一切地方建立新的高卢。"（《政治遗书》第345页）所谓高卢是指现今西欧的法国、比利时、意大利北部、荷兰南部、瑞士西部和德国南部莱茵河西岸这一广大地区。也就是说，所谓的"天然疆界"论，就是要复兴高卢时期的疆界。

停蹄地大肆扩军。为争取备战时间，也为瓦解敌人的同盟，备战的同时，法国展开了一轮强大的外交攻势。他先收买瑞典国会，得到其"放弃三角同盟保持中立"的承诺后，再向英国提议与法国合攻荷兰。当时的英国国王查理二世虽被迫于1668年与荷兰缔结同盟向法国施压，但查理二世一直愤恨不平。原因是，英国在刚结束的第二次英荷战争中输给了荷兰，他心有不甘，渴望复仇，于是两国一拍即合。1672年，法国率先向荷兰宣战，英国随即策应。这场战争，最后于1678年以双方签订《奈梅亨条约》而结束，法国获得巨大利益。该条约确认法国对西班牙属地佛兰德尔、埃诺地区部分城市的占领。正是鉴于路易十四如此辉煌的战功，整个法国开始沸腾，人们称呼他为"伟大的路易"。这一胜利带来的民族狂热，导致的结果是，将法国再次推到了战争的深渊里。

战争爆发的原因很简单，法国无法容忍哈布斯堡王朝的复兴——17世纪80年代，土耳其人大举入侵神圣罗马帝国。在帝国军队顽强的抵抗下，最后，于维也纳城下大破土耳其军。这一胜利让欧洲各国又一次激发起十字军情绪，这时的哈布斯堡王朝的奥地利分支在道义上俨然是欧洲征服异教徒的领袖，其国际地位空前提高。这令路易十四十分恼火，他不可能容忍一个敌对政权再度复兴。于是，趁其在东欧作战之时，法军于1688年10月不宣而战攻占了帕拉蒂纳特。法国人的野心让整个欧陆各强国感到不安，它们深恐自己成为法国的下一个目标，因此很快便站到了哈布斯堡王室的一方，组成了反法的奥格斯堡同盟。由于反法大同盟的结成，法国速战取胜的计划遭遇挫折。法国在事前毫无长期作战准备的前提下，硬着头皮将这场战争打了9年。最后，交战双方都实在是打不动了，才不得不就此罢兵。

然而，这次罢兵只能算是双方的暂时休战而已，法国、英国及哈布斯堡王室之间的积怨并没有因此而化解。4年后，双方又爆发了另一场大战——西班牙王位继承战争。1700年西班牙国王卡洛斯二世死后无嗣，生前曾立遗嘱，将王位传给其姐、路易十四的王后特蕾兹的孙子安茹公爵菲利普。这让哈布斯堡王朝的其他宗族大为不满，他们认为特蕾兹在嫁给路易十四时就意味着自己及后代永远地放弃了西班牙的王位继承权。为此，他们宣布来自哈布斯堡王室的查理大公才有资格继承西班牙的王位。对于哈布斯堡王室的反应，路易十四的做法是，于1701年悍然宣布自己的孙子菲利普为西班牙国王，这就是历史上的腓力五世。同时，以捍卫自己孙子的权益为由，下令法军进驻西属尼德兰。法国人的这一举动让正在崛起的英国和荷兰大为不安，他们不能容忍法国独霸欧洲。为遏制法国，英、荷再次结成反法联盟支持奥地利，而西班牙则选择与法国结盟。一场争夺西班牙王位继承权的大战就此全面爆发。这是场旷日持久的战争，从1701年开始一直打到1714年，直到交战双方再次筋疲力尽为止。最后，双方以缔结《乌德勒支和约》而宣告战争结束。于法国而言，这是一个苛刻的和约，虽然和约确认了腓力五世王位的合法性，但按照和约规定，法国与西班牙无法合并。更重要的是，和约同时还剥夺了腓力五世对西属尼德兰及意大利领地的继承权。其次，法国在这场战争里损兵折将，法国海军几乎全军覆灭，制海权则彻底为英国所控制，陆军同样残破，这场战争让法国恢复"天然疆界"的计划彻底被摧毁。

更重要的是，杀敌一千的同时往往会自损八百。交战双方就像被打得昏头昏脑的拳击手一样，在几乎耗尽体力的情况下，互相紧紧地抓住对方，而不能将另一方打倒。双方都遭受普遍贫困化和厌战情绪的折磨，更重要的是，战争拼的其实就是钱粮，旷日持久的战争最后使得交战双方都被消耗殆尽，每个国家都处于财政崩溃的边缘，反法同盟的奥地利、荷兰、英国如此，而另一阵营的西班牙、法国亦是如此。战争让这些国家伤痕累累，债台高筑，其中尤以法国为甚。飙升的军费将法国经济彻底拖垮，饥民大量死亡，法国人口由战前的 2100 万人骤然下降至 1712 年的不足 1900 万人。

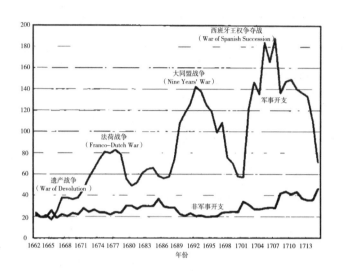

单位：百万里弗尔

图 5-1　1662—1715 年法国政府支出情况

资料来源：Velde，2004. 转引自：[英] 查尔斯·麦基. 财富大癫狂——集体妄想及群众疯潮[M]. 廖汇恒译. 北京：中国人民大学出版社，2011:19-22.

正如图 5-1 所示，除了庞大的军费支出外，法国还有一笔庞大的非军事支出。而这一笔支出中，很大一部分是为满足波旁王室及路易十四个人骄奢淫逸的生活。法国学者弗朗索瓦·德·福博奈（François de Forbonnais）为我们提供的一份 1685 年法国王室财政预算表就印证了这一点（见表 5-1）。

表 5-1　1685 年法国王室财政预算表

单位：里弗尔

项目	金额
家用	606999
小金库	1681042
银器（包括王室的梳妆用品）	2274253
贵重物品、零用钱	400850
购置马匹	12000
维持三家马厩	1045958
礼品	313028
管家	61050
猎用动物、使用猎鹰和猎犬狩猎	388931
先生的家用	1230000
夫人的家用	252000
小费	160437
国王的小额开支	2186748
修建王室建筑	15340901
秘密资金	2365134
旅行	558236
总计	28814567

资料来源：[法]福博奈.对 1595—1721 年间法国金融业的研究和论述（第 1 卷）[M].巴塞尔，1758.p119.转引自：周剑云.论十七世纪法国社会消费及特征——兼论它对早期资本主义经济的作用[J].贵阳师专学报（社科版），2001（3）：20.

而福博奈所提供的数据还显示,该年法国的国家财政总预算约为10064万里弗尔而已。也就是说,路易十四及其家人,一年的花销就占了整个国家财政预算总额的近30%。[1]上行下效,皇帝如此,底下的王公贵族也不甘落伍。路易十四的财政总监富凯,为了个人的生活挥霍了2000万到3000万里弗尔。其中,仅为建造他的私邸"沃堡",支付的费用就达1800万里弗尔。

也正是这座沃堡直接促成了凡尔赛宫的建设。据说,1661年,居住在陈旧的凡赛纳宫和枫丹白露宫的路易十四,应富凯邀请,去他新建的府第沃堡赴宴。沃堡的富丽堂皇彻底地触怒了路易十四。三周之后,路易十四以贪污营私之罪将富凯投入监狱,并判处无期徒刑。嫉妒的心理促使路易十四做出兴建一座豪华皇宫的计划,凡尔赛宫便应运而生。凡尔赛宫的建造者,几乎全部是建设沃堡的原班人马,因此无论构造还是风格,两座建筑都有异曲同工之妙。

正是由于路易十四的穷兵黩武,也正是由于他的骄奢淫逸、肆意挥霍,法国的国库就如同他的身子骨一样,很快就被彻底掏空了。

1715年,77岁高龄的路易十四驾崩。他刚刚去世,公众压抑已久的愤怒,便如同火山一样爆发了。在不停的诅咒声中,人们撕毁他的画像,将他的雕像砸得稀巴烂。生前所享有的"太阳王""大帝"这样的称呼,为"暴君""死硬派"甚至是无恶不作的"盗贼"所取代。他的名字也成了"自私""压迫""骄横暴虐"的代名词。

除了人们对他的愤怒,他还留给他的继任者,他那年仅5岁的曾孙路

---

[1] [法]福博奈. 对1595—1721年间法国金融业的研究和论述(第1卷)[M]. 巴塞尔,1758.119. 转引自:周剑云. 论十七世纪法国社会消费及特征——兼论它对早期资本主义经济的作用[J]. 贵阳师专学报(社科版),2001(3):20.

易十五及其皇侄摄政王奥尔良公爵腓力二世一个巨大的烂摊子：在他漫长的统治期间，法国的金融信用已经被他的穷兵黩武和奢靡无度弄得岌岌可危。此时的法国深陷债务危机中而不能自拔，并由此经历着自17世纪以来最为严重的经济萧条。

当时法国的债务问题恶化到何种程度？临危受命，被任命为法国财政大臣顾问的阿德里安－莫里斯·诺阿耶公爵后来对当时的情况做了如下记录，他说："（在我们接手后）发现，加上王室的财产，国家的财政收入几乎被无比庞大的费用和巨额账单消耗光了。正常的税收早就被提前征收了，而各种拖欠的债务还在逐年累积，各种债券、收费条例、预支摊派的名目如此繁多，把这些加总起来，几乎是一个难以计算的天文数字。"而于1715—1723年间出任摄政委员会成员的圣西蒙公爵在其长篇回忆录里也做了这样的记载："（当时，）没有人还具有付款的能力，因为谁也拿不到薪金……"

另外，一组数据也说明了当时问题的严峻性（见表5-2）。据说，当时法国的总债务额高达20亿里弗尔[①]，这20亿里弗尔的债务是从约40个私人银行家那里借来的。按照之前的契约，法国政府每年需支付的债务利息为9000万里弗尔。可政府的年财政收入却只有1.45亿里弗尔，付息前的年财政支出额为1.42亿里弗尔。财政盈余在付息之前就只剩区区的300万里弗尔，如何能支付高达9000万里弗尔的债务利息呢？更不用说那20亿里弗尔的本金了。以摄政王为代表的掌权者为货币不足、物价回落及国家债务的膨胀而苦恼。

[①] 英国人麦基给出的数据则为30亿里弗尔，但按照其提供的债息率4.5%和每年需要偿还总额9000万里弗尔计算，个人认为应该为20亿里弗尔。此外，德国财经作家彼得·马丁和布鲁诺·霍尔纳格给出的数据则是25亿里弗尔。

表 5-2　1715 年法国财政负债表

项目	数额（亿里弗尔）
国家总负债	20
债息	0.9
年财政收入	1.45
付息前的年支出	1.42
付息前盈余	0.03

面对如此糟糕的局面，按照古代欧洲的传统，一般有如下选项可供执政当局选择：

1.宣布国家破产；

2.大规模征税；

3.令货币贬值（减轻硬币的金属含量）；

4.查抄腐败官员的财产；

5.出售垄断特许权。

圣西蒙公爵显然选择了第一选项。为扭转乾坤，改变当时的危机局面，摄政王召集摄政委员会成员一起商讨解决方案，与会的众位大臣纷纷出谋划策。在会上，圣西蒙公爵就认为，于法国而言，最好的办法就是宣布国家破产，只有此法才能避免整个国家陷入革命的危机。但他的观点立马遭到了身为财政大臣顾问的诺阿耶公爵的激烈反对，这位处世一向以圆滑著称的大臣认为，这种做法十分不明智。如果国家真的采取了这种方式来予以应对，那么，很有可能会给国家带来毁灭性的打击。摄政王显然也是持有这一观点的，他的态度宣告了这一选项被剔除。

那么，按照那张传统办法的清单，接下来应该是大幅征税了。可问题是，当时的法国正面临着姜文的电影《让子弹飞》里鹅城的困境——"晚了，前几任县长把鹅城的税收到90年以后了"——正如诺阿耶公爵所说的，法国正常的税收早就被路易十四给提前征收了。显然这一选项也得剔除。

最后，摄政王采纳了诺阿耶公爵的建议，采用了清单里的第三项和第四项政策：令货币贬值和查抄腐败官员。他下令禁止使用一切硬币，所有的硬币都将回收重铸。而替换的新币的含金量只有旧币的80%，这也就意味着货币立即贬值了五分之一。这是一种典型的损人利己的行为，其不受欢迎程度是可以想见的。纵使弄得如此神憎鬼厌、大费周章，这种折腾法对国家财政的贡献也非常有限。据说，经此折腾，法国的国库也只是增加了7200万里弗尔的收入而已。如果刨除各种成本，可能实际所得更少。更为要紧的是，法国的整个商业运作几乎彻底地停滞了。也就是说，诺阿耶公爵的这一建议，既不诚实，又对国家经济的恢复毫无建设性——不仅没有建设性，反倒充满了破坏性。当时，国民情绪激动，随时都有革命的可能。面对如此严峻的形势，摄政王不得不以法国国王路易十五的名义下令稍微削减赋税，这才暂时平息了民众的怒火。

就像贬值货币这一建议一样，诺阿耶公爵的另一项"查抄腐败官员"的建议同样糟糕。摄政王采信了诺阿耶公爵的建议后，便向全国承诺，如果有人举报腐败官员，一旦该官员获罪，举报者就可获得罚没财产的五分之一。这一极具诱惑的政策一经公布，那些从事不法行为的人立即惶恐不安起来，因为他们平素的非法之举已让人们恨之入骨，以致没有人会同情他们。接下来一项项的起诉逐一印证了他们的担忧，巴黎城里那座著名的巴士底狱很快就塞满了贪官。与此同时，全国各地的大小监狱很快也都人满为患了。随着举报之风的盛行，越来越多的涉嫌贪污人士被送上了法庭。但随之而来的是，这种举报之风开始异化，且趋于疯狂。到最后就连品格良好的人，都会受到各种各样有关事涉贪污的诈骗和勒索指控。

出乎摄政王这些决策者意料的是，这一政策与减轻货币含金量的效果一样——非常糟糕。除了将全国弄得人心惶惶、鸡飞狗跳之外，并无助于解决严重的债务问题：经过一番查抄，以无数人坐牢为代价，政府名义上获得了1.8亿里弗尔的收入，但实际所得不过8000万里弗尔，剩下的钱都跑到新贪官的口袋里去了。为此，路易十四的情妇、有名的德·蒙特侬夫人（Mme De Maintenon）就曾写道："当时的情况就好像摄政王每天都在发奖金，而人民对于这种侵吞公款的行为越来越不满。"投诉声此起彼伏，人民的情绪越来越激烈。最后，奥尔良公爵腓力二世不得不废止了这一愚蠢的政策。

一番折腾下来，摄政王共得到两笔收入：一笔为减轻货币含金量所得的总计约7000万里弗尔的收入，一笔为来自查抄贪官所得的总计8000万里弗尔的收入，两项汇总起来约为1.5亿里弗尔，仅是20亿里弗尔国家债务本金的7.5%，或者说还不够两年的利息支出。除了这区区1.5亿里弗尔外，他所得更多的则是沸腾的民怨。纵然自己绞尽脑汁，但事态仍然发展到了几乎不可收拾的地步。于摄政王而言，此时他急需应对之策，但又没有足够的智慧和魄力，更没有心情去进行改革。这时的他显然已无力也毫无办法去应付这种局面了。这就是约翰·劳与其密西西比计划粉墨登场的时代背景。

又是战争，又是债务

至于英国的南海泡沫，则根本就是密西西比计划拙劣的翻版。与法国一样，当时的英国也被不断增加的巨额债务紧紧地缠住了。而这些庞大的债务的形成，也来自连接不断的争霸战争。

近代最先进行新航路发现，争夺和建立商业霸权、殖民霸权及海上霸权的是葡萄牙和西班牙。西班牙人和葡萄牙人的财富，正经由不断地发现和寻求新的贸易伙伴及国家而不可思议地增长着，这种财富效应严重地激起了荷兰人、法国人，当然还有英国人的欲望。在这个国度，无论是商人还是政府，都想借由发展海洋贸易，来获取财富开拓市场。但当时，整个海上贸易完全为西班牙人所垄断[1]。于英国人而言，西班牙无异于横亘于其对外发展之路上的太行和王屋。英国人明白，要想获得对外发展的权力，就必须将西班牙这座大山扳倒才行。事实上西班牙也感觉到了英国人对它的挑战，两国之间的紧张关系终于于1588年达到了顶点。在这一年，西班牙人出动它的无敌舰队，预备一举将孤悬于大陆之外的蕞尔小国英国收拾了。但结果却出乎所有人的意料，英国人居然将无敌舰队击败了。英国彻底挫败了西班牙的海上霸权，打破了西班牙的海上贸易垄断局面。

就在英国扳倒西班牙这座大山，预备继续前行时，它惊讶地发现，在它前行的路上又多出了一座并不亚于西班牙的大山——荷兰，这个在1581年才从西班牙人那里通过革命的手段获得独立的国家。独立之初，荷兰人凭借着自己的商业直觉，很快找到了自己的优势——这片土地上拥有人数众多、对财富充满强烈渴望的商人阶层。根据这个优势，荷兰人决定从精明的中间商变成远洋航行的斗士，靠自己去开辟前往东方和美洲的航线。他们授权成立了荷兰联合东印度公司，授权的内容包括公司可以协商签订条约，发动战争。在东印度公司成立后的短短5年时间里，它每年都向海外派出50支商船队，这个数量超过了西班牙、葡萄牙船队数量的总和。

---

[1] 1580年葡萄牙已为西班牙所吞并。

到 17 世纪中叶，荷兰的全球商业霸权已牢固地建立起来。此时，荷兰东印度公司已拥有 15000 个分支机构，贸易额占到全世界总贸易额的一半。悬挂着荷兰三色旗的 10000 多艘商船游弋在世界的五大洋之上，荷兰被称为"海上马车夫"。为此，马克思这样评价道：1648 年的荷兰，已达到了商业繁荣的顶点。

荷兰人的崛起，于英国人而言无疑是种打击。英国人虽然挫败了西班牙的海上霸权，打破了西班牙的海外贸易和殖民垄断的局面。但荷兰人的脱颖而出，又将英国打回了原形。此时荷兰人到处排挤英国商人。在俄罗斯和波罗的海各国，在北美殖民地和东亚各国，在地中海和西非沿岸地区，荷兰人倚仗资本雄厚，基本上垄断了各国的贸易。1649 年，荷兰又与丹麦签订条约，获得货船免税通过松德海峡的权利，从而掌握这一地区的贸易优势。最令英国人不能容忍的是，荷兰竟然在英国水域肆意捕捞鱼虾等水产品，然后再将这些水产品运到英国，以高价出售。这激起了英国资产阶级的愤怒。1651 年，英吉利共和国[①]议会通过了新的《航海条例》，规定一切输入英国的货物，必须由英国船只载运，这令"海上马车夫"荷兰同样无法容忍。荷兰与英国之间的斗争空前激化起来，荷兰反对英国的新《航海条例》，而英国拒绝废除，这就导致了英荷海上大战。

第一次英荷战争于英吉利共和国时期的 1652 年 5 月正式打响，这是一次由一系列规模空前的海战组成的战争，主要集中在多佛尔海峡战区和地中海两大战区，其中又以多佛尔海峡战区为主。几乎每次海战，双方都要投入 2 万~3 万名水兵及 6000~8000 门大炮，而其作战次数之多恐

[①] 1642 年英国暴发内战，以克伦威尔为首的"独立派"一路高歌猛进，直到 1649 年，英国以王军失败而宣告内战结束，随后，查理一世被送上断头台处死，英吉利共和国时代正式开始。但共和体制存续的时间很短暂，到 1653 年 4 月 30 日，克伦威尔发动政变，解散议会，共和体制即告失败。

怕亦是历史上所罕见的。战争中，英国采取的战略是控制多佛尔海峡和北海，用封锁的方式切断荷兰与外界的一切联系。正是在英国海军绞杀式的封锁之下，荷兰经济最薄弱的一面——过度依赖对外贸易，很快就暴露出来了。据说当年阿姆斯特丹街道上杂草丛生，乞丐遍地，将近1500所房屋无人居住。封锁几乎使得荷兰处于一种民穷财尽的窘境，于是荷兰被迫与英国进行和谈。1654年4月15日两国签订了《威斯敏斯特和约》，根据该和约，荷兰承认英国在东印度群岛拥有与自己同等的贸易权，同意支付27万英镑的赔款，同意在英国水域向英国船只敬礼，并割让了大西洋上的圣赫勒那岛。

在第一次英荷战争失败后，荷兰人不甘失败，一直在卧薪尝胆寻求着重夺制海权的时机。而英国也不安宁。自1642年暴发内战后，克伦威尔肃清了剑桥的王党，并于1649年处死了查理一世。1658年克伦威尔去世，在资产阶级和新贵族与封建王朝残余势力的妥协下，1660年查理一世之子、内战后被迫流亡于他国的查理二世回到英国，被立为国王。查理二世登上英王宝座不久就授予英国海军"皇家海军"的称号，并任命他的弟弟詹姆士·约克公爵为最高指挥官。同时出台了更为苛刻的新《航海条例》，英国在海外向荷兰殖民地展开了新的攻势。这让荷兰如芒在背。然而此时的英国海军实力已今非昔比了：克伦威尔军事独裁时期对内镇压反对势力，对外远征爱尔兰、苏格兰，并与西班牙进行战争，使得国家背负200万镑的债务。至1660年，由于政界和军界的腐败，所欠外债高达100万镑。全年海军拨款仅及海军预算的三分之二，造成船只破旧失修，兵士匮薪，士气低落，海军战斗力被严重削弱。结果是，第二次英荷战争以英国惨败告终。1667年7月31日，两国签订了《布雷达和约》，根据该和约，英国放宽了《航海条例》，放弃了在荷属东印度群岛方面的权益，并归还了在战争期间抢占的荷属南美洲的苏里南。而荷兰也正式割让哈得逊流域和新阿姆斯特丹，并承认西印度①为英国的势力范围。这个和约实际上意味着英荷两国在殖民角逐中划分了势力范围。

以英国当时的惨败程度而言,这一结果应该足以让他们感到庆贺了。但英国人,特别是查理二世却心有不甘、渴望复仇。正在这时,法国决定联合英国,共同伐荷。尽管英法两国素有嫌隙,但敌人的敌人就是朋友,于是两国一拍即合。1672 年,法国率先向荷兰宣战,英国随即策应,作为法荷战争主要组成的第三次英荷战争也随之爆发。这场战争最后却以陆战部分法军大胜,而海战部分英法联军失败而告终。荷兰暂时消除了海上威胁,重新取得了制海权。这一战果导致了英法两国的裂盟。海军的失利与法国的日益强大,使得英国资产阶级对政府参加法荷战争倍感不满。在议会削减军费后,英国海军无力再封锁或入侵荷兰,于是英国国会通过了与荷兰单独媾和的决议。

也正是基于上述认识,这场战争之后,英国人将斗争的矛盾全面转向了法国。特别是光荣革命后,法国的老对手、法荷战争时期荷兰的最高执政者奥兰治亲王威廉被英国自由议会邀请前往英国出任国王(这就是英国国王威廉三世)后,这种转变尤为明显。大同盟战争期间,在威廉三世的主导下,1689 年英国主动交好神圣罗马帝国,缔结了《维也纳条约》,并对法国宣战。1701 年,为防止法国和西班牙合并,英国主动地卷入西班牙王位继承战争。这是一场于英国而言,收获颇丰的战争。利用战争,英国彻底地击溃了法国的海上军事力量,也彻底打击了西班牙的殖民强国地位,它获取了西班牙殖民帝国的 30 年黑奴贸易的垄断权,同时还从西班牙那

---

① 15 世纪末和 16 世纪初,意大利航海家哥伦布为寻找从欧洲通向东方的航路,四次西航大西洋,发现南、北美洲东北海岸和加勒比海的一些岛屿,误认为是印度。后来欧洲殖民者就称南、北美大陆间的群岛为"西印度"。

里获得了海港直布罗陀和米诺卡岛的主权,这让英国的海军可以深入美洲加勒比海与地中海,获取制海权与商贸权。可以说,正是得益于这场战争,英国人在海上取得了绝对支配权。但这并非毫无代价。

相互发动战争给各国带来巨大的消耗,这种消耗甚至超过了战争赔款和战胜方分得的战利品的价值。随着军事规模不断壮大,所需费用也日益增加,而通过发动战争从战败方获取的经济利益却越来越少。英国就是典型的例子。年复一年,战争接着战争,英国用于战争费用几乎高达1.5亿英镑,而在和平时期,每年的开支据说也就200万英镑。颁布实施了几百年的《大宪章》约束了英国的国王们,他们不可能为此大幅增加税收,唯一的办法就是发行债券借贷。战争债券英国古已有之,早在16世纪与西班牙无敌舰队作战时,英国就以税收保证支付本息发行过"金边债券"①。但是百年后战争的成本超出了前人的想象,西班牙王位继承战争结束时,英国拖欠的国债高达5300万镑(相当于法国货币13亿里弗尔),每年所需支付的利息就要300万镑(相当于法国货币7200万里弗尔)。与奥尔良公爵及其政府一样,这笔财务费用也成了英国政府的一块心病。

何止是英国政府的心病,这根本是整个英国的心病,特别是那些关心国家大事的资产阶级、知识分子的心病。为了解决这个问题,每个人都可谓是绞尽了脑汁,英国著名作家丹尼尔·笛福(Daniel Defoe)就是其中之一。就如何解决困扰英国的债务问题,他也提出了自己的建议。1710年前后,笛福与爱德华·哈利探讨了一个构想:向荷兰联合东印度公司学习,让国家向某些企业授予垄断某地区的贸易特权,然后再从那些公司获取部分利润,以便让政府偿还因常年战争而欠下的大笔债务。笛福的这个构想,很

---

① 英国政府经议会批准,发行了以税收保证支付本息的政府公债,该公债信誉度很高。当时发行的英国政府公债带有金黄边,因此被称为"金边债券"。

快就引起了爱德华·哈利的兄长、时任财政大臣罗伯特·哈利的浓厚兴趣。在他的大力倡导和推动下，1711 年，在笛福计划的基础上稍加修改的南海计划获国会通过。南海公司应运而生！

密西西比计划与南海计划的共同点是，旨在以股权换债券，实现去债目的。

"广场协议"造成的升值萧条

至于 1986—1990 年日本大泡沫的爆发，相较于密西西比泡沫和南海泡沫，则其所处的时代背景要稍微复杂一些。第二次世界大战不仅使得包括中国在内的诸多国家遭到空前的破坏，日本本身亦是如此。在战争中，其物质财富损失率达 36%，战后人均年收入只有区区 20 美元，国民经济陷入崩溃的边缘。

然而日本在美国的指导帮助下，通过自己的努力，经济得到长足发展。从 1955 年起，其实际 GNP（国民生产总值）的平均增长率没有一年低于 5%，而且事实上在 1955 年以后的十年里是持续跃进的。直到发生石油危机的 1973 年以前，日本一直都保持着年均 10% 的增速。[1]

强劲的发展，使得日本于 1968 年成功赶超联邦德国而跃居世界第二经济大国，仅次于美国。随着经济的持续繁荣，日本国民的生活也"水涨船高"，以城市工薪阶层为主体，庞大的中产阶级形成。据日本内阁府的《关于国民生活的舆论调查统计》显示，1958 年时，具有"中流意识"的国民

---

[1] [日] 都留重人. 日本经济奇迹的终结 [M]. 北京：商务印书馆，1979：2-4.

人数为72.4%，1970年以后，该数据攀升至90%。为此，有人就将日本定义为"一亿总中流（中产阶级）"社会。

进入20世纪70年代后，特别是经历了两次石油危机和"尼克松冲击"之后，日本经济发生了深刻的变化，由1955—1973年的"高速增长"转入"稳定增长"阶段。该时期，日本经济最大的变化是出现了"外向化"趋势，也就是从高速增长时期的"投资导向型"经济转向了"出口导向型"经济。具体表现为出口快速增长，到了20世纪70年代后半期，出口已经成为日本经济增长的重要支柱。据东京大学教授桥本寿郎掌握的数据显示，1974—1980年间，日本出口的年均增速均超过了10%。随着出口的快速增长，出口对拉动经济增长的作用也益发明显。吴学文教授提供的数据显示，1965—1973年间，出口对整个日本GNP增长的拉动作用率为12%，而到了1974—1985年间，出口对整个GNP增长的拉动作用率上升至34.5%。此外，随着出口的快速增长，出口占总需求的比重也在不断上升。1965—1974年间，出口占总需求的年平均比重为10.6%；1975—1984年间上升至13.0%，1985年又上升至14.6%。伴随着出口快速增长的是贸易盈余的不断扩大，1982年、1983年、1984年，日本的经常收支盈余分别录得68.5亿美元、208.0亿美元和350亿美元；贸易盈余分别录得69.0亿美元、205.3亿美元和336.1亿美元。而且，日本的贸易盈余绝大部分来自美国。同期，日本对美国的贸易盈余分别为121.5亿美元、181.8亿美元和330.8亿美元。[1]

与日本经济高歌猛进形成鲜明对照的是美国，自20世纪60年代起，由于政府在外交和内政上接连失误，导致美国自60年代末起开始陷入全面的危机中，可谓是内外交困。在国内，反战运动愈演愈烈，居高不下的

---

[1] 魏加宁. 日本："繁荣"与"崩溃"的距离 [R]. 安徽省人民政府发展研究中心安徽发展研究网，http://www.dss.gov.cn/Article_Print.asp?ArticleID=258881.

通货膨胀和低迷的经济更是令其焦头烂额：1970—1979 年，美国的消费物价指数上涨了 90.2%，整个 70 年代的年均上涨率为 7.4%。与之形成鲜明对比的是美国的股市十年不涨，1969 年 12 月 31 日道指为 800.36 点，到 1979 年 12 月 31 日，该指数微涨约 38 点至 838.74 点；标普 500 指数更是从 1969 年 5 月 31 的 104.6 点，下降到 1979 年 5 月 31 日的 99.73 点。[1]国际方面，无论是军事领域（美国从越南的撤军就是最好的证明），还是经济领域，美国都受到严峻挑战。于美国而言，20 世纪 70 年代可谓是"失去的十年"。1980 年，美国的通货膨胀率为 13.5%，失业率为 7%，经济增长率为 –0.2%。与之对应的财政赤字却高达 738 亿美元，贸易赤字也高达 150 亿美元[2]。

为了克服"滞胀"，里根政府以减税为核心，通过扩张性财政政策刺激经济增长；同时美联储则在时任主席沃尔克的带领下，实施着紧缩性的货币政策，沃尔克通过提高利率的办法来抑制通货膨胀。这一政策的结果是美国出现高达两位数的官方利率和 20% 的市场利率，短期实际利率从 1954—1978 年间平均接近于零的水平，上升到 1980—1984 年间的 3%~5%[3]。沃尔克的货币政策吸引了大量的国外投资者，大量资金流入美国市场，导致美元升值。

事实上里根政府在其第一个任期内，可以说是放任甚至欢迎"强势美元"现象存在的。原因是，对于一个靠高喊"打倒恶霸帝国苏联""建立强大美国"而当选的美国总统而言，强势的美元有助于提升他口号中"强大美国"的形象，兑现其政治承诺。结果是，1979 年至 1985 年 2 月，美

---

[1] 韩迅.70 年代美国：十年不涨的道琼斯指数 [N]. 21 世纪经济报道，2011.08.22.

[2] 日本泡沫经济之鉴 [N]. 中国金融网，2010-10-11. http : //www.zgjrw.com/News/20101011/ home/ 353851825420.shtml.

[3] [美] 约瑟夫 •B. 特雷斯特 . 保罗 • 沃尔克金融传奇人生 [M]. 北京：中国金融出版社，2006.

元对其他 10 个发达国家货币的多边汇率上升了 73%。

美元升值进一步扩大了美国的贸易赤字，其中贸易赤字的对象又主要是日本。1980—1984 年，美国对日本的贸易赤字从 150 亿美元增加到 1130 亿美元，与此同时，日本对美贸易顺差从 76.6 亿美元增加到 461.5 亿美元。巨大的贸易差额在使美国成为世界最大债务国的同时，也使日本成为世界最大的债权国。1985 年，日本对外净资产为 1298 亿美元，美国对外债务为 1114 亿美元[1]。日本与美国之间的贸易摩擦不断升级。

到第二个任期，坐稳江山的里根，对强势美元的态度发生了明显转变。他接受了幕僚们的建议，主动谋求本币的贬值，以此来增加美国产品的出口竞争力，力求改善美国当时糟糕的国际收支状况。1985 年 9 月 22 日，美国财政部长詹姆斯·贝克召集日本大藏省[2]大臣竹下登（Takeshita Noboru）、联邦德国财政部长杰哈特·斯托登伯（Gerhard Stoltenberg）、法国财政部长皮埃尔·贝格伯（Pierre Beregovoy）和英国的财政部长尼格尔·劳森（Nigel Lawson）及五国中央银行行长到纽约广场饭店开会，讨论五国政府如何联手干预外汇市场、诱导美元对主要货币的汇率有秩序地贬值，以解决美国巨额贸易赤字问题。其结果在前文已经提及。这就是 1986—1990 年日本大泡沫爆发的背景。

当然，最后需要指出的是，时代背景并不等同于促使泡沫爆发的原因。一个恰当的比喻是，时代背景就好比是土壤，原因则好比是植物种子，泡沫事件就是生长成的植物。植物的生长离不开土壤，但没有种子连发芽都不可能。

---

[1] 日本泡沫经济之鉴 [N]. 中国金融网，2010-10-11. http : //www.zgjrw.com/News/20101011/home/353851825420.shtml.

[2] 大藏省是日本自明治维新后直到 2000 年存在的中央政府财政机关，主管日本财政、金融、税收。

第六章

泡沫为什么会崩溃

正如这世间的万事万物都存在着一个临界点一样,泡沫超过某一限度,趋势将不可逆地发生转变。

前面分析了投机泡沫形成的原因，那么现在的问题是，泡沫又是如何走向破灭的呢？关键在于泡沫形成的三要素之间的相互作用。

盛极而衰：崩溃只在一瞬间

正如这世间的万事万物都存在着一个临界点一样，泡沫超过某一限度，趋势将不可逆地发生转变。其根源还在于这种行为的一致性。我们知道，人类赖以生存的这个真实世界的特征就是资源的有限性与稀缺性，而经济活动就是对资源的分配过程。一旦市场出现方向高度一致性，资源分配就难以继续，经济的运行方向就会出现转折：由于市场高度的一致，博弈双方的均衡不复存在，市场资源的有限性不可能使市场的参与者都成为赢家。

所有从众行为的发生，都源自信息的不完全性。因此，一旦市场的信息发生变化，譬如那些促使泡沫形成的外部冲击力消失——这是不可避免的，在初始的冲击结束后，这些外部诱发因素的作用力，都会日渐减弱直至消失——或是信用扩张将受限时，原有信息所形成的从众行为就会随之消失，市场开始逆转。

密西西比泡沫的形成和崩溃，就是第一种类型的典型案例。密西西比

第六章　泡沫为什么会崩溃

泡沫的形成与法属北美洲殖民地路易斯安那的黄金有着莫大的关系，因为人们期待着享有贸易特许权的印度公司能够像西班牙人一样，从美洲源源不断地搬回黄金。正是这种愿望，诱发了密西西比泡沫。同样，密西西比泡沫的崩溃也与其有关——作为印度公司炒作基础的路易斯安那的金子并没有被挖掘出来。根据麦基的记述，崩溃的过程是这样的。

劳的巨大成功，刺激到了一位皇亲，那就是鼎鼎大名的贵族德·波旁，也就是劳最初来法国时所认识的那位孔代亲王。在劳大获成功后，这位亲王也想插手印度公司的事务，然而他的要求，却遭到了当时人气和威望都如日中天的劳的委婉拒绝。劳的态度伤害了亲王的自尊，这位劳昔日的赞助者、改革计划的支持者，一边怒不可遏地咆哮着"这个狗娘养的苏格兰杂碎"，一边将手中的股票悉数抛给仍在疯狂购买股票的投资者，以此套现皇家银行发行的纸币。现在我们已无法确切知道他当时到底提了多少钱，但史书的记载是，他套现的纸币足足装了三辆马车。然后，他驾车到皇家银行。"瞧，先生们！"他当时就是这么说的，"这就是你们所谓的'见票即付'的纸币。现在你们瞧见了吗？那好，给我换成硬币吧！"

以此为开端，几个具有远见的人，也陆续把银行券换成了硬通货，并运往英国和荷兰。

这样，泡沫就开始崩溃了。为了恢复信用，劳和摄政王从贫民窟征用流浪者，在巴黎街头故意上演了要去路易斯安那采金的游行闹剧。但是，不幸的是，大部分流浪者中途逃回贫民窟的过程被人发现。没有采回金子的新闻迅速传播开来，印度公司的投资者和皇家银行券的拥有者开始产生恐慌。这真可谓是成也萧何，败也萧何。

至于第二种类型，其典型案例则非1986—1990年的日本大泡沫莫属。这轮泡沫的形成，是"广场协议"后汇率的波动所诱发，但其市场的逆转，则与信用扩张受限有关：从1989年5月起，日本银行在15个月内连续5

次加息，将基准利率提高到6%。在加息的同时，1990年3月大藏省推出了不动产贷款总量控制政策，即规定银行对不动产贷款时，增长率不能超过其贷款总量增长率。

除了日本大泡沫以外，20世纪20年代的美国大泡沫亦是如此。20世纪30年代的经济大萧条，从根本上讲，也是由于货币当局试图通过利率政策稳定投机市场的失败举动而造成的。当然，美国大泡沫与日本大泡沫还是有些不同。日本大泡沫之所以破灭，是因为货币当局有意针对泡沫而来。1929年的美国有所不同则在于，货币当局的加息针对的并非股市，而是自身的货币市场，但还是造成了整个股市的危机。❶

当然，在动物精神的支配下，先时的从众行为本身并不会消失。事实上新的信息，譬如新的、作用力与原外部冲击力因素完全相反的外部冲击力，往往会诱发出另一个重要的现象，也就是所谓的负反馈环反应的出现。故事一如泡沫形成之时：最初的提示，通过相互传染的过程，会很快进入群体中所有人的头脑，群体感情的一致倾向会立刻变成一个既成事实。所不同的是，群体的感情只是朝着与泡沫形成之时完全相反的方向迅速地转变而已——情绪由泡沫形成时的盲目乐观，迅速转变为盲目悲观，最终的结果就是原来趋势的彻底崩溃。密西西比计划和南海计划的发展形态就很好地验证了这一点。

随着牛市的继续，法国人开始疯狂。摄政王的母亲普法茨公主李瑟洛特在一封寄给她朋友的书信中就提到了这种混乱："约翰·劳先生几天前因备受折磨而生了重病；白天和晚上他都不得安宁，有人彻夜在劳先生的宅邸前排长龙守候，有些人甚至在附近租了房子，准备'长期申请'新股。聚集在劳先生周围的人数堪称之最。他实在是太受折磨了。"

---

❶ [美] 罗伯特·希勒. 非理性繁荣 [M]. 北京：中国人民大学出版社，2004：225-226.

正如摄政王的母亲所提到的，投资者在如何才能认购到新股上所做的努力，可以说是史无前例的。在这之前，劳的宅邸所在的坎康普瓦街的房租约为每年1000里弗尔，如今却已飙升至12000~16000里弗尔。纵是如此，他们所面临的最大问题却是无房可租。人们之所以要住到这里来，无非是想近水楼台先得月，希望比别人有更多的机会见到劳，并从他那里获得认购的资格。这种行为最后发展到了一种近乎荒诞的程度。据说，一个贵妇花费了大把银子，终于探得消息，说劳将于某时到某餐厅用餐，她便跟踪过去。到达之后，慢慢接近劳，然后便开始大喊失火了。食客们受此惊吓，纷纷逃出餐厅。等食客们都逃尽时，她乘机神态自若地走向劳。劳方知有诈，撒腿便跑。另一位贵妇则比她幸运得多。这位贵妇每天守在劳的家门口，终于有一天，她等到了劳的马车。当她见劳的座驾迎面而来时，便让自己的车夫立刻撞向灯柱，结果人仰马翻，贵妇则娇呼救命。出于礼貌和维护绅士风度，劳毫不犹豫地上前帮忙。贵妇则乘机施展浑身解数，直到劳不得不答应"配股"给她才罢休。圣西蒙公爵在其回忆录里则做了如下描述："劳被那些信徒与野心家紧紧围绕着，有的人把他的房门挤坏，有的人从他的花园翻窗而入，还有一些人从他办公室的烟囱上爬了下来。"

由于申购新股的人实在太多，一些辅助行业也应运而生。坎康普瓦街上的一个鞋匠，将自己那个小小的补鞋铺改成临时写字台以作填表用，就能每天净赚200里弗尔。最离谱的当属"驼背写字台"了。原来，投资者要争取第一时间填好表格，交到印度公司"新股申请处"，回家或到办事处填写显然太过费时费力，补鞋铺这样改装的写字台也到底有限，而整个坎康普瓦街，除了人，还是人……这时，几个颇有眼光的驼背人看到了赚钱的机会。他们将自己的驼背当成写字台，出租给那些心急火燎的投资者，好让他们可以就地填写申购新股的表格。据说，一天下来，他们赚的也并不比鞋匠们少多少。

而印度公司的职员们不得不加班加点地整理这些认购者名单，但纵是如此，仍然需要花费他们好几周的时间。这个漫长的等待过程，是一个足以使人彻底崩溃的过程。在人们的焦躁和不安中，最终名单终于出炉了。当时，至少有超过 30 万人，来申请认购这 5 万股新股，也就是说，股票被超额认购 6 倍之多。打到"新"的人，自然欢天喜地；没有打到"新"的，则难免怨天尤人。

1719 年，公司股票上市交易，上市之初便引来集中性投机，股价以惊人的速度飞涨。几千里弗尔的投资，几周或者几个月后，收益就达到了数百万里弗尔。据说，一位投资者让仆人以开盘价 8000 里弗尔卖出 250 股印度公司的股票，当仆人到达交易所时，股价已涨至 10000 里弗尔了。而一本 1885 年于柏林出版的书里，作者介绍了一个来自坎康普瓦街的投机者的成功投机史。他于 1718 年时，以每股 500 里弗尔购得 35 股印度公司的新股票，到 1719 年年末卖出时，所得为 584500 里弗尔。也就是说，他于一年的时间里，获得了 3340% 的收益。在当时获得财富的速度之快、之多，可从这些真实的故事里窥见一斑。

正是有这样的财富效应的刺激，越来越多的人涌向坎康普瓦街——印度公司股票巴黎场外交易市场所在地。来自巴黎及法国其他各省，乃至整个欧洲的赌徒、冒险家和商人都汇聚到这里。当时就有人在自己的日记里做了如下记载："对印度公司的股票进行的大宗交易已经在坎康普瓦街进行好几个月了，那里的交易状况非常混乱……因此在街道的两端不得不设置了岗亭，严格禁止人们在星期日和节日时去那里。在工作日人们会用鼓声和钟声宣布晚 9 点的到来。晚上 9 点是所有人都必须散去的最后时间。"

这种喧嚣、拥挤和嘈杂让劳无法忍受，于是他在宽敞的旺多姆广场附近找了个新的府邸。但是，这种尝试只是枉然。他已经不能从那些狂热的投资者中搬走了，因为在这些人的眼里，劳便是所有活动的中心。因此，就像工蜂追随蜂王一样，人们也紧紧跟随着劳。不久，旺多姆广场便取代坎康普瓦街而成为当时的交易中心。人们在这里不仅交易着股票和债券，还做起了各种各样的买卖，有卖水的，有卖食物的，有卖衣服鞋子的，有卖古董的……最后连赌档也搬到了这里。这让大法官颇为不满，因为有个法庭就在广场附近，他属下的一位法官向他抱怨，在判案时，有时甚至连律师的辩护词都听不清。

接到投诉后，劳决定再找个新地方，最后他选定了卡里伦亲王的索松（Soissons）宫，因为这座王府的后面带有一个占地数公顷的大花园。经过几番讨价还价，劳以天文数字的价格买下了这座王府，而亲王殿下则保留了后花园的相应权益。自从劳搬进新居后，交易市场也便由旺多姆广场搬到了这里，这让精明的亲王赚足了利润。据说，亲王为方便交易者，在花木间设置了至少500个小帐篷，而每顶帐篷的租金为每月500里弗尔。这样一来，单帐篷一项，亲王每月的净收入就高达25万里弗尔。

这种狂热的情绪开始向着各个阶级、各个领域全面扩散。到最后，整个法国彻底癫狂。在这个国家，几乎每个人，无论男女抑或是老幼，无论是阳春白雪抑或是下里巴人，无论是学界中人抑或是神职人员，几乎都被裹挟了进来。

学者拉莫特和他的朋友特诺松神父，对于这种癫狂保持了应有的冷静，虽然他们所讨论的主题已不再是先时的哲学、科学和宗教，而是股市。他们经常对人们的不理智行为予以批评，他们认为当时整个法国所弥漫的那种奇怪的狂热是不可理喻的；对劳和摄政王更是激烈反对。然而讽刺的是，某一天德高望重的神父还是经受不住这种诱惑，偷偷地跑到索松宫的后花园，想要买点股票。当他买完股票，正准备赶往教堂时，遇到了一个人，那就是他的老朋友拉莫特先生——原来他也是来买股票的。

整个国家此时已彻底陷入疯狂之中，受股价持续攀升的影响，越来越多的人，希望劳能够再增发一些新股。劳和摄政王在经过一番磋商之后，决定"顺应民意",公司决定增发 300 万股新股,且为投资者利益着想,发行价仍维持在原来的每股 500 里弗尔的水平线上。同时规定,申购新股者仍需以行政债券购买。这样一来,路易十四时期所积欠下来的债务就得以基本清偿了。以前,为了达到这一目的,政府纵然想方设法,但还是不能筹集到这么多钱。摄政王和劳开始有点沾沾自喜,因为于他们看来,就凭当前人们的这种狂热情绪,只要他们高兴,即使再增发三倍于此的数额,人们都会情愿付出。

为了给今后进一步增发做准备,劳在这次新股申购时,特别注明,只有当投资者拥有 4 股老股票时,才具有申购新股的资格。一想到今后法国也可像西班牙一样,将黄金从美洲殖民地源源不断地送到法国,人们就禁不住激动不已。为了获得由此而得到的收益,更多的人像疯子一样,再次涌向了索松宫的后花园,他们需要抢购到一些旧股票,好以此去申购新股。受此推动,流通中的旧股,开始了更为快速地上涨。两年前还是每股 500 里弗尔的股票,现在的交易价已是每股 18000 里弗尔。其至还有许多股票交易者是以每股 20000 里弗尔的价格成交的。股价的飙升,反过来又刺激了人们的情绪,整个法国彻底陷入狂热之中。

对于人们的这种癫狂行为,路易十四时期的名将维拉斯元帅[1]实在看不过眼了。每次听到有人在他面前谈论股票,这位久经沙场的功臣都会大发雷霆。还是旺多姆广场时期,有一天他的马车经过广场,他实在容忍不了人们的狂热和愚昧,便叫停马车,站在广场上,痛骂了交易中的人们半个多小时。他的好心显然没能获得对等的回报,一番用心良苦的说教,所得的回赠却是

---

[1] 维拉斯元帅,路易十四时期的名将,曾在西班牙王位继承战争中立下大功。如同我们在本章的第一节里所提到的一样,正是包括西班牙王位继承战争在内的连绵不绝的战争,才使得法国深陷财政危机之中,而约翰·劳之所以要推动密西西比计划的实施,目的就是减债。

嘲笑、谩骂、嘘声，甚至有人向这位老元帅投掷杂物。虽只经此一役，但老元帅的心彻底被伤透了。从此以后，他归隐乡里，再不过问世事。

我们在前面已经提过，就这场泡沫而言，孔代亲王抛售股票兑换硬币是个非常重大的转折点。此后，一些精明的投资者，如银行家理查德·坎蒂隆、鲍登与拉·理查德埃尔、沃莫雷特等人开始陆续抛售股票，再陆续地将银行券换成硬通货。开始，任何人都可以在任何时间将纸币兑换成硬币。但经过一段时间，硬币严重匮乏的情况就出现了。这样一来人们便开始恐慌——他们不能确知皇家银行还有多少硬币。就如行情上涨时人们争先恐后地买入股票一样，这时的人们是争先恐后地卖出，目的就是尽快将股票收益兑现为硬通货。人们狂抛印度公司的股票，好以此换成纸币尽快去银行兑换硬币。

同样的情况也发生在英国。1717年英国国会如期开幕，从不会说英语的国王乔治一世，用德语开宗明义地指出[1]，国家的公共信用状况堪忧，他认为国家已经到了必须设法减债的地步。

对于国王的讲话，英格兰银行率先做出了积极响应，明确表态愿意认购相应国债、协助政府减债。在这之前，南海公司虽然在特许权范围内的贸易方面无所成就，但在金融方面却也小试了把牛刀——曾提供了几笔小额贷款。为了对抗具有辉格党背景的英格兰银行，执政的托利党人便开始

---

[1] 1688年英国"光荣革命"把英国国王詹姆士二世驱逐出国，议会欢迎其女玛丽二世与女婿威廉三世共同为英王。1701年议会通过了嗣位法，规定英王位由玛丽后嗣继承；如玛丽无后裔，去世后王位由詹姆士二世的另一个女儿安妮继位，如果安妮去世后无任何直系后裔，英王位应传给詹姆士一世的外孙女索菲娅和她信仰新教的后代。1702年威廉去世后，安妮继位为英女王，1714年安妮女王也病逝，且无子嗣，索菲娅又以84岁高龄早已去世，英国王冠就自然落到索菲娅的儿子乔治·路德维格头上。而乔治本是欧洲大陆神圣罗马帝国的汉诺威国选侯，他继任英国王位时已54岁，所以他不会说英语，也不想去学英语。

游说南海公司，让它也加入进来，像英格兰银行一样为政府提供数额更大的贷款，而不至于将减债行动的主导权，落入政敌辉格党人手中。

而当时，劳以股权换债券帮助政府减债的实验，正在法国进行得如火如荼，且进展异常顺利，这也进一步激励了整个托利党和他们所控制的南海公司，他们也想要在英格兰实施同样的计划：将国债转为平台公司的股票，通过这种安排，政府的债权人就成为平台公司的股东，国债一笔勾销。就这样，政府不但找到了替自己还债的人，还找到了摇钱树，因为政府将平台公司作为融资渠道，政府需要钱就让该平台公司发行股票，平台公司将认股款转给政府，政府则向平台公司支付一笔固定利息。当然，在他们自己看来，这个平台公司自然非南海公司莫属了。

当时，英国政府的负债情况大致如下：总负债额5000万英镑，其中三家特许经营公司所购国债占比为37%，分别为东印度公司320万英镑、英格兰银行340万英镑、南海公司1170万英镑，剩余63%的债券为公众持有，具体数据见表6-1。

表6-1 1720年英国政府负债明细

债券持有者	数额（万英镑）
东印度公司	320
英格兰银行	340
南海公司	1170
公众持有可赎回债券	1650
公众持有不可赎回年金	1500
合计	5000

资料来源：Neal，1990。

正是基于对上述国情的考量,很快,南海公司便向国会下院提交了自己的方案。南海公司的方案是,学习劳的运作手法,以发行新股的方式,收购由公众所持有的约3100万英镑的国债(这几乎是当时公众所持债券的全部)。且主动将政府每年所需支付的债息,由原来的6%降至5%,并承诺到1727年仲夏之后债息降低至4%。且国会有权随时赎回这笔债券。南海公司的这一方案大受欢迎,作为强大竞争对手的英格兰银行也不示弱,其提交的方案也包含了同样的内容。

为此,1720年1月,英国下议院成立了一个委员会,专门来研究南海公司和英格兰银行所提的减债方案。最终,与该届政府有着密切关系的南海公司获得了这笔合同。2月2日,在下院的最后表决中,以172票对55票的多数,通过南海公司提交的议案。此外,还通过了一项新法案来落实这一方案。之后,上院通过这项议案的速度也是史无前例的:4月4日,第一次宣读;4月5日,第二次宣读;4月6日,议员评议议案;4月7日,第三次宣读,表决的结果是,17票反对,83票赞成。所给予的理由与下院的一致:对国家有利。但实际情况却是:其一,南海公司的公关能力非常之强,早于1718年公司低迷之际,公司居然将英国国王乔治一世直接拉入局,让他出任公司总裁(governor);其二,南海公司买通了上下两院大部分议员,而贿金多以股票形式支付。因此南海公司的方案必须顺利通过,因为唯有如此,他们手头的股票才会升值,这些受贿的议员才能因此而获利。[1]就这样,上院通过了这项议案,使之得到了南海公司总裁兼英国国王乔治一世[2]的钦准,成为这个国家的法律。

---

[1] 相关结论可参见加伯于1990年所做的相关论述。

[2] 这样表述表示的是,南海公司已经凌驾于国家之上。

表 6-2　南海泡沫事件前后南海公司历任总裁及其出任时间表

总裁（governor）	出任年月
牛津伯爵罗伯特·哈利	1711 年 7 月
	1712 年 8 月
	1713 年 10 月
威尔士亲王乔治（后为乔治二世）	1715 年 2 月
乔治一世	1718 年 11 月
	1719 年 2 月
	1721 年 2 月
乔治二世	1727 年 7 月
	1730 年 2 月
	1733 年 2 月
	1735 年 2 月
	1756 年 3 月

就在国会辩论期间，南海公司的股票一路走高。从方案提交之初的130英镑，快速涨到300英镑以上。但出人意料的是，当议案通过后，南海公司的股价竟然下跌。4月7日的开盘价为310英镑，但8日却跌至290英镑，两天下跌了6.5%。前期的上涨让南海公司食髓知味，它又怎会甘于让股价回调下去？何况它还有巨大的使命没有完成。就在股价下跌之际，公司管理者马上工作，且手法老到。1717年之前，南海遍地是黄金的噱头早被人们当成笑话。但经过老对头法国的炒作、宣传、发酵，这个当年由神话变身为笑话的话题，如今再次成为人们谈论的焦点。南海公司的主要负责人哈里·耶尔也正是利用了这点，他开动宣传机器，不断向市场散布"在

墨西哥、秘鲁一带发现巨大金银矿藏""金银财宝就要源源不断运回英国"之类的虚假而美妙的信息。每个能从南海计划获取收益的人,都被他怂恿着去游说身边的所有朋友,告诉他们南海地区是如何如何的遍地黄金。一时间,各种传言不胫而走,海市蜃楼般的投资前景终于唤起了民众的投资热情。那一刻,整个国家似乎都因为股票投机而疯狂了。厄雷街、康恩希尔街①每天都挤满了人,这些人像极了虔诚的朝圣者,而那些股票经纪人则变身为指点迷津的教主。人们热切地聆听着经纪人的故事,这些故事又总能让他们血脉贲张。几天下来,一个共识慢慢地形成,那就是,只要买入南海公司的股票,即意味着拥有了通往财富之门的入场券。

图 6-1　英国画家爱德华·沃德的画作《南海泡沫事件》

4月12日法案正式生效,南海公司适时地出来给"朝圣者"们派发入场券了:公司决定发行面值100万英镑的新股,并接受公众认购,每100

---

① 厄雷街、康恩希尔街本为伦敦的两条很普通的街道。当时的英国没有正式的证券交易所,最初的证券交易都只是在这两条街的咖啡店里进行。

英镑面值的售价是300英镑。老股东可以选择分期付款，共5期，每期支付60英镑。结果人人争相认购，反应热烈，超额认购达2倍。伴随着股票增发而来的是，股价应声上涨。在短短几天之内，便迅速拉升至340英镑。

为了继续抬高股价，南海公司董事会于4月21日发布公告，宣布派发中期股息，息率高达10%，而且所有股东均享有同等股息。此招一出，更令人们对南海公司如痴如狂。南海公司岂会辜负人们的这片痴情呢，于是不失时机地再次宣布，公司再发行面值100万英镑的股票，且发行价大幅提升至面值的400%。人们出现追涨心理，害怕下次发行价还会大幅提升，于是纷纷涌入厄雷街、康恩希尔街，人与马车多得让整条大街水泄不通。于短短几个钟头内，南海公司便收到150万英镑的认购额。

法国泡沫的破灭不但没有警醒英国人，反倒进一步促进了英国的股市。先是那些在密西西比泡沫中成功逃脱的精明人，后来是那些在暴跌开始后没有多久便幡然醒悟且手脚极快的投资者，再后来是那些对法国彻底失去信心的人，他们带着资金，漂洋过海来到了英国。这让劳和奥尔良公爵忧心不已，英国股市上涨所形成的财富效应于法国而言无疑是一种灾难：英国股市的上涨，只会加剧法国股市的进一步波动——那些投资者会毅然地从"跌跌不休"的法国股市套现，再将仅有的资金转移到一直在上涨的英国股市。为了捍卫自己的利益，劳决定做空英国股市。这个苏格兰裔法国高官，在得知南海方案后，第一时间里在低价位上共买入南海公司价值15万英镑的股票。他的目标非常明确，就是获取大量筹码，然后在高价位上大势做空，以期一举将英国股市这个竞争对手彻底击垮，以此来遏制法国资本的外逃。当然，要想从南海公司的股票中捞到好处，他必须在其货币体系崩塌之前，就将手中的南海公司的股票全部抛掉。可惜的是，密西西比泡沫破灭的速度远超他的预期，他的做空英国股市的计划也就功亏一篑了。他的这一烂尾工程，无疑是符合南海公司的利益的，他的举措无意中助推了南海计划的顺利实施。

对于南海投机事件的发动者来说，虽然巴黎的投机活动已经恶化，但于他们而言何尝不是一件好事，来自法国的资金确保了他们的投机交易能够在最初阶段进行得如此顺利。股价的不断攀升，反过来吸引了更多精明的商人和投机者自担风险去做投机生意。一时间，厄雷街上拥挤的人群是如此混乱不堪，以至于在同一时间里，分处街两头的成交价格就能相差10%。也正是在这种巨大的财富效应下，投资者趋之若鹜。在这个过程中，连那些曾接受过南海公司贿赂、知道南海计划真相的上下两院的议员，也被这种繁荣迷惑了，纷纷杀入股市。到最后，甚至连南海公司总裁兼英国国王乔治一世也实在禁不住诱惑，认购了价值10万英镑的股票。这就进一步激起了投资者的投资热情。由于购买踊跃，股票供不应求，公司股票价格狂飙。从1月份的每股128英镑上升到7月份的每股1000英镑，也就是说在短短半年时间之内，南海公司的股票涨幅高达700%。

南海公司制造的神奇效应，不免使人们眼红，大家也跃跃欲试分杯羹。最早涉足的仍是那些最为接近权力中心的贵族。布里奇沃特公爵以改建伦敦城和威斯敏斯特为名，组建了一家公司，并很快发布了一项募资方案。钱多斯公爵也不甘落后，随即也成立了一家公司，发布了一个募资方案。食髓知味，曾于1715年2月出任过南海公司总裁一职的英国皇太子、威尔士亲王小乔治竟然也组建了一家名为威尔斯铜业的公司，据说他在这次股票投机中的收益是4万英镑。时人将其称为"威尔士王子泡沫"（prince of Wales bubble）。

上行下效，一时间，"股份有限公司"就像雨后的春笋一样纷纷冒了出来。当中，除少数公司从事正当生意外，大部分都是浑水摸鱼，旨在骗取公众金钱。它们模仿南海公司的宣传手法，在市场上发布虚假消息，声称正进行大宗生意，从而吸引市民购买股票。社会各界人士，包括军人和家庭妇女,甚至科学家、神职人员都卷入了漩涡。他们生怕失去碰到下一个南海公司的机会,纷纷把大把的血汗钱投进去。这时,人们已经彻底丧失了理智,他们不在乎这些公司的经营范围、赢利模式和发展前景,只要发起人说自己的公司能够获取巨大利润,人们就会毫不犹豫地投身进去。

单从公司名称就可见,当时整个英国处于何种疯狂状态,以致这些荒诞不经的企业,可以横行于市:"确保女人保持贞洁公司""将水银转化为贵金属公司""从铅中提炼白银公司""从煤炭中提炼钢铁公司"……当时,人们将这些公司称作"泡沫公司"。言下之意就是,这些公司就像泡沫一样转瞬即逝,有的只成立了两个星期,甚至更短的时间,便消失得无影无踪。对于当时疯狂的程度,历史学家梅特兰德(Maitland)在其著作《伦敦史》里做了如下记录:

最荒诞可笑亦最能体现人们疯狂状态的,是一家"做最赚钱的生意,但是没人知道这盘生意具体是什么"的公司。目前,我们已不能确知这家公司创始人的相关资料了。我们只知道,他在招股书里写道,他共需募集资金50万英镑,为配合这项募资行动,他将发行5000股,每股定价为100英镑,认购者可先付每股2英镑的定金。他进一步宣称,只需缴足定金,任何人每年都可获得每股100英镑的股息。至于公司将如何来赚取如此丰厚的利润,公司的经营项目为何,他并没有兴趣予以说明,只是说相关细节将会在一个月内公布,届时他再来收取那98英镑的尾款。

招股书公布的第二天早上9时,他刚打开设在康恩希尔街的办公室,一大群人就蜂拥而至,到下午3点时,就已收到1000股的认购定金——也就是说,他于短短6个小时内就坐收了2000英镑。还好,他是个见好就收的主,没有想再多骗一点的打算,而是连夜逃离了这座城市,跑去欧洲大陆了,从此便杳无音信。如此荒诞之事,如果不是有几十位可靠证人的确切陈述，谁又能相信竟然会有那么多人堕入这样可笑的骗局呢！

据危机研究者马克斯·维尔特（Max Wirth）在1874年出版的《商业危机史》一书中所做的统计，当时像"做最赚钱的生意，但是没人知道这盘生意具体是什么"这样的泡沫公司多达202家。就如梅特兰德所描述的，这些公司无不极具幻想色彩，甚至可谓荒诞不经，以致任何一个投资者，只需稍微理智些，就可轻而易举地发觉这些公司的诈骗意图。但是，在投机泡沫的氛围中，每个投资人都会自认为比别人聪明，总认为自己能够在购入那些毫无价值的股票后，可以轻而易举地将其转售给其他愚蠢的买家。正是在这种自我归因偏差所造成的自以为是的聪明的支配下，人们不断疯狂地买入、买入再买入。

人们到底癫狂到了何种程度呢？当时的一份伦敦的杂志这样描写道："这个星期里交易所达到了前所未有的混乱，人们争分夺秒地从一个咖啡馆来到另一个咖啡馆，从一个小酒馆来到另一个小酒馆，他们根本就不审查一下股票证券说明书，就认购股票和在股票认购书上签字。人们高呼着：'天呀！让我们认购和签字吧，到底是什么股票已是无所谓的事了！'这些泡沫公司的幕后操纵者就是这样搜刮了大量钱财的。"

这类公司的大量存在，于南海计划而言，无疑是一种打击，原因很简单，它们的出现分流了南海公司大量的资金，使得其股价难以再大幅上涨，这又必然会影响到新股的发行。据说在泡沫公司创建高潮期，这些公司计划在市场上吸纳的资金高达3亿英镑。要知道，在当时，3亿英镑将近是包括英国在内的整个欧洲货币流通量的3倍。这种行径显然不符合南海公司的利益，于是在南海公司的推动下，国会以整治市场乱局为名，开始干预泡沫公司。

1720年6月9日，刚通过的《泡沫法案》规定，股份公司必须取得皇家特许状，才能继续经营，无此特许状者一律视为非法。6月11日，时任南海公司总裁兼英国国王的乔治一世签署了这一法案，并发表了一份措辞非常严厉的声明，宣布依据《泡沫法案》，所有泡沫公司均为非法，是不被容忍的，对公众构成危害的，将会受到检控。同时，严禁所有经纪人买卖这些公司的股票，违者将被处以500英镑的高额罚款。

也许是传播渠道有限，也许是人们认定当局只是做做样子不会来真格的。总之，国王的这项声明发布后，并没有引起投机商的关注，他们继续引诱贪利者进行非法交易。这让当局很是不满。7月12日，枢密院司法委员会大法官以"保护投资者利益、避免类似事件继续发生"为由，驳回所有的专利和特许申请要求①，并勒令解散所有泡沫公司。文件还附列了一份涉及86间泡沫公司的名单。

动用公权力，以立法的形式，将所有分食者赶尽杀绝，这一招的确有效。《泡沫法案》通过之前，南海公司的股价也从890英镑下跌到了640英镑，且是卖家如云，而买家寥寥。但到了8月份时，股价便达到了最高点1000英镑。但出乎南海公司、国会议员乃至国王乔治一世意料的是，这一本意是要保护南海公司的法案，事实上却成了南海泡沫破灭的导火索。

随着大量泡沫公司被取缔而来的是，公众开始清醒过来。他们对这些泡沫公司的怀疑逐渐扩展到南海公司本身：既然其他公司都是诈骗者，那么，南海公司真的就那么可靠？从7月份开始，首先是外国投资者开始有序地抛售南海公司的股票，随后一些精明的国内投资者也纷纷跟进，但纵是如此，股价下跌得还是非常缓慢。真正让股价大幅下挫的是，人们得知包括董事长约翰·布伦特爵士（John Brent）在内的南海公司高层，早已于

---

① 当时的股份公司亦非想设就设，而是必须获得政府的批文方可创立。且其经营性质一旦确定，是不可改变的。

股价高点时就将手头股票悉数沽清。这时，人们的信心被彻底打垮，投资者开始恐慌，股价也应声而降。9月2日时，股价已经跌至700英镑。对此，《国会史》的述评是：

在短短的8个月时间里，我们亲眼目睹了一个伟大计划的筹划、兴起和衰亡。南海公司异军突起，帝国万民瞩目。但归根结底，整个计划都是建立于欺诈、幻觉、迷信和狂热之上的，南海董事的那些把戏一旦为人戳穿，泡沫就马上破灭。

对于这种现象，庇古幽默地将其形容为"乐观主义的错误造就了随后的悲观主义错误"。

走向崩溃的十个阶段

人类历史上的每一个泡沫，既是一个时代背景下的金融事件，同时也是一个时代背景下的社会现象和心理现象，或者说它根本就是一个社会心理现象。

投机泡沫的形成有赖于人的动物精神、外部冲击力及信用扩张的共同作用：人的动物精神特别是让人沦为乌合之众的从众行为，是造成投机泡沫的根本。正是因为人性存在着这种不可避免的缺陷，在外部冲击力和信用扩张两大因素的配合下，让市场总是趋于不稳定。

然而不稳定的市场，却极具规律性。一个完整的泡沫，从形成到崩溃一般会经历如下十个阶段：

麻木期→外部冲击出现→潜伏期→观望期→诱导期→

狂热期→外部冲击消失→潜逃期→迷茫期→崩溃期

麻木期。该阶段的特征是，于大多数人而言，对资本市场无感觉，或涨或跌好像均与自己毫不相关一样。

外部冲击出现。该阶段的特征是，某个大的外部冲击力出现，如重大发明出现、重大的汇率改革、发现了新的市场等。

潜伏期。在该阶段，外部冲击力被一些 smart money（经验丰富消息灵通的投资者们投下的资金）观察到，当然有时候完全是无意识的，这些钱开始流向与该外部冲击力密切相关的资产，但并不会引发除 smart money 钱主和个别颇具洞察力的专业人士以外的人的关注。

观望期。随着 smart money 陆陆续续地介入，相关资产价格会于该阶段出现上涨，并在财富效应下，逐步引起部分公众和舆论的注意。但由于充满不确定性，在该阶段，舆论往往会给予不信任的批评和报道。基于稳健考量，大多数公众更倾向于观望。

诱导期。财富迅速增加的事例，开始吸引来大量的模仿者，由此而始，"群体"就此逐步形成。由于更多资金的进入，资产价格便会水涨船高，且这种上涨趋势很快就扩展到与外部冲击力无关的其他各种行业。泡沫形成，信用开始急剧扩张。

狂热期。在这一阶段，"群体"开始表现出乌合之众的趋势，人们很容易受有关事件和舆论的暗示，且越来越盲目、轻信，到最后人们深信经济已经迈入一个新的纪元，此时开始流行一种轻率的爱冒险情绪，人们愿意比其他时候更多地提供和取得信用。在信用扩张的助推下，群体感情的一致倾向，立刻变成一个既成事实。这时，反过来又会将更多的公众吸引到这一行为中来，于是泡沫越吹越大。

外部冲击消失。这一时期的显著特征是，促使泡沫形成的外部冲击力日益减弱，直至消失。

潜逃期。在该阶段，外部冲击力的转折开始为一些 smart money 所观察到，这些钱开始流出市场，但并不会引发除 smart money 钱主以外的人的关注[1]。

迷茫期。随着 smart money 陆陆续续地流去，相关资产价格会于该阶段开始下跌，市场的变化开始被人们察觉。当然，这时也会有许多对市场有信心的投资者和媒体出来表态，称这只是暂时性回落。除少数精明的投资者会坚定离场外，多数人会表现得迷茫。

崩溃期。在这一阶段，人们虽然仍容易受有关事件和舆论的暗示，仍表现得那么盲目、轻信，只是群体感情朝着完全相反的方向发展。这时，反过来又会将更多的公众吸引到这一行为中来。每个人都预计未来资产价格会继续下跌，投资者开始争先恐后地抛售资产，但几乎没有人接盘。这一时期最大的特征是，资产价格下跌的速度比当时上涨的速度要快得多。

泡沫的形成到崩溃，严格地遵循着上述十个阶段的演变过程。此外从 20 世纪 70 年代以来，泡沫在另一方面也表现出一种很强的规律性，那就是泡沫表现得越来越与政府的行为密不可分，且也越来越具有周期性。

---

[1] 需说明的是，此时的 smart money 钱主与潜伏期的 smart money 钱主也许是同一批人，也许不是。二者之间不能简单画等号。

第七章

泡沫中政府的身影

泡沫之所以存在政治性周期,主要取决于政客为谋求较高的经济增长速度、争取充分就业和低通货膨胀率目标的实现,于政策行为中对信用扩张和收缩的操纵。

有意人造型泡沫和无意人造型泡沫

在整个泡沫过程中，特别是泡沫的形成中，政府的确起着非常负面的作用。但正如荷兰郁金香热所表明的，纵然没有政府介入，泡沫还是会产生。由此可见政府并非泡沫的主要根源，甚至可以说，泡沫本身是一种独立于政府行为之外的自然现象。从历史经验来看，政府的存在和介入，只是加剧了泡沫恶化的趋势、深化了危机而已。当然，这并不意味着在泡沫的形成和崩溃过程中，政府的作用是可有可无的。

事实恰恰相反。自17世纪以来至今的四百多年时间里，除了1636—1637年的荷兰郁金香泡沫和20世纪80年代早期科威特Souk al-Manakh交易所投机泡沫外，历史上大多数的泡沫事件中，我们都能够找到政府的身影。1716—1720年法国密西西比泡沫如此，1711—1720年南海泡沫如此，20世纪20年代美国大泡沫如此，1986—1990年日本大泡沫如此，1986—1990年的中国台湾大泡沫如此，1995—2000年美国互联网泡沫如此，2002—2006年美国房地产泡沫仍是如此。只是这些泡沫又可细分为：有意人造型和无意人造型两大类型。

所谓的有意人造型泡沫，是指泡沫事件本就是政府通过精心策划安排，有意鼓吹出来的。法国密西西比泡沫、英国南海泡沫、1986—1990年日本大泡沫和2002—2006年美国房地产泡沫均属于此类型的典型。

第七章 泡沫中政府的身影

以法国密西西比泡沫为例，有足够的证据表明，在这场发生于1716—1720年间的泡沫事件中，花花公子劳和摄政王奥尔良公爵的密西西比之谋与其后泡沫的爆发，是存在着因果性的，且是二人的密谋为因，泡沫为果。

在前面提到过，1716年5月5日，摄政王以国王路易十五的名义颁布命令，授权劳成立通用银行。这份授权书还特别强调，法国所有的税收都要用这家银行发行的银行券缴纳。根据授权书，这家银行需募集600万里弗尔，股票数量为12000股，每股定价500里弗尔。[1]授权书还规定，投资者要想购买这家银行的股份，需要用硬币支付其中的25%，其余的75%则必须用行政债券来支付。所谓的行政债券，就是路易十四为支撑其穷兵黩武和骄奢淫逸而发行的政府债券。这其实就是一项债务—股权置换计划。

这是非常聪明的一招，虽然那些债券发行时面值为100里弗尔，但后来在公开市场上的交易价却下跌到了21.5里弗尔。[2]这也充分反映了投资者内心的恐惧，他们担心政府即将宣布破产。而如今，却可以拿着这些垃圾债券，去当这家银行的股东，坐享特许权的垄断利益。一时间，债权人纷纷拿着手中的行政债券来购买通用银行的股票。但毕竟600万里弗尔的75%不过区区450万里弗尔而已，这于那笔20亿里弗尔的庞大债务而言，犹如九牛一毛。

---

[1] 该数据来源于麦基的记载，但有些资料却显示为，当时约翰·劳所发行的股票数应为1200股，每股的发行价为5000里弗尔。而不是麦基所记载的12000股，每股500里弗尔。但从约翰·劳后续的股票发行情况来看，我们更倾向于麦基的记载。

[1] 这一数据来源于：[挪威] 拉斯·特维德.逃不开的经济周期[M].北京：中信出版社，2008：7。但作者在书中并没有注明出处。麦基的记载与这稍有出入，但出入不太大。麦基的描述是：每股面值500里弗尔的股票……由于人们可以用行政债券来购买，因此实际上只需要100里弗尔。按照麦基的描述，当时的情况应该是，面值100里弗尔的债券的市价应为20里弗尔。

但这次的牛刀小试，却让劳兴奋不已，他坚信自己所采取的以股权换债券的策略是对的。这也令他萌生了一个更为庞大的计划：为了消除累积的国家债务，他提议法国政府实施一项新的债务—股权互换计划，以此来将其剩余的行政债券逐步吸收完毕。他的具体建议是，再重新设立一家公司，在公司公开发行股票时，投资者仍需以行政债券来购买。这样特许公司趁机回收行政债券，随后公司又将这些债券销毁，到期时政府也不必再去还本和支付利息了。而作为补偿，政府有义务在接下去的25年时间里每年向特许公司支付4%，也就是400万里弗尔的利息。也就是说，法国政府只需要付出一张特别许可证，就可以将路易十四所积欠下来的20亿里弗尔的债务予以逐步解决。这一提议让摄政王兴奋异常。

于劳而言，方向是明确的，但方案该如何具体实施，他确实还没有想好。而正在这时，一件意想不到的事让他有了更为清晰的思路。当时，盛传法国在北美的殖民地，也就是密西西比河流域和河西岸路易斯安那州一带盛产黄金。为此，商人安托尼·克罗扎特很早便向法国中央政府申请了与北美法属殖民地路易斯安那从事贸易的许可。但遗憾的是，他的业务开展得并不顺利。到1717年时，公司已无法正常运转。经过与当局的沟通，克罗扎特于当年9月，将政府之前颁授给他的特许证交还给了法国政府。

劳仍然坚信，密西西比河流域一带盛产黄金。至于克罗扎特的失败，在劳看来，只能归咎于他的无能。劳向摄政王建议，趁机设立一家公司，并将克罗扎特交还来的特许权转授于它。就像劳的其他建议一样，摄政王一律照准。这样，劳于1717年8月成立的"西方公司"（Compagnie d'Occident）也就获得了为期25年的自由开发密西西比河流域和河西岸路易斯安那的权利。根据授权书，公司预备发行20万股，每股面值仍定价为500里弗尔。想要购买股票的人，必须使用行政债券来购买股票。

与通用银行募集资金不同，这一次事情进行得却不是很顺利。尽管公司拥有与路易斯安那进行贸易的特许权,保证了能够使西方公司有望获得巨额利润,但是股票的出售在最初还是极其缓慢的。原因是,以绝顶聪明而闻名的克罗扎特就曾在这个项目上失过手,这让投资者有所担忧,从而处于观望之中。也正是如此,劳费了很大劲才算勉强将股票全部销售出去。而公司的股票价格表现得也很不理想,几个月下来,股价只是从开始的500里弗尔微升至530里弗尔而已。

对劳的考验远没有结束。路易十四执政时期起就是重要银行家的帕里斯(Paris)兄弟,成立了一家与西方公司竞争的公司,由于帕里斯兄弟的名声一向很好,很多投资者拿着钞票纷纷涌向了他们的公司。就在帕里斯兄弟公司的股票价格不断上升之际,西方公司的股票价格,却应声下跌了47%,收至每股280里弗尔。这已严重影响到了摄政王的去债大计。

为了确保股权换债券的去债计划能够顺利实施,摄政王开始直接介入。首先他通过行政手段收回了帕里斯兄弟公司所拥有的相应的特许权。为了减少竞争,防止像帕里斯兄弟公司同类性质事件的再次发生,到1719年年初,摄政王决定赋予西方公司更多的特许权。同时,让它与另一家特权公司塞内加尔合并,同年5月又全面接管了中国公司的全部财产,以及部分法国东印度公司的财产。随着法国东印度公司被控制,人们期望这个新的巨人能够挑战全能的英国东印度公司。而此时新公司更名为"印度公司",它的特许权在摄政王的授权下再次扩大,这些权限包括:

印度公司专有贸易权不仅包括密西西比河、路易斯安那州,还包括中国、东印度和南美等地区;

印度公司以5000万里弗尔的转让价得到了一项长达9年的独家铸造法定硬币的权利;

为期9年的国家税负征收权;

烟草专卖权;

……

竞争公司——被消灭，而中央政府赋予它的特许权则根本停不下来。在好消息满天飞的极度有利的情形下，印度公司的股票价格开始攀升至 750 里弗尔，并且第一次明显高于发行价格。在股价持续上涨、法国人民的信心不断增强的情况下，劳也在不断发行新股。公司更名之初，决定再发行 5 万股新股。

为了给投机者的投机热情不断注入新的活力，进而说服公众对增加的资本产生兴趣，进行了大肆宣传。委实说，在这方面，劳的经验确实老到，且手法娴熟。劳善于通过不断开发新的大型金矿和采取各种手段来引起投机者的淘金幻想。他资助了大量传单的印制和书籍的出版，在这些传单和书中称赞路易斯安那是"真正的黄金国"。而报纸上刊登的一个重要消息是，据说确有证据表明，在路易斯安那存在着一处巨大宝藏，政府甚至还为发现这处宝藏悬赏了一笔酬金。

也正是基于此，劳进一步承诺道，每股面值 500 里弗尔的股票，每年将会得到不低于 200 里弗尔的股息。由于人们都是用行政债券购买股票的，而当时面值 100 里弗尔的行政债券，其市场价值不过 21.5 里弗尔而已。也就是说，你只需要用 100 里弗尔，就可购买价值 500 里弗尔一股的股票。连同股息一起，投资者的实际投资收益率竟然高达 200%，这在任何时候都是一笔暴利。如此诱人的回报让人怎能抗拒呢？顷刻之间，申购股票的投资者蜂拥而至。

同样，于南海泡沫事件中，也是先有罗伯特·哈利的南海计划，后才有南海泡沫的。关于他们是如何具体地策划、精心地安排，我们已在前面有过详细的介绍，这里就不再赘述。

而就 1986—1990 年的日本大泡沫，东京筑波大学（University of Tsukuba）国际政治经济学教授 R. 塔格特·墨菲（R Taggart Murphy）就曾公开指出，这场泡沫事件根本就是当时的日本大藏省和日本银行故意制造出来的。墨菲的这一观点是有道理的。

受"广场协议"影响，日元急剧升值，日本商品出口开始放缓，日本经济形势开始恶化。1986—1987年，正是西方发达国家经济从复苏走向高涨的阶段，但日本经济却出现了萧条，历史上称之为"日元升值萧条"。就当时而言，日本是第二次世界大战后唯一因货币升值而出现萧条的国家。从战后到20世纪80年代初，日本经济增长率远远高于美国和欧洲主要国家。但是，自此日本经济增长速度大大放慢。

面对当时的经济困局，面对当时国内和国际形势，时任日本首相中曾根康弘，委托其私人咨询机构"为实现国际协调的经济结构调整研究会"对日本经济战略问题进行调查研究。经过几个月的调研、论证和撰稿，1986年的4月，该研究会向中曾根首相提交了《为实现国际协调的经济结构调整研究会报告书》，由于此报告由该研究会的会长、日本银行前总裁前川春雄所主持，故简称为《前川报告》。

报告明确提出，日本需要将经济模式由原来的出口导向型转变为内需导向型。报告认为，"扩大内需"一方面可以直接缩小"经常收支平衡"，另一方面，也可以解决调整汇率带来的国内经济不平衡（出口产业衰退），使日本走上国内外协调的对外平衡之路。报告认为，这种转变既稳定了世界经济，也稳定了日本经济；而且有国际影响的日本经济的稳定，是世界经济稳定的必备条件。

报告还指出，日本之所以屡屡与包括美国在内的其他国家发生贸易摩擦，其根本原因在于日本产业结构与外国产业结构的摩擦，这表明现有的国际分工不平衡。当然，报告也承认，主动调整日本产业结构以适应国际分工的需要，这一过程是痛苦的，会因此造成大量的失业和企业倒闭。但前川春雄却指出："如不忍痛实现这一目标，那么日本将要成为世界的孤儿，日本经济已经走到了今天的地步，如若回避将是此路不通。"[1]

《前川报告》的出台，立马就引起了国际社会的高度关注。在日本国内也引发了广泛的讨论，其中不乏支持者，但也引来了强烈的批评之声。一些财经官员和经济学家认为，面对当时升值萧条的经济形势，日本的当务之急就是立即采取金融扩张的政策，以通货再膨胀的方法，来扭转日益蔓延的经济萧条。

而日本政府显然不愿承受《前川报告》所说的痛苦的过程，对于正反两派的意见，日本财政当局采取了一种折中的办法，即一锅炖，两派观点都接受。除此之外，他们还创造性地增加了一个资本市场。他们的如意算盘是，通过人为压低利率，实施信用扩张，刺激股市和房地产市场上涨，以此来编织一张上涨行情的安全网：出口不畅，利润下降，但却有上涨的股市为它撑腰。一是上涨的股市方便这些企业在股市直接融资；二是股市上涨，这些企业可以在股市赚钱，以此来贴补出口不畅造成的利润损失；三是股民们赚钱了，财富增长了，必然会反过来刺激消费。如此一来，那些出口导向型企业向内需型企业改造的痛苦度将会大为降低，[2]达到《前川报告》所要求的调整经济结构的目的。

但这只是表象，事实却是，日本政府只是从形式上、语言上采纳了《前川报告》的建议而已。正如国务院发展研究中心魏加宁研究员所指出的，当时的日本事实上是将"扩大内需"的政策重心，从结构调整转向总需求扩张，但结构调整属于中长期政策，总需求扩张则是短期政策。[3]也就是说，

---

[1] 崔殿超. 前川报告的划时代意义 [J]. 世界经济研究，1988(5)：24-27.

[2] 详见 [英] 钱塞勒. 金融投机史 [M]. 北京：机械工业出版社，2013：268 注释四。

[3] 魏加宁. 日本："繁荣"与"崩溃"的距离 [R]. 安徽省人民政府发展研究中心安徽发展研究网，http：//www.dss.gov.cn/Article_Print.asp?ArticleID=258881。

日本政府打的虽然是《前川报告》的旗号，但执行的却是彻底的"通货膨胀派"的原则。

正是在这个原则的指导下，大藏省开始启动扩张性财政政策：1986年9月，日本政府制定了"综合经济对策"，投资规模为3兆6000亿日元；1987年5月，又制定"紧急经济对策"，投资规模达6兆日元。在推行扩张性财政政策的同时，大藏省又下令由其领导的日本中央银行——日本银行采取"宽松的货币政策"来全力配合。从1985年起，日本银行连续调低利率。1986年，日本银行曾分4次把基准利率从5%下调至3%，并在1987年2月再次下调0.5个百分点，将利率降低到2.5%的历史最低水平。与此同时，广义货币（M2+CDs）增长率在1987年也由8%增长到12%。1987—1989年，日本银行的货币供应量（M2+CD）增长速度分别高达10.8%、10.2%和12%，造成国内过剩资金剧增。

到1987年秋，世界经济出现了明显的繁荣景象，为了对付可能出现的通货膨胀问题，美、英、法、联邦德国等主要经济体相继提高了利率。在这样的背景下，日本银行也预备予以加息。可恰在此时——1987年10月19日，美国发生了被称为"黑色星期一"的大股灾。虽然在政府用降息等手段的干预下，市场很快恢复了上涨，但美国政府却认为日本在这个时点上不应加息。因为欧美政府担心，市场还很脆弱，如果日本在这个时点上加息，必然会导致那些套息资金不仅不会流回欧美，反倒会再次从欧美流入日本。从而，再次引起国际资本市场的波动。

事实上，在"资本市场安全网"理论的指导下，日本政府也不愿意加息，他们所担心的是，一旦加息，一是可能使更多的国际资本流入日本，进而推高日元，减少其商品的出口，再次因为日元升值而引发1986年式的经济衰退，二是提高利率不利于刺激国内投资和消费。正是基于这两种原因，日本银行决定继续实行扩张性的货币政策，维持贴现率在2.5%的超低水平上不变。一时间,整个日本到处都是过剩的钱、钱、钱,但另一方面其投资渠道却非常有限,市场缺乏有利的投资机会,这些廉价的资金找不到合适的投资项目。结果是,这些钱都一股脑地流向了以房地产和股票为代表的资本市场。

而所谓无意人造型泡沫,则是指政府主观上并没有要发动一场泡沫或美其名曰"国家牛市"的意图,只是因为各种机缘巧合而诱发或助推了泡沫的形成。20世纪20年代的美国大泡沫就是这一类型的典型案例。我们在前面已提过,这场大泡沫的诱发因素是,第一次世界大战结束后,由于新技术的突破,在美国形成了一股强劲的创新浪潮。而这场泡沫的助推剂,则当属美联储在当时所采用的低利率政策。

需要予以说明的是,这一政策的出台,并不像密西西比泡沫、南海泡沫和日本大泡沫一样,是政府有意策划的。根据罗斯巴德和钱塞勒的研究分析,事实上这一政策的出台,很大程度是为了帮助英国。当时美国之所以这样做,一个重要的目的就是通过人为压低利率来缩小美英两国之间的利率差,让黄金不至于源源不断地流向美国,以此来帮助其回归金本位。[1]在新技术、新发明潮这一外部冲击力的诱导下,在低利率政策导致的信用快速扩张的助推下,潜伏于美国人身上的动物精神,像加缪笔下的鼠疫病毒一样,就此被彻底唤醒,20世纪20年代美国大泡沫也就此形成。

当然,对于这一泡沫的出现,美国政府也的确表现得非常暧昧。它并没有像17世纪30年代的荷兰政府那样,被狂热的市场给吓坏了。事实上,当时的美国,无论是经济学者抑或是普通民众,当然也包括政府,都是将其视为新经济纪元的重要成果来看待的。当时的人们找出了各种各样的理由,来支持这一泡沫的持久性,其中包括:自由贸易的扩大、通货膨胀的

---

[1] 当时英国一面力推重返金本位,一面又实现低利率政策。

缓解、反垄断法的放宽……特别是更加科学的企业管理方式[1]。当时的人们认为，上述管理的改善，不仅提高了生产效率，还降低了产品的库存水平。在这之前，库存过度累积，一直被视为经济周期的起因之一。当时的美国人普遍地认为，自己生活于一个完全有别于从前的新时代。

那么，在这些人造的泡沫中，政府又是如何施加影响的呢？

事实上，在泡沫形成的三要素上，政府均可施加影响。正如勒庞在《乌合之众：大众心理研究》一书里所做的论述："只有对群体心理有一定的认识，才能理解法律和制度对他们的作用是多么的微不足道，才能理解除了别人强加于他们的意见，他们是多么没有能力去坚持己见。要想领导他们，不能根据建立在纯粹平等学说上的原则，而是要去寻找那些能让他们动心的事情、能够诱惑他们的东西。"[2]

我们仍以密西西比泡沫为例。16世纪，随着新大陆的发现，西班牙人和葡萄牙人在美洲获得了大量的黄金白银，这种财富效应严重地刺激了荷兰人、英国人，当然还有长期以西欧霸主自居的法国人的欲望。人们的这种欲望，自然没有逃过约翰·劳，这位经验老到的社会心理学家的眼睛。正是懂得人们的这种心理，所以出现了我们在前面所提到的那一幕幕：他通过不断宣传将要开发新的大型金矿，来引起投机者的淘金幻想。为了达到这一目的，他资助了大量传单的印制和书籍的出版，这些传单和书籍的主要内容其实非常简单——密西西比河流域的路易斯安那是真正的黄金国。也正是因为他深谙人的贪婪的心理，所以他会去承诺，每股面值500里弗尔的股票，每年将会得到不低于200里弗尔的股息。

而事实上，这样的社会心理学家不独约翰·劳一人。诚如勒庞所认为的：

---

[1] 主要是指哈佛商学院培养出来的管理人才，以及由福特所发明的底特律自动化汽车生产线。

[2] [法]古斯塔夫·勒庞.乌合之众：大众心理研究[M].北京：中央编译出版社，1998：10-11.

"从事实的角度来看,世界上的一切伟大的人物,一切宗教和帝国的建立者,一切信仰的使徒和杰出政治家,甚至再说得平庸一点,一伙人里的小头目,都是不自觉的心理学家,对于群体性格有着出自本能但往往十分可靠的了解。"[1]

与劳同时代的罗伯特·哈利,也是这样一位出色的心理学家。劳的那套把戏,其灵感很可能来源于哈利所提出的南海计划。1711年,哈利提议,设立一家特许公司,该公司将从政府处获得与南海地区贸易的特许权。作为酬报,特许公司将认购一定额度的政府公债。由于"南海"二字,坊间都视其为商机无限。当南海公司上市募集资本时,投资者真可谓是趋之若鹜。

也就是说,正是基于他们对群体心理的充分认识和精准把握,劳和哈利两人,先后人为地制造了一种外部冲击力:他们作为本国政府的代理人,从政府手里获得了与传说中盛产黄金的美洲地区进行贸易的特许权,并以此来勾起投机者的淘金幻想,然后再利用人们贪婪的心理和动物精神,诱导出一轮投机泡沫,来为本国以股权换政府债券的去债计划服务。

当然,正如我们在前面所论及的,如果仅仅只是"动物精神"与"外部冲击力"这样的组合,而无信用扩张的助推,泡沫仍然无法形成。当然,也正如荷兰郁金香热所表明的,纵使没有政府介入,而只是单纯的通过市场机制和金融创新,也可能出现信用扩张,进而促进泡沫的形成。但在现实世界却是,信用扩张常常为深谙此道的政府所操控。

在这一点上,劳又一次地表现出了他非凡的洞察力。他非常清楚,他的密西西比计划要想获得成功,信用扩张是关键。为此,劳在正式实施计

---

[1] [法]古斯塔夫·勒庞.乌合之众:大众心理研究[M].北京:中央编译出版社,1998:10.

划之前，曾做了一个有效的铺垫，那就是重振法国的信用。他认为国家必须设立一家有权管理公共财产和发钞的银行，更重要的是，这家银行还必须以国王的名义运作。无疑，他的这一构想已经具备中央银行的雏形。但在当时，这于法国而言，仍是一个新鲜概念。当时的摄政王奥尔良公爵虽然有所心动，但又尚存狐疑。为此，他虽然于1716年5月授权劳组建通用银行，但又拒绝以王室的名义直接介入。基于当时人们对货币乃至整个经济都信心不足，在通用银行成立之初，劳做了大量的努力，譬如承诺他的银行所发行的纸币可做到"见票即付"，承诺通用银行印刷出来的纸币超过金属硬币的支付能力，那它就理应"受死"。得益于这些努力，通用银行所发行的钞票的信用开始逐步建立了起来。

就在人们开始坚定对纸币的信心的时候，劳顺势发行了6000万里弗尔的新纸币，这一数额是其自有资本的10倍。这一成就引起了摄政王的浓厚兴趣，随后他接管了通用银行，并将其国有化，银行名称也变更为了法兰西皇家银行。刚刚接手皇家银行的摄政王，立即下令赶印10亿里弗尔的纸币。1719年7月至12月，仅仅半年时间里，法兰西皇家银行又印刷了近9亿里弗尔的纸币，并投入使用。伴随着流动性泛滥而来的是，股价也随之水涨船高。事实上，人为地滥印钞票、让信用急剧扩张，正是劳想方设法使投机狂潮得到激化的主要内容。

较之于劳时代而言，今天中央银行印制新的货币，则变得尤为轻松方便——通过降息与下调准备金率都可以实现。事实上，随着中央银行制度的确立，政府在信用扩张方面所起的作用越来越具有决定性。弗里德曼就将信用扩张的负面效果之一——通货膨胀归责于政府，他说除了政府，没人能够造成持续的通货膨胀。原因很简单，除了政府之外，"没有哪一个拥有印刷机，没有哪一个能凭借印刷机印出那些装在我们口袋里称为货币的纸片，也没有哪一个可以合法地授权会计在账册上汇入与那些纸片相等的项目"[1]。

问题来了，自密西西比泡沫以来，无论是有意型人造泡沫还是无意型人造泡沫，最后都以失败告终，但为什么各国政府仍然是前仆后继地制造着泡沫呢？原因大抵有以下两点：

一是政府的过度自信和自我归因偏差。我们知道，政府与一切其他团体一样，都不过是人的组合体而已，既然是人的组合体，那么自然也就逃脱不了人的属性和特性这个基本范畴。何况具体的统治者也是人，是人就必然具有人的特性。关于这点，詹姆斯·布坎南应该是认同的，在他看来，包括政府在内的一切团体跟个人一样，都趋于"经济人"，都在追求自身利益最大化。也就是说，包括政府在内的集体，不过是个特别的"人"而已。这就决定了，政府和具体的统治者也无法摆脱所谓的"人格"。我们在前面论述过人的动物精神，其中就强调了个人所存在的过度自信和由此造成的自我归因偏差问题，这种情况同样出现在政府身上。大多数的统治者往往都会过度估计了自身的治理能力，他们总会倾向于认为，自己一定会比别人做得更好，原因是一方面他们从历史错误中汲取了足够的教训，另一方面是自己比其他领导者更为聪明。因此，他们往往深信"这次不一样"，在他们心中有一种根深蒂固的信条，即认为经济危机是一件在别的时间、别的国家，发生在别人身上的事情，经济危机不会发生在我统治时期。

二是制度因素。专制制度下，无人可对统治者予以监督，这导致其权力不受约束。而西方国家通行的民主制度也不完美，事实上它充满瑕疵。在民选政制下，政客必须"轮流坐庄"，或四年一任或五年一届，大部分连任一次便得下台。通过选举上台的政客们，往往只需对自己任期内的显

---

[1] [美] 米尔顿·弗里德曼. 货币的祸害[M]. 北京：商务印书馆, 2006.

性结果负责。也正是因此，很多统治者往往采取的是一种"只顾眼前，至于我死之后，哪管它洪水滔天"的策略。

从明斯基到卡莱斯基

在观念上、思想上，虽然明斯基属于弗里德曼所批判的凯恩斯阵营，但就经济危机的归责，他的观点则更接近于弗里德曼而不是凯恩斯，他断言："不负责任的金融行为得到政府挽救，导致了经济周期的一再发生，而这又使得金融部门越来越脆弱。"[1]

明斯基的这一观点我是深表认同的，当然，其论述仍有进一步展开的空间。就明斯基的上述观点而言，除政府介入导致危机周期化这一结论之外，事实上我们可以将其拆分出两个问题来：第一个问题是，为什么人们的金融行为，常趋向于不负责任？第二个问题是，政府为什么要一而再、再而三地挽救这种不负责任的行为？

先看第一个问题。人们的金融行为之所以常是不负责任的，根本原因就在于，其行为深受动物精神的支配。正是由于动物精神所导致的非理性行为，让金融部门趋于不稳定，市场常处于疯涨暴跌的状态。当然，受动物精神支配所影响的行为，又何止于金融行为呢？

而就第二个问题，米哈尔·卡莱斯基（Michal Kalecki）的研究给出了部分的答案。这位具有犹太血统的马克思主义经济学家来自波兰的罗兹，曾先后在英国剑桥大学和牛津大学从事教学与研究，此后任波兰中央计划

---

[1] 本处引文转引自：[挪威]拉斯·特维德. 逃不开的经济周期[M]. 北京：中信出版社，2008：102.

局顾问、法国财政部顾问及联合国经济署经济稳定与发展局副局长，同时负责撰写当年的世界经济报告。卡莱斯基一生著述甚多，其中最有影响力的是其于1954年出版的《经济动态理论：论资本主义经济周期变动和长期变动》。在这本书里，他提出西方资本主义社会的经济之所以会出现周期性波动，与政治因素有着莫大的关系。

　　基于马克思主义的视角，卡莱斯基认为资本主义社会的工人，当然希望实现充分就业。而通过增加公共支出，事实上政府也完全有能力去促进充分就业。但问题在于，要想维持充分就业就不那么容易了。原因是，这不符合资本家们的利益。在资本家们看来，失业应该是正常资本主义制度中的一个重要组成部分。一旦失业的威胁消除，工人的自信心就会随之提高，从而危及他们的地位。正是因此，他们极力反对充分就业，甚至会竭力劝说政府放弃维持充分就业的努力。结果是在衰退和失业时，政府会为赢得选票而刺激就业，从而使经济扩张以致繁荣。此后，经济会过热，出现通货膨胀、罢工、生产率下降，资本家们的反对加强。迫于压力，政府不得不放弃充分就业的政策，使经济进入失业和衰退。于是政府不得不再度出手刺激就业，便又引发新一轮周期性波动。

　　早于1950年以前，一些西方经济学家就发现了这一现象。譬如，奥地利的公共汽车票价在选举后比选举前调整得更为频繁。又譬如，美国社会保险金趋向于恰好在竞选前而不是竞选后给付。为什么会这样呢？经济学家们给出的解释是：这些公共支出很容易被握有选票的选民们所观察到，更为重要的是，这些也正是他们最为关注的。正是认识到了这一点，政客们都想尽办法，想通过选择特定政策，来操纵经济以赢得选举。这样就引起了经济的周期性波动。

　　为此，卡莱斯基的学生和拥趸，在其观点的基础上，再综合西方经济学者的发现，将这一观点予以进一步的阐明。他们认为，不稳定的经济政策行为，是造成经济周期的根本原因。政府为了维持较高的经济增长速度，往往会扩大总需求，而信用扩张可以造成总需求增加，进而导致通货膨胀。当通货膨胀达到一定程度时，政府为制止通货膨胀的失控，唯一的途径就是采取信用紧缩的办法，人为地制造一次衰退。

事实上，这一观点也得到了奥地利学派和货币主义学派学者的认同。在《社会主义——经济与社会学的分析》一书里，米塞斯（Ludwig von Mises）就曾指出："信用扩张确实能导致一时的繁荣，但这种繁荣迟早会归于破灭，导致新一轮的萧条。货币把戏只能收到表面的一时之效，从长远看，它肯定会让国家陷入更深重的灾难。"货币主义学派的弗里德曼也认为，货币刺激的初始效应是正面的，即提高商品产量Q。只是到了后期，负面效应即商品价格P上涨才会显露出来。[1]

与米塞斯和弗里德曼所不同的是，在卡莱斯基及其学生们看来，这次的衰退并不是问题的结束，仅仅是新问题的开始——伴随着衰退而来的是大量的失业。正如卡莱斯基所指出的，选民都倾向于充分就业，当经济出现衰退后，选民自然会表现出不满。这时，政客们为了获得权力，就必须争取选民们的选票。这样一来，政府又不得不再次执行信用扩张的政策，以期实现充分就业。虽然存在效应递减现象，但信用扩张的政策仍会有一定的效果，这种政策可以造成总需求增加，进而再次导致通

---

[1] 于奥地利学派的视角来看，一个完整的信用扩张下的经济周期大致如下：政府为了维持较高的经济增长速度，往往扩大总需求。而要想达成这一目的，就必须人为地压低利率，造成信贷的扩张。这往往误导消费者和投资者，使他们热衷于消费和投资很多在正常情况下根本不可能消费和投资的项目，由此当然能够形成一时的繁荣。但可惜的是信贷不可能永远无限制地扩张下去，一旦信用收缩，那些本来不应该投资、消费的项目就会无以为继，结果就是衰退、失业及经济的全面危机。相关论述参见：韩和元.酝酿中的全球经济危机——格林斯潘给我们的遗产[EB/OL].价值中国网，2006.10.1.http://www.chinavalue.net/Finance/Article/2006-10-1/44872.html.

货膨胀……当然，最后也就不可避免地会出现第二次人为衰退。这就是经济的政治性周期模型，而我个人则更倾向于将其称为"卡莱斯基周期模型"。

对于这一模型的主要观点和结论——经济政策行为是造成经济周期的根本原因，我是深表认同的。但在具体的政策演变逻辑和路径上，稍有不同看法。结合西方国家的政治实践，我认为其整个政治行为演变逻辑和路径应大致如下：

选民都是倾向于要求获得高经济增长和充分就业的，而那些觊觎权力的政客为了获得权力，彼此间相互比价，许诺自己能够满足选民的上述要求。选民则在贪婪、自私的支配下，一般会将出价更多、故事讲得更美——这往往成为新一轮经济周期的诱发因素——的政党选上台。正如卡莱斯基所强调的，政客们普遍喜欢连选连任。为此，在其上台后为谋求连任，在第一个任期内，该届政府动力十足，一般会将竞选前的承诺付诸实施，其重要手段就是信用扩张。正如米塞斯和弗里德曼所指出的，这种应对的最大特点是，初期阶段无疑都是正面、积极的。也正是因此，于下一轮选举中，选民们一般会继续选择执政党，执政党便开始进入其第二个任期。但到了信用扩张政策的后期，其负面效应——通货膨胀问题就会显露出来。选民固然倾向于要求获得高经济增长和充分就业，但同时也倾向于选择低通货膨胀。这时，他们又会倾向于向政府施压。由于受任期限制，政府任期届满，此时，其发展经济的动力也会随之下降。更重要的是，一任政府一般只能讲一个故事，也就是我们所说的人造外部冲击力，这时要想再讲一个故事也确实很难。因此，在这样的背景下，政府往往都会采取收紧信用的办法，来予以应对信用扩张造成的麻烦，危机由此而起。伴随着衰退而来的是大量的失业。于是选民将出价更多、故事讲得更美的政客选上台……新一轮周期又将开始。

泡沫的政治性周期

其实，不管对具体的政策演变逻辑和路径的认识有何差异，有一点却是共通的，那就是，都认同信用的扩张和收缩是影响整个周期波动的关键要素。那么，现在的问题是，政治性周期下的信用扩张、收缩与泡沫的形成和破灭，又存在着怎样的内在逻辑呢？在这里我们试做如下分析：

信用扩张与泡沫形成。就像绝大多数的生物都具有过度繁殖的倾向一样，政客们也天然地具有连选连任的倾向。为了争取连任，他们必须兑现竞选时的诺言，这就需要采取信用扩张的政策来扩大总需求。在这一政策原则的指导下，中央银行印制新的货币，从而提高了货币的发行量，并把它投向商业领域。这会发生什么情况呢？如密西西比泡沫的总导演劳在其1705年出版的《论货币和贸易》一书里所承认的——首先，扩大货币供给量能够降低利率[1]。

接下来的情况是，商人被银行的措施所误导，他们错以为银行体系的储蓄资金要高于它实际的数量，于是他们开始大量地借入这些便宜的资金。但基于人们对未来经济形势发展的不确定，强化了他们的储蓄诉求，同时货币传导也存在着明显的时滞现象。这也就决定了货币供给的增长，很难在短时间内传递到总需求上，特别是日常的消费需求上来。也正是因此，决定了人们出于应付日常的商品交易而需要持有的交易动机的货币需求，很难在短时间内上升。这时要想让货币市场重新恢复均衡，只有通过包括

---

[1] John Law. Money and trade considered, with a proposal for supplying the nation with money[M]. Gale ECCO, 2010.

股票和房地产行业在内的风险资产价格的上升才能实现[1]。

在这样的环境下,如果有个外部冲击力的出现(哪怕是人造的),再配合着银行供给资金的增加,商人们拿着他们新得来的便宜的资金,就会从日常的消费品行业向资本商品行业转移,去对"更为长期的生产过程"进行投资,特别是那些远离消费者的——像股票、房地产这样的"高级生产领域"。

但这些货币却带有某种黏性,就如周其仁教授所论述的:"新增的货币投放到经济与市场后,像具有黏性的蜂蜜一般,在流淌的过程中可能在某一位置鼓起一个包来,然后再慢慢变平。这意味着,那些被释放出来的货币,会以不同的速度,在不同种类的资产或商品之间漫游,结果就在一定时间内,改变了不同种类的资产或商品之间的相对价格。"[2]

正是货币的这种黏性,决定了新的货币必然会由商业贷款人手中,渗透到生产的各环节中。面临货币供给增长的冲击,我们将看到这样一种经济运行的境况——

商人们从银行拿到大量便宜的资金,投向了房地产业和股票市场。这样一来,以股票、房地产为代表的,远离消费的高级生产领域的风险资产的价格就开始上升,而那些在资本市场募集到了资金的企业,也将扩大它的产能。譬如,房地产开发商将为满足那些投资者的需求,而不得不建更多的房子,这又必然会带动它的上下游相应产业。如此一来,在该领域资产价格上涨的直接带动下,经济增长开始加速。新的货币也将从风险资产价格的上涨中,从商业贷款人手中渗透到生产生活的各环节,如:扩大产能将会形成用工、用地的需求。这时,这种需求就会以工资、房租的形式,

---

[1] 张斌. 宏观经济进入新的三部曲 [R]. 中国社科院职务报告. 2009-08.

[2] 周其仁. 货币似蜜, 最后还是水. 来自周其仁个人网站 http://zhouqiren.org/.

传导到我们的生产生活中来。而随着经济开始从复苏步入繁荣，随着就业形势的好转、工资的增长，人们的日常消费需求得到恢复，食物价格和出行成本也开始慢慢上涨。

信用收缩与泡沫破灭。随着食物价格和出行成本的上涨。人们为了应对通货膨胀，将不得不重新回归到原有的"投资/消费"比例上来花费自己增加的收入。也就是人们将不得不减少投资支出，而增加其在消费上的支出。这种对原有的均衡状态的重新确定，必然导致其需求会从资本市场等高级生产领域，重新转移到消费品这样的低级生产领域上来。更为重要的是，当通货膨胀达到一定程度时，政府为了防止通货膨胀的失控，也会于此时主动采取信用紧缩的办法来应对。

这样一来，问题就来了。资本市场这类商品的生产要得以顺利维持，就必须伴随着较低的时间偏好——也就是人们现在对消费的兴趣还不很强烈，而愿意将资金继续投入到资本市场。可问题在于，这时人们为了应付日益高涨的日常的商品交易，而不得不需要持有更多的货币，这也就导致了交易功能的货币需求上升。这时为了让货币市场恢复均衡，就需要风险资产价格下降，以此来减少其对货币的需求，进而满足实体经济中对交易性货币需求的增加。如此，那些高级生产领域的商业投资，因为缺乏新资金的加入和资金成本的上涨而难以为继，也就越发显得多余而浪费。"繁荣"会随之停止，"危机"也就不期而至，泡沫就此破灭。[1]

伴随着泡沫破灭而来的往往是经济的衰退。譬如，1720年法国密西西比泡沫中，伴随着印度公司股票价格的调整而来的是其后的法国经济大崩溃；譬如，伴随着1929年"黑色星期四"而来的是那场骇人听闻的

---

[1] 相关论述还可参见：韩和元.全球大趋势2：被债务挟持的世界经济[M].北京：中华工商联合出版社，2012：19-21.

大萧条；又譬如，伴随着2000年网络股崩盘而来的是经济衰退；再譬如，伴随着2006年开始的美国房地产市场的崩盘而来的是，其后席卷全球的经济衰退。

伴随着每次经济衰退而来的则是大量的失业。失业，显然是每个人都憎恶的事情，选民自然会表现出不满。这时，政客们为了赢得选票，只好给出比政治对手更多的承诺和一个漂亮的口号——这往往构成人造外部冲击力。这样一来，信用扩张的政策再度被推向台前。在政客漂亮的口号这一诱发因素的冲击和人性中动物精神的共同配合下，泡沫再次形成……泡沫再次破灭……泡沫由此而周期性地发生。对此，我们似乎也可将这种现象，称为泡沫的政治性周期。

泡沫（当然还有经济）的政治性周期导致泡沫的形成和崩溃，基本与政客的政治任期[①]同步，这种趋势于1985年以后表现得尤为明显。譬如，比尔·克林顿的总统任期为1993年1月20日—2001年1月20日，而美国互联网泡沫的形成时间约为1994年，1998年起开始趋于疯狂，最后于2000年3月泡沫破灭。再譬如，乔治·布什的总统任期为2001年1月20日—2009年1月20日，而美国房地产泡沫的形成时间约为2002年，2005年趋于疯狂，最后于2007年泡沫开始破灭。

至于中国，由于股市是个新生事物，也因此在其创立之初的头十年，也就是于2000年之前，并没有表现出这种规律性。但自2000年之后，开始有趋于这种规律性的迹象。譬如，中共十六大之后，出现过2005—2007年的泡沫，而十八大以后又出现一轮泡沫。只是与西方国家不同，中国的

[①] 西方主要国家，一般倾向于每届四年，可连任一届。而政客都是倾向于连选连任的，经济的政治性周期亦是建立于这一假设上的。故在本书中，所谓的政治任期就是指，一个政客从其上台而始，经连选连任再到其下台而止的整个执政过程。

泡沫多表现得很急促，一般都出现于新一任领导人的第一届任期内，而不像西方国家，可以以慢牛的形式，贯彻当选领导人的两届任期。当然，这种规律还有待时间的进一步证明。

最后，我们需要再一次强调的是，泡沫之所以存在政治性周期，主要取决于政客为谋求较高的经济增长速度、争取充分就业和低通货膨胀率目标的实现，于政策行为中对信用扩张和收缩的操纵。因此，对于泡沫的形成和崩溃，信用政策的变动才是真正的观察指标。当然，还需予以进一步说明的是，正如我们在前面所论的，能够造成信用扩张和收缩的，不独宽松和从紧的货币政策，金融创新的开展情况也足以影响信用的扩张和收缩，例如荷兰的郁金香热。

美国的政策行为如何影响全球经济

此外，还需说明的是，由于各国宪法对本国每届政府任期的规定不同、选举年不同，造成国与国之间的政府任期不同，进而造成各国之间的经济周期和泡沫的政治性周期也不尽相同。但正如《世说新语·文学》所说的"铜山西崩，洛钟尚且东应"[1]，栖身于这个世界的我们，并不是孤立存在的，而是彼此相互联系、相互影响的，特别是随着全球化的深入。

---

[1] 说的是汉武帝时期，西宫未央宫前殿的钟，无缘无故地鸣响了三天三夜。汉武帝为之惊诧不已，召问"望天郎"王朔，这位当时的"国家气象局局长"说可能有兵争。武帝不信，于是找来博士东方朔，东方朔说"铜是山之子，山为铜之母，钟响就是山崩的感应"。三天后，千里之外的南郡太守上书说他们那的山崩了二十余里。[南朝宋] 刘义庆. 世说新语[M]. 北京：中华书局，2007.

1995年1月17日凌晨5点46分，日本神户发生了里氏7.2级地震。这是自1923年以来，在日本城市中发生的最严重的一次地震。地震造成6425人丧生，根据关西工业革新中心的估计，地震所造成的全部损失大约为1000亿美元。更重要的是，这次地震激发了以有关东京为中心的地震可能性的讨论。东海研究咨询公司计算出，程度与1923年大地震相同的一次地震，会给今天的东京造成至少1.25万亿美元的损失。受此影响，日本股市大幅下挫。在震后10天内，日经指数损失了8%的价值。更为重要的是，在日经指数下滑2.2%的当天，英国伦敦FT-SE100指数下跌了1.4%，法国巴黎CAC-40指数下跌了2.2%，德国DAX指数下跌1.4%，甚至连南美洲的巴西和阿根廷两国的股市也于当天下挫了3%。要知道，这些国家距离日本有万里之遥。一场地震尚且可诱发全球股市的波动，一国政治的变动又何尝不是如此呢？！

当然，需要承认的一个事实是，一国政治的变动，有时固然能够诱发其他国家资本市场的波动，但真正有能力诱发全球周期性变化——令泡沫形成或崩溃——的国家却并不多。事实是，大多数国家的政策行为，往往只能影响本国经济进而影响泡沫的变化。

最典型的例子仍然来自日本。1989年日本银行连续三次提高法定贴现率，大藏省也开始限制银行和非银行金融机构向不动产业和土木建设行业放贷。这一政策出台后不久，日本泡沫随之破灭。短期的确一度引起了全球市场的波动，但却并没有对世界经济周期产生太大的影响。事实是，就在日本逐步陷入困境的同时，美国却步入了1994—2000年的互联网泡沫期。同样的情况也发生于欧盟，2009年12月，希腊的主权债务问题凸显，2010年3月进一步发酵，开始向葡萄牙、意大利、爱尔兰、希腊和西班牙等欧洲五国蔓延，欧债危机全面爆发。但它就如当年的日本一样，并没有引起全球经济周期的变动。

原因是，这些国家和地区并没有掌握主要的国际贸易结算货币和官方储备货币的发行权。从国际货币体系这一制度上而言，它们的政策行为除了能够影响本国经济的政治性周期外，并不具有诱发其他国家经济周期变动的可能。

放眼世界，目前真正具有这种能力的只有美国，原因诚如夏斌教授所指出的，"掌握了世界货币的发行权，这就为它犯全球化错误提供了制度上的可能性"，而美国恰好拥有这种权力，这就使得美联储犹如全球的中央银行。更重要的是，在现行国际货币体系下，这家"全球央行"的权力还不受监控，这就使得整个世界"对美元供给没有约束，或者说这一制度给美国政府发行过多的美元提供了可能"。[1]

吉川元忠显然也持有这样一种观点，事实上他的整部《金融战败：发自经济大国受挫后的诤言》一书，讲的就是这样一个事实：美元既是事实上的世界货币，又与美国自身经济政策密不可分。美国政策当局根据自己的意向，随心所欲地变换美元的价值。这正是与美元生死攸关的日本经济，深陷失去的一个又一个的十年的祸根所在。[2]

也就是说，在现行的国际货币体系下，美国自身的国内经济政策行为，特别是货币政策，有时也会成为造成其他国家经济（和泡沫）周期变动的重要原因。这是一种由 A 国政策行为导致 B 国经济（和泡沫）周期性波动的特殊的政治性周期，这种现象始于"布雷顿森林协议"达成之日，但自 1985 年之后，表现得更为明显了。

由于世界经济发展的不平衡，发展中国家是高储蓄、低消费；美国等

---

[1] 夏斌. 从全球通胀到金融危机——这一轮世界经济周期的发展逻辑 [J]. 中国金融, 2009 (3): 13-15.

[2] [日] 吉川元忠. 金融战败：发自经济大国受挫后的诤言 [M]. 北京：中国青年出版社, 2000. 内容提要页.

发达国家是高消费、低储蓄。而美国正是利用了国际货币体系的缺陷，利用其掌握着的世界货币的发行权，为谋求高增长、充分就业的目标，通过信用扩张，靠借穷国的钱来过日子。不过，在借钱的同时带动了发展中国家的经济增长，进而引发包括美国在内的全球物价上涨。[1]这又令偏向低通货膨胀的美国选民大为不满，迫于国内选民的压力，美联储不得不采取信用紧缩的政策，进而引发全球经济（和泡沫）的周期性波动。这种周期性波动，可以称为美国政治性经济（和泡沫）周期。

　　1994—2000年的全球经济如此，2002—2008年亦如此。所以，我们在观察一国经济（和泡沫）的政治性周期时，美国的国内经济政策行为与该国自身经济政策行为一样，都是足以引起其经济（和泡沫）周期变动的

---

[1] 就个中的逻辑，夏斌教授曾做过这样的论述："我们的研究结论是，美国政府有意无意地利用了国际货币体系的缺陷和亚洲国家经济结构没有调整到位的漏洞，主动采取了扩张性的货币政策，刺激美国经济增长，进而推动了这一轮世界经济的高增长。同时，也造成了全球通货膨胀，并引发了全球性的金融危机。具体地说，1973年布雷顿森林体系解体后，美国通过各种手段仍然巩固了美元作为国际结算货币的地位。世界贸易不断发展，客观上又需要多发行国际结算货币充当世界商品交换的媒介。这在一定意义上容忍了美国可以通过扩大贷款，多进口商品及资源。在这种情况下，如果美国进口大于出口，形成一点贸易赤字也无妨，但贸易赤字不能过大。从历史数据看，美国经常项目赤字约占其GDP的2%时，世界经济和美国经济比较稳定。但若此比例超过2%，世界肯定就不太平了。2006年年底，占世界GDP约四分之一的美国，此比例已高达历史上罕见的6%以上。这意味着美国政府利用美元这一国际结算货币手段，拼命扩大信用，占取他国商品。而其他国家拼命出口，作为积存美元的代价，也扩大了本国的货币供应，刺激了本国的经济增长。由此，引起整个世界信用的快速发展（除美元之外，日本长期实行低利率政策，拼命扩张日元信用，进行日元套利，也是一个重要因素）。……在全球信用扩张尚未恶化前，全球化和人口红利仍处于高回报状态，这一过程可使全球商品价格变得便宜，但随着近5年全球金融资产的快速膨胀，全球需求旺盛，各种资源成本包括劳动力成本的提高，物价、资产价格上涨压力明显，慢慢闹得整个世界就不太平了。"相关论述参见：夏斌.从全球通胀到金融危机——这一轮世界经济周期的发展逻辑[J].中国金融，2009 (3)：13-15.

重要变量。

当然，也正如我们在前面所提到的，"广场协议"后日本引发了泡沫，而同样面临升值压力的德国却没有，就足以说明一味地将责任推给美国也是站不住脚的。对于影响事物发展的作用，达尔文最后的结论是"在决定变异的特殊类型上，外因条件与生物本身内因相比，仅居次要地位"[1]。由此可见，一国的经济问题，固然有外部因素的影响，但何尝不是其内部问题呢？！

通缩—流动性陷阱—资产泡沫循环：一种新常态

此外，尤为值得注意的是，近年来整个世界经济，特别是那些发达经济体，出现了一种新的常态——获得权力后的政客，为谋求连任，常常动用的手段就是信用扩张。这种策略，于短期内固然有效，但长期而言却总是以更大危机而结束。新一届政府基于同样的目的，则会以更为猛烈的信用扩张政策——更低的利率、更低的存款准备金率，来解决前任所遗留下来的烂摊子，进而谋求经济的增长……结果是，长此以往，利率整体上呈现平台式下移的趋势。

但正如凯恩斯所指出的，一旦利率足够低时，整个经济便会出现流动性陷阱：人们用于交易动机的货币需求为此下降，但投机性货币需求则变得无穷大。如此一来的结果，便是资产的泡沫化。而资产泡沫不可能无限制地持续下去，一旦达到一个临界点，或形成泡沫的信息改变，或货币紧缩，

---

[1] [英] 达尔文. 物种起源 [M]. 西安：陕西人民出版社，2001.

接下来便是资产泡沫不可避免的破灭，随之而来的便是经济将进一步呈现出通货紧缩的趋势。

这时，为了克服通货紧缩的发生，各国央行将不得不进一步降低利率来予以应对。如此一来的结果是，流动性陷阱更趋恶化——交易动机的货币需求会进一步下降，而投机性货币需求仍然是无穷大，资产泡沫必然也愈发严重（于整体指标高度而言，也许无法突破前期高点，但由于实体经济低迷，企业盈利能力降低，此时资产估值反倒进一步高企）……如此恶性循环。1991年来的日本是典型的例子，而现在就连整个欧洲和美国也愈来愈呈现出日本化的趋势了。

第八章

2015 年的中国股市为什么会失控

中国的经济问题已经不是单纯的经济问题,
而是政治的问题。

2009年7月,也就是在保罗·萨缪尔森去世前5个月,这位被人们誉为"经济学界最后一位通才"、颇具传奇色彩的经济学家接受了一次专访。他一直将"通过复杂数理模型去表述各种经济现象"视为专业信仰,在采访者问到"你想对即将入学的经济学专业研究生说点什么"时,他给出了一个出乎所有人意料的回答:"我现在的想法和年轻时完全不同了,我认为学生们应该高度重视经济史的研究,因为从历史中可以找到有助于推理和分析的原始素材。"①

约瑟夫·熊彼特(Joseph Alois Schumpeter)显然也持有这一看法,他说:"经济学的内容,实质上是历史长河中的一个独特过程,如果一个人不掌握历史事实,不具备适当的历史感或所谓历史经验,他就不可能指望理解任何时代(包括当前)的经济现象……我相信目前经济分析中多犯的根本性错误,大部分是由于缺乏历史的经验,而经济学家在其他条件方面的欠缺倒是次要的。"②

纽约大学的"末日博士"努里埃尔·鲁比尼(Nouriel Roubini)更是认为:"经济史的确十分重要,其重要性甚至远在诸如有效市场和理性投资这些理论之上。"在他看来,"这不是因为历史会简单地重复,而是因为过去和现在的事情总有不少共同点"。通过对过去事情的回顾,对经济危

---

① 转引自[美]鲁比尼. 末日博士鲁比尼的金融预言[M]. 沈阳:万卷出版公司,2010:55.

② [奥]熊彼特. 经济分析史(第一卷)[M]. 北京:商务印书馆,1991:31.

机史的了解，有助于我们理解危机发生的根源及其带来的恶果。[1]

这也正是我们不厌其烦地对历史上经典泡沫案例予以回顾的根源，目的就是利用这些历史经验及由此建构的理论模型，来帮助我们理解、认识并评价当前和未来的中国股市，来帮助我们理解、认识已发生的狂升暴跌现象的根源及其可能带来的恶果。

背景的考察

进入 2014 年，世界经济越发低迷，受此影响我国经济下行压力加大。按可比价格计算，2015 年第一、二两个季度的经济增长同比均为 7.0%，增速创 2009 年以来 6 年新低。同时，企业利润方面也不乐观，2015 年 1—5 月，全国规模以上工业企业实现利润同比下降 0.8%。

但就在这样的宏观经济环境下，我国股市却逆市上行。从 2014 年 11 月以来，一次前所未有的飙升使股市达到 6 月时的惊人高度：上证指数从 2014 年 11 月 21 日收盘的 2488 点，飞涨至 2015 年 6 月 12 日的 5178 点，短短半年时间里，总涨幅达到了 110%。同期的创业板表现更为抢眼，自 2014 年 8 月 18 日指数迈入 1400 点后，一直到 11 月 24 日，创业板指数一直在 1500 点附近徘徊。而到了 2015 年 6 月却已经突破了 4000 点大关，半年时间的总涨幅超过了 166%。

也就是说，2014 年年底至 2015 年年中，中国股票市场价格的这种增长，并不是基于基本面的真实信息所引起的，这完全符合希勒对投机性泡

---

[1] [美]鲁比尼. 末日博士鲁比尼的金融预言 [M]. 沈阳：万卷出版公司，2010：55.

沫所做的定义：所谓投机性泡沫是指，价格增长是由投资者购买行为所造成的，而不是由基本面的真实信息所引起的。[1]那么，中国股市的这轮泡沫，又是如何形成的呢？

在本章我就试着从投机泡沫形成的三大要素出发，来回答这个问题。

就如利己原则之于古典主义一样，我认为人的动物精神也应属于不证自明的范畴。因此，在接下来的讨论中，外部冲击力这一诱发因素和信用扩张将成为重点关注的对象。当然，泡沫的形成也离不开其所处的时代背景。在讨论中国股市的这轮泡沫时，为了便于我们了解和明晰事件发生的原因、始末，对其所处的时代背景做相应的考察，也就显然有必要了。

如果将2014—2015年中国股市泡沫与历史上著名的泡沫做个比较的话，我们不难发现，2014—2015年中国股市泡沫爆发的背景，与南海泡沫爆发时的背景及1986—1990年日本大泡沫爆发的背景确有很大的相似性，主要表现在如下三点。

不断上升的国势，不断膨胀的社会储蓄

今日的中国与南海泡沫爆发前的英国最具有可比性，譬如二者都处于国势上升期。正如约翰·盖伊所描述的，1485年亨利七世成为英格兰国王、都铎王朝[2]正式建立之前，与其他欧洲国家特别是与其隔海相望的法国相

---

[1] [美]罗伯特·希勒. 非理性繁荣[M]. 北京：中国人民大学出版社，2004：3. 本文所引与译本稍有语法差异。

[2] 都铎王朝（英语：Tudor dynasty）（1485—1603），是在亨利七世1485年入主英格兰、威尔士和爱尔兰后，所开创的一个王朝，统治英格兰王国及其属土周围地区。伯爵亨利·都铎于1485年8月，在法国援助下杀死理查三世，夺取王位，建立都铎王朝，史称亨利七世。都铎王朝统治英格兰王国直到1603年伊丽莎白一世去世为止，历经118年，共经历了五代君主。都铎王朝处于英国从封建主义向资本主义过渡时期，被认为是英国君主专制历史上的黄金时期。

比，当时的英国可谓是一个彻底的失败之国。这主要表现为这个国家的社会闭塞、经济发展极度缓慢上。在封建社会，无论是东方世界抑或是西方世界，人口的增长都是评价一个国家社会经济发展的重要指标。亚当·斯密就曾明确地指出，"一国繁荣最明确的标志，就是居民人数的增加"。在这方面，当时英国的表现无疑是非常糟糕的。

在黑死病流行前夕，包括英格兰和威尔士在内的英国的总人口数大约在四五百万之间。到1377年前，由于瘟疫不断，英国的人口快速下降到250万。此后则陷入了长期的停滞状态，直到1551年时，英国的总人口数仍然不过区区301万而已，只相当于当时法国总人口数1700万的18%，西班牙总人口数900万的33%。①造成这种局面的一个重要原因是，这一时期里英国历代统治者的无能，及由此造成的国家治理能力的低下，这点在黑死病的预防和治疗方面体现得淋漓尽致——与同时期的法国、德国、瑞典和一些意大利城邦国家相比，其在治愈黑死病的侵害方面表现得尤其糟糕。②

简而言之，当时的英国人口稀少、经济萧条，真可谓民疲国穷。③不要说整个世界，单是对西欧而言，当时的它也是那么的微不足道。

该时期的英国，其生产主要是以农业为主。但随着葡萄牙和西班牙的冒险，新航路得以发现，国际贸易的扩大，在与英国只有一海之隔的欧洲

---

① 相关数据综合自:[英]约翰·盖伊.都铎时期(1485—1603)//[英]肯尼思·摩根.牛津英国史[M]王觉非,等译.北京:商务印书馆，1993:240-241.及陈紫华.一个岛国的崛起:英国产业革命[M].重庆:西南师范大学出版社，1992:952-97.

② [英]约翰·盖伊.都铎时期(1485—1603)//[英]肯尼思·摩根.牛津英国史[M]王觉非,等译.北京:商务印书馆，1993:240.

③ [英]约翰·盖伊.都铎时期(1485—1603)//[英]肯尼思·摩根.牛津英国史[M]王觉非,等译.北京:商务印书馆，1993:240.

大陆西北角的佛兰德尔地区，毛纺织业突然繁盛起来，并形成了当时西欧的工业中心。一下子羊毛的需求量逐渐增大，西欧大陆自身的羊毛产量远不足以应对这种需求，于是羊毛订单就像雪片一样飞向了作为传统养羊大国的英国，这就使得英国市场上的羊毛价格开始猛涨。这时的英国，除了要满足国内的需求外，还要满足国外的羊毛需求。因此，养羊业与农业相比，就变得越来越有利可图。一些有钱的贵族开始投资养羊业，而养羊则需要大片的土地，圈地运动由此兴起。

最初，被剥夺土地的农民大批地变成了乞丐、盗贼和流浪者。但随着养羊贵族原始资本和纺织技术积累的完成，那些随之逐步资本家化的英国贵族，不再满足于单纯的羊毛这一原材料的生产和出口，为了获得更为丰厚的利润，他们开始逐步涉足毛纺织业，虽然那时还只能算是工场手工业而已。但也正是由于这些工场手工业的发展、壮大，为那些由于封建制度的解体而被赶出土地的农民开辟了新的生产领域。于是，这些人口便开始由农村向城市流动，并重新寻找自己的位置。他们中的一些人带着从土地转让中获得的一些微薄的资本，投身于工业生产，从而加入正在上升的资产阶级队伍。更多的人则为了生存不得不受雇于新兴的资产阶级。因为他们除了自身的劳动力外没有任何东西可提供，从而形成了工业发展所必需的劳动力大军。更为重要的是，"圈地运动使得小农转化为了雇佣工人，使他们的生活资料和劳动资料，转化为资本的物质要素的那些事件，同时也为资本建立了自己的国内市场。而国内市场的建立和扩大是产业革命发生的必要前提"①。

由于圈地给工业提供了必需的自由劳动力，并为工商业的发展开拓了国内市场，英国的工场手工业获得了长足的发展。这反过来又给英国提

---

① 张万合. 蒸汽机打出的天下：英国工业革命 [M]. 长春：长春出版社，1995：50.

出了对于更为广阔市场和更多商品需求供应地的内在要求。托马斯·爱德（Thomas Edge）非常清楚，如果没有开拓出新的市场，而单靠业已饱和的国内市场，"这个王国的经济必然会停滞不前，且还将逐渐衰退"[1]。

由于新航路的发现，当时整个世界格局已然改变：商业贸易开始由原来的地区性演变为全球性，由原来的陆路转为海路。欧洲的商贸中心也由原来的地中海转移到了大西洋。伴随着这个全球市场出现的是，各国之间的商业斗争也变得更为广泛和更为残酷。于当时而言，一国要想夺得商业霸权、获得更为广阔的海外市场和产品供应地，就必须争夺殖民霸权，而要想维护其殖民霸权就必须获得海上霸权。也就是说，在当时谁赢得了海洋，也就意味着谁就赢得了全球市场。在这个国度，无论是商人还是政府，都想借由发展海洋贸易，来获取财富开拓市场。但他们也非常清楚，一旦他们介入海上贸易则无异于从葡萄牙人和西班牙人那里虎口夺食。英国人更认定，商业上的敌人必然也是政治上的对手。英国和西班牙之间的海上争霸由此拉开序幕。两国之间的紧张关系终于在1588年达到了顶点。

1588年7月，130艘战船、8000名水手和两万名士兵从西班牙起航，这支浩浩荡荡的队伍拥有一个显赫的名号——无敌舰队。强大的西班牙帝国在它的护卫下，已经称霸了半个多世纪。无敌舰队此行的目的是控制英吉利海峡，教训那个不知天高地厚屡屡挑战其利益的英国。面对当时世界头号强国西班牙，英国人心里其实也没有底。一开始英国女王伊丽莎白一世试图通过谈判来化解危机，遭到了西班牙人的断然拒绝。但几天激战之后，西班牙的无敌舰队就被英国人打得一半沉入海底，一半逃回了伊比利亚。英国在这场海战中的胜利，是一次以弱胜强的胜利，它让长期处在欧洲主流文明之外的英国，第一次以强国的姿态向欧洲大陆发出了声音。其

---

[1] L. Stone. State control in sixteen-century England[J]. Economic History Review, 17 vol, 117.

后，在军事上，它又先后击败荷兰和法国，由此逐步取代昔日霸主西班牙和荷兰，而进入世界海洋霸权和商业霸权的中心。

同时，这个国家大胆借鉴吸收其他国家的经验与成果。正如德国著名经济学家弗里德里希·李斯特（Friedrich List）在其《政治经济学的国民体系》一书里所做的记述："每一个欧洲大陆国家都是这个岛国的老师，它的每一种工业技术都是向这些国家模仿得来的，它学会了以后就把这些工业建立在自己的国土上。"[1]更为重要的是，这个岛国一旦掌握了任何一个工业部门，就锲而不舍地给予密切的注意和照顾，经几个世纪而不倦，就像保护幼苗那样小心周到。任何一种工业，依靠勤奋、技术和节约，不久总有所成就，有利可图。

正是凭着这种"拿来主义"精神，除了从佛兰德尔习得的毛纺织业获得青出于蓝的成就之外，英国人在玻璃制造、地毯织造和染色等领域也表现得同样出类拔萃。长久以来威尼斯在玻璃制造技术上拥有毋庸置疑的技术垄断地位，但随着玻璃制造技术传入英国，没过多久，昔日的霸主不得不甘拜下风。同样，地毯织造与染色的技术长期为波斯人所垄断，但随着地毯织造和染色技术传入英国，没过多久波斯人也不得不放弃。对手一个一个地被击败，意味着的是更多的订单，这样一来以手工工场为支撑的生产能力变得捉襟见肘。马克思在《哲学的贫困》中写道："当贸易在英国已发展到手工劳动不能再满足市场需求的时候，人们就感到需要机器。"[2]羊毛工业只是英国各业中的一个主干，以其为核心，促进了汇聚在它周围的一个涉及面非常庞大、行业非常广泛的产业群的发展。譬如下游的航海业、造船业，上游的纺织机械设备制造业、能源开采业……也就是说，英国人通

---

[1] [德]弗里德里希·李斯特.政治经济学的国民体系[M].北京：商务印书馆，1961：40.

[2] [德]马克思，[德]恩格斯.马克思恩格斯全集（第23卷）[M].北京：人民出版社，1973：169.

过"拿来主义"将羊毛工业打造成了英国工商业得以积极发展的基础。

正是得益于长期的经济繁荣,到17世纪末、18世纪初时,英国私人资本也得以不断集聚,社会储蓄不断膨胀。但与之对应的却是,投资机会严重不足,在当时,股票的发行量极少,拥有股票是一种特权。这样一来就形成了大量的闲置资金,这些资金又迫切需要寻找出路。

反观中国,诚如旅美历史学家黄仁宇反思"五百年的大历史"所得的结论,自明朝以来,中国一直处于一种落后的状态,这种状态一直维持到1949年中国共产党建政。这一年,中国的GDP为179.56亿美元,经济总量在全球的比重仅为4.5%。但经历了数代人长达65年筚路蓝缕的艰苦奋斗,特别是自改革开放以来,中国得到了长足发展。虽然像当年英国取代西班牙、荷兰那样,站上国际政治舞台的中心为时尚早,但也确实有了翻天覆地的改变。经国家统计局初步核算,2014年中国GDP为636463亿元,按汇率折算跃过10万亿美元大关,占全球比例为13.4%,牢牢占据世界第二位。而根据国际货币基金组织按购买力平价法的测算,2014年中国GDP为17.6万亿美元,超过美国的17.4万亿美元,成为世界第一大经济体。

此外,中国还是全球制造业第一大国,其中210种工业产品产量全球第一,在人类历史上只有英国和美国曾有过此荣耀。钢产量8亿吨,超过其他十大产钢国的总和,达世界总量的50%。除此之外,中国亦是世界第一大贸易国、第一大外汇储备国、第一大汽车消费国,也是全球第三大对外投资国。此外,世界500强企业中,中国有86家企业入围,居世界第二;世界十大银行中,中国占有四家并居第一名,与金融大国美国分庭抗礼;全球十大港口中,中国更是占据八席。

建立在经济实力基础上的则是科技、军事、航空、基础设施、体育、文化的起飞。中国是第三个载人、登月的航天大国,其所拥有的专利申请已高居世界第一,高铁的通车里程更是占到全球50%以上。在这个信息化的时代，我国的网民人数全球第一，截至 2015 年 6 月，网民总数已达 6.68 亿人，几乎是美国人口的两倍。移动电话持有量更是超过 11 亿用户……令人炫目的发展速度和令人惊叹的成就，使得中国成为全球研究的焦点。

也正是得益于此，进入 21 世纪，国内私人资本得以不断集聚，社会储蓄不断膨胀。招商银行联合贝恩公司发布的《2015 中国私人财富报告》显示，截至 2014 年年底，中国个人持有的可投资资产总规模达到 112 万亿元。但也与当年英国一样，与此形成鲜明对照的是，国家允许的投资渠道太窄，民间资本无处可去。这样一来，大量闲置的、迫切需要寻找出路的资金，就只能在股市和楼市之间撞来撞去。

当日英国与今日中国，除了这点颇为神似之外，还有一点也有几分相似，那就是彼时的英国与此时的中国，都为债务所困。

不断膨胀的债务

英国早于威廉三世时代，就由于连年战乱不绝，国家开支庞大，欠下国债 5300 万英镑之多，使得国家财政陷入极端困难中。反观今日中国，犹如当年英国一样：一方面是国力不断上升、社会储蓄不断增长，而另一方面则是整个国家为债务所困。

早于 2013 年 12 月，"中国国家资产负债表研究"课题组发布的研究成果《中国国家资产负债表 2013》显示，截至 2012 年年末，中国住户部门未尝贷款余额 16.1 万亿元，占 GDP 比重为 31%；2012 年，非金融企业部门债务余额 58.67 万亿元，占 GDP 比重为 113%；将中央政府债务和地方政府债务加总，得到政府债务总额 27.7 万亿元，占 GDP 的比重为 53%。仅以金融部门发行的债券余额作为其债务，2012 年年末，金融机构债券余额合计 9.13 万亿元，占 GDP 比重 18%。将上述四个部门加总，得到中国经济整体的债务规模为111.6万亿元,全社会杠杆率为215%。

报告还指出,中国资产负债近期面临的主要风险点体现在房地产信贷、地方债务以及银行不良贷款等项目。中长期风险更多集中在对外资产、企业债务和社保欠账。为此,课题组负责人、中国社科院副院长李扬指出:"这是资产负债趋向不好的一个主要的因素,使得中国资产负债的风险加大。"[1]

遗憾的是,这种趋势不仅没有得到有效改善,反倒还在继续恶化。麦肯锡公司于2015年4月发布的一份研究报告显示,中国的债务总额7年之间几乎翻了两番,从2007年的45万亿人民币(约7万亿美元)迅速上升到了2014年中期的172万亿人民币(约28万亿美元);债务总额达到GDP的282%,已经高于美国和德国。为此,麦肯锡认为,中国目前的债务情况值得警觉。[2]

不断增大的产业转型压力

20世纪日本经济经过五六十年代的高速发展,70年代对外贸易出现急风暴雨式的扩张,80年代初期日本对美国的贸易顺差迅速扩大,特别是汽车大量出口美国,对美国市场造成强烈冲击,美日之间爆发了剧烈的贸易摩擦。此时的日本,仍然醉心于原有的经济模式,而无意于进行经济结构调整。直到1985年9月,日本被迫签下"广场协议",并于此后两年时间里,日元大幅升值,日本经济也随之陷入萧条,才使得他们终于认识到必须调整经济结构。

---

[1] 李扬:国家资产负债表健康状况趋坏[N].云南信息报,http://www.ynxxb.com/content/2013-7/3/N11047252036.

[2] 麦肯锡:中国债务总额七年翻两番[N].一财网,http://www.yicai.com/news/2015/04/4605518.html.

当时日本 GDP 接近美国的 60%，人均 GDP 更是超过 3 万美元。有学者就认为，先时的赶超战略目标已经实现，该模式的积极作用将不复存在。作为应对之策，日本必须调整经济结构。日本青山大学国际经济学教授速水佑次郎就持有该观点。他的这一观点得到了日本银行前总裁前川春雄的响应，这集中反映于 1987 年发布的《前川报告》中。报告认为，日本经济今后的中期目标是减少对外收支的失衡，致力于与国际社会的协调，其基本政策是进行开放市场、放松管制等结构性改革，借此"实现由出口大国向内需主导型的消费大国的经济结构转变"。以《前川报告》为指导思想，1988 年日本制订了《与世界共生的日本——经济运行 5 年计划》，计划决定：（1）对行政、财政、金融体制实施全面改革。缓和规制，全面引入市场竞争，推动金融自由化。（2）推动经济结构由资本密集型向技术密集型转变。（3）促进经济增长方式由出口主导型向内需主导型转型。（4）促进产业结构向信息化、服务化和轻、薄、短、小化转移。[1]这就是 1986—1987 年日本大泡沫爆发前的背景。

2010 年 3 月 26 日，中国国际金融有限公司发布了一份题为《中国会重蹈日本泡沫经济的覆辙吗》的研究报告。[2]报告对比中日两国的国情后发现，今天的中国与 20 世纪 80 年代初的日本存在着八大主要相似之处，分别为：

（1）相似的国际环境：20 世纪 80 年代初美国处于财政贸易"双赤字"，美国希望通过迫使日元升值，挽救本国制造业；

（2）相似的发展战略：中日两国均是"出口主导型"的经济体；

（3）相似的低消费率、高储蓄率；

---

[1] 全毅. 东亚模式转型与中国发展道路[J]. 新东方，2009（12）：9-13.

[2] 2010 年 6 月，我的《中国经济将重蹈日本覆辙？》一书亦由中国商业出版社出版。

（4）相似的宽松的货币政策；

（5）相似的稳健的财政政策；

（6）相似的资产泡沫风险：20世纪80年代日本土地投机的热潮高涨，地价、股价联动，资产价格循环上涨；

（7）相似的产业政策：中日两国积极促进经济增长方式由出口主导型向内需主导型转变；

（8）相似的转型战略和举措：1986年日本《前川报告》建议并强调了"扩大内需""结构调整及产业升级""扩大对外直接投资"的政策导向。

这是一份并不严谨的报告，其问题在于，在谈到当时的日本时，它将其所处的"国际环境"、执行的赶超型"发展战略"这些背景，以及"转型战略和举措""产业政策"这些原因，与"宽松的货币政策"及最后导致的"资产泡沫化"这些结果，混为一谈了。除此之外，今日的中国与当日的日本之间，相似的还有人口红利的消失，这点也为该报告所忽视。当然，通过对比，这份报告揭示出的一个事实，却也是无可否认的。那就是，两国之间相似的国际环境、相似的赶超战略，甚至还包括相似的人口问题，这些所形成的转型压力，使得两国都想通过改革，以改革红利来取代人口红利，都构成了泡沫爆发前的大背景。

谁诱发了这场泡沫

改革预期：泡沫诱因

处于转型期的中国经济，面临着严峻的内外挑战：以前推动中国经济社会发展的"人口、全球化、资源、政策"等诸红利开始逐渐减弱，甚至成为经济发展的障碍——从 2003 年起，中国与美国、欧盟等经济体就贸易摩擦不断。到了 2008 年全球经济危机全面爆发后，这种趋势更为明显。事实上，从那时起中国也意识到经济结构调整的必要性。蔡定剑教授就认为："中国的经济结构已严重阻碍了中国经济的可持续发展，对于我们广大的人民群众而言更是一种灾难。"而随着中国经济的增长，其占世界经济的比重越来越大，这种结构甚至对于全球经济的可持续发展，亦是一种莫大的挑战。也正是因此，美国人克鲁格曼亦不得不为之忧心忡忡——"现在我说的是中国，另一个经济危机信号开始浮现，这是目前整个世界都不愿意看到的。"[1]但经济结构调整这个过程却是痛苦的，也正因为痛苦，使得进程非常缓慢。为此，法国人让·皮萨尼－费里（Jean Pisani-Ferry）曾大为不满："中国的经济再平衡，以及投资和出口导向型增长方式的转变，就比预期要缓慢很多。"而造成这种现象的根本原因是："此前的预期主要来自经济判断，但是，这一经济判断拗不过墨守成规的现实政治和根深蒂固的利益集团。"[2]事实上在我的《全球大趋势 2：被债务挟持的世界经济》和《下一轮经济危机 2：中国凭什么幸免于难》等书中也一再强调，中国的经济问题已经不是单纯的经济问题，而是政治的问题。

英国作家罗伯特·骚塞（Robert Southey）的童话故事《三只小熊》描写了这样一个故事：有一个金发姑娘跑进森林内，找到一间有吃有喝的房屋居住下来，过着美好的生活……直到有一天，这间小木屋的主人三只熊回来了，金发姑娘的幸福生活一去不复返了。对于那些利益集团而言，当

---

[1] Paul R. Krugman Will China Break?[N],The New York Times, 2011.12.18.http://www.nytimes.com/2011/12/19/opinion/krugman-will-china-break.html?_r=1.

[2] 让·皮萨尼-费里. 答在政治[J]. 新世纪，2011(32).

前的这种格局，正如《三只小熊》里所提到的那间森林小屋。而他们正是那位过着美好生活的"金发姑娘"。过上惬意生活的"金发姑娘"自然是不愿意回到过去的，同样，利益集团也不愿意见到那"三只熊"回来。因为，这种日子对他们而言，是刚刚好。回到过去，即意味着得重新过着那种朝不保夕、有上顿没下顿的苦难日子；而那三只熊一旦回来，于这些"金发姑娘"看来，也就意味着幸福生活就此一去不复返了。

也正是因此，清华大学教授孙立平就提出，我们现在最需要警惕的，既不是拉美式的中等收入陷阱（mid-dle income trap），也不是简单的改革停滞或倒退。于现在而言，我们真正需要警惕的是转型陷阱（transition trap）。这种陷阱指的是，在改革和转型过程中，所形成的既得利益格局，正是这种格局阻碍了进一步改革的可能。因为，这些既得利益者就如那位"金发姑娘"一样，他们要过舒服日子就得不向后也不向前，向后是朝不保夕的苦难日子，而往前则是"三只熊"回来的日子。所以他们需要的就是维持现状，需要的就是将某些具有过渡性特征的体制因素定型化、制度化、合法化，就如"金发姑娘"必须把她无意间闯入的房子权属化一样，以此来保障其利益最大化。

在这样的背景下，寻找新的增长推动力成为"防范风险，危中寻机"的关键。而这一愿景的实现，其前提是需要改革、必须改革，事实上这几乎成了国人的一种共识，资本市场当然也不例外。也正是因此，人们将目光聚焦到了2012年11月召开的中共十八大上，聚集到了以习近平同志为总书记的新一届中央领导集体身上。

《中共中央关于全面深化改革若干重大问题的决定》等一系列的文件和会议精神，无不透露出新一届政府攻坚克难、势推改革的决心。2014年是中国全面深化改革的元年，这一判断也渐渐地成为中国社会的共识。一些精明的投资人也嗅到了股市的机会。就在中央全面深化改革领导小组第四次会议结束后，国泰君安首席宏观分析师任泽平就发表了一篇题为《论对熊市的最后一战》的研究报告，他说"在经济转型期，只有改革才能走出困局，只有改革才能开启新未来，只有改革才能造就大牛市"，而他进一步指出，"2014—2015年都是改革元年，2014年上半年定方案，下半年至2015年改革攻坚，重点在后面。近期，改革提速迹象越来越明朗。'全面深化改革领导小组'第四次会议传递出的最重要信号是，给出了改革的时间表和路线图"。在报告中，他以文学的笔触写道："军令状已经下达，改革先锋已经奔赴前线，大军整装待发。改革提速后，将有效降低无风险利率，提升风险偏好，新一轮改革已经发起了对熊市的最后一战。"[1]随后股市的走势，也确如他所判断的，从2014年秋开始，中国股市开始逐步"走牛"。为此，任泽平将这轮牛市称为"改革牛"。

但对于任泽平的分析框架和逻辑，安信证券的高善文显然是不能认同的，在2015年7月的一次会议上，他公开表示："'改革牛'根本就是不存在的，这是市场为自己上涨找的一个理由。从历史泡沫来看，在市场快速泡沫化的时候，市场总会有一些激动人心的理由。改革牛就是这样。"[2]就这一问题，我倾向于他的观点。原因很简单，春天播下的种子，不可能就在春天收获，改革也是如此。虽然，自2014年以来，改革提速迹象越来越明朗。但为任泽平们所忽视的是，从改革政策的制定，到获得主要的或全部的效果之间，必须得经历一段时间，我们可称之为"改革时滞"。事实上从2014年至今，持续下滑的经济数据也证实了这点。但这点却恰好被任泽平们忽视了。

---

[1] 任泽平. 论对熊市的最后一战——5000点不是梦！[R]. 国泰君安, 2014.9. 转引自：全景网，http：//www.p5w.net/stock/gpyb/hgyj/201409/t20140903_749596_2.htm.

[2] 高善文. 改革牛故事破产后的股市走向. 和讯股票，http：//stock.hexun.com/2015-07-19/177666625.html.

那么，改革与2014—2015年的泡沫有没有关系呢？我的回答是：有，且关系很大。就如同法属北美路易斯安那的黄金之于密西西比泡沫、南海的黄金和贩奴贸易权之于南海泡沫一样，"改革"这一外部冲击力，构成了2014—2015年这轮泡沫形成的诱发因素。

事实上勒庞的社会心理学理论，有助于我们理解2014—2015年中国的股市泡沫：当共识形成，事实上一个期待改革的特殊群体也开始形成。一方面，我们看到一个在期待中观望的群体，另一方面是任泽平们所发出的，改革成效已显现的信号。人们受到暗示，群体感情的一致倾向会立刻变成一个既成事实。于是，一轮泡沫就此形成。这一事例再次诠释了暗示、群体意识与集体幻觉之间的关系和作用机制。

去债及推进经济结构调整：政府的意图

在改革预期这一外部冲击力的诱导下，从2014年秋开始，中国股市开始逐步"走牛"。当然，就这一走势的出现，就如20世纪20年代的美国一样，政府也的确表现得非常暧昧。为什么会如此呢？

2014年的中国，面临不断增长的社会储蓄和不断膨胀的债务以及产业转型压力增大的双重难题。为了解决这些问题，事实上政府也确实乐见股市"走牛"。其逻辑大致如下：

首先是去债。股市一旦步入牛市，大量的债务完全可以证券化，特别是那些高负债的企业，通过上市融资，完全可以做大其分母。如此一来就相当于股权置换了债务。此外，地方政府的债务是高压，但股票市场的上涨，是可以覆盖地方政府的债务的。那么地方政府就有机会进一步融资，并且发展当地经济。在这样的背景下，像南海泡沫时的英国人一样，借由股市的上涨，来支持政府和企业债信的恢复，可能是政府的一些智囊的真实想法。

其次在于产业转型。随着1985年"广场协议"的签署,日本很快就陷入"升值萧条"的泥淖里。就如何因应当时的经济问题,除了前川春雄所代表的主导的结构改革派之外,当时的日本还有主张采取扩张的金融政策来扭转日益蔓延的日元"升值萧条"的通货再膨胀派。

对于这两种观点,日本政府最后采取的是兼容并蓄的态度,将二者整合为一体,即在扩张的金融政策下实施经济结构的全面改革。其逻辑是:通过扩张的金融政策,来刺激股市和房地产市场。有了资本市场上涨行情这张安全网,那么,出口型产业就可以改造自身以适应内需型经济。然后,这一举措将会让各个经济领域的资产大幅增长,而这种财富效应将反过来刺激个人消费和住宅投资,接着促进厂房和设备投资的增长。最终,宽松的货币政策将推动实体经济的增长,进而达到经济结构调整的目的。[1]事实上,这不仅是当年日本政府的真实意图,也是今天中国政府所面临的无奈选择。

就去债、产业转型和股市上涨的逻辑,财经作家李德林在接受《新民周刊》采访时,也做了类似的阐述,他说:

地方政府的债务是高压,股市是低压。如果能把股市估值提上来,又能削减我们的债务水平,这个对于国家整体的经济转型,是一个很好的契机。

假设原来地方政府持有的那些股票,成本是10块钱,现在涨到20块,是不是整个钱袋子翻了一倍?地方债假设原来是用股票抵押融资,原来10块钱最多从银行拿到6块,现在股票都涨到20块了,原来的抵押是不是应该重新来一下了?只需要重新做一个手续,旧债就变成了新债。通过这

---

[1] 详见[英]钱塞勒.金融投机史[M].北京:机械工业出版社,2013:268 注释四。

样的大水漫灌，地方政府的债务到期压力就缓解了，又可以上一些新项目，投资就拉动了，一些转型升级的新产品出来，对整个内、外销肯定是有所刺激。

要是股市从2000点涨到4000点，企业手里的资产可是能增加10万亿元估值。往银行一抵押，贷出来的钱可就"哗哗"的，不整个五六万亿投资下去才怪。企业如此，那些砸钱进股市的投资者也是如此。居民持有的纸上财富增加10万亿元，两三万亿元的消费铁定跑不了。[1]

唯一被李德林忽视的是，在政府眼里，宽松的货币政策在编织资本市场上涨行情这张安全网，进而推动经济结构转型中所具有的重要意义。

宽松的金融政策与泡沫的形成

事实上政府也确实是这么做的。2014年11月21日，中国人民银行官方网站发出一条消息：自2014年11月22日起，下调金融机构人民币贷款和存款基准利率。金融机构一年期贷款基准利率下调0.4个百分点至5.6%；一年期存款基准利率下调0.25个百分点至2.75%。宽松的货币政策来了。

因为货币传导存在着明显的时滞现象，货币市场要想重新恢复均衡，只有通过包括股票、房地产在内的风险资产价格的上升才能实现。

这也就解释了，2014年年底至2015年年中的这轮所谓的牛市，为何与中国人民银行的货币政策的转向是如此高度重叠了。事实上，新华社也承认，2014—2015年这轮所谓的牛市，是发力于2014年11月中国人民银行的降息的：始于"新国九条"颁布、发力于央行降息的本轮牛市，始终

---

[1] 张禧心. 国家战略牛市？[J]. 新民周刊，2015 (8).

呈现资金面和政策面双轮驱动的特征。[1]

为何上涨得如此疯狂

媒体背书

2015 年 11 月 19 日，清华大学国家金融研究院在 2016 年财经年会上首次向社会公开了其针对本轮股市异常波动的 18 万字的研究报告。其中一点就提到媒体言论未在舆论监督和市场净化中发挥应有的作用，反倒成为牛市思维的助推器。这是一种斯文而客气的表述，其潜台词却是：令股市疯狂上涨而趋于泡沫化的一个重要因素是，媒体背书加剧了人的非理性行为。

第一财经、和讯网、东方财富网、全景网……以及各种财经 APP、微信公众号，无论是传统媒体业态还是新兴媒体业态，总之近年来越来越多的财经专业媒体涌现。事实上，除了专业的财经媒体外，那些综合性媒体也都有专门的财经频道和板块。总之，身处今天的我们，已经被电视、报纸、杂志和网络上的财经新闻全立体覆盖了。更为紧要的是，这些新闻由以往庄重的财经版，变成了强化的"金钱"版，内容多为个人投资者的获利指南，每天关注的都是股票的涨涨跌跌。以至于有人在微信朋友圈里吐槽："腾讯也是够了，天天弹出的都是股市涨跌，没别的事干了？"事实上何止腾讯一家，包括《人民日报》和新华社等在内的党媒也是天天"谈股论金"。广告使消费者更熟悉该商品，时时刻刻提醒消费者购买该商品，并最终诱

---

[1] 新华社. 受消息面影响市场情绪跌宕 沪市单日成交量逾万亿元 [N]. 浙江日报, 2015.04.21.00010 版.

使他们去购买。这些强化了的财经报道，导致了人们对股票需求的增长，其作用就如消费品的广告一样。

更为重要的是，自这轮牛市启动以来，媒体尤其是党媒就不断向市场散布国家强力推动股市上涨之类的信息。譬如2015年4月20日股市以下跌收盘，收盘后新华社便立马撰文护市，指出虽然央行的降准，并没能提振A股，但本轮牛市的格局并未因阶段性调整而改变。文章更明确指出，中国经济转型需要牛市支持。[1]这已是新华社当月第七次发文护市。

而随后《人民日报》也发文指出，"4000点才是A股牛市的开端"。同名文章认为，从时间节点上看，中央在2013年9月提出了"一带一路"重大倡议，随后资本市场长达7年的熊市宣告终结。文章进而得出结论，认为A股本身就是"中国梦"的载体，并明确告诉投资者，其蕴藏的投资机会是巨大的。

延伸阅读：

4000点才是A股牛市的开端[2]

王若宇

2015年4月20日，沪深两市合计成交达18025亿元，创历史新高。上交所更是因为成交超过万亿，导致系统爆表，创出全球交易所有史以来成交最高值。伴随市场热情的飙升，各种观点争相交锋。如何看待这一轮

---

[1] 新华社. 受消息面影响市场情绪跌宕 沪市单日成交量逾万亿元[N]. 浙江日报, 2015.04.21.00010版.
[2] 王若宇. 4000点才是A股牛市的开端[N]. 人民网, 2015.04.21. http://finance.people.com.cn/stock/n/2015/0421/c67815-26880528.html.

牛市？为什么中国经济在告别高速增长，但股市却创下交易新高？牛市背后是泡沫吗？甚至有观点称，是因为实体经济不景气，生产资金和银行信贷涌入资本市场才促成的牛市。对此，笔者认为值得商榷。

这轮牛市有别于 2007 年的市场行情，背后的原因是中国发展战略的宏观支撑以及经济改革的内在动力。

从时间节点上看，中央在 2013 年 9 月提出了"一带一路"重大倡议，随后资本市场长达 7 年的熊市宣告终结。"一带一路"将提速蓝筹公司全球化进程，进而实现人民币国际化和中国金融业的全球化。这轮牛市的启动，就是以银行等蓝筹股的发力作为重要标志。如果只看到银行股自牛市启动以来已经涨了 1 倍多，那么股价无疑是高的。但是如果你把人民币想象成美元，把中国的银行看作是美国的银行，那么目前中国银行的市盈率仍然偏低，价值仍然被低估。可以预见，伴随人民币国际化和自贸区金融改革的深入，国内银行迈向世界并不遥远。从市盈率看，中国银行业向美国银行业靠拢的时间表也就是人民币国际化的时间表。

4000 点才是 A 股牛市的开端。

资本市场往往从另一个角度反映国家经济的微妙变化。2007 年，中国 A 股创下 6124 点新高，那一年日本 GDP 总量是 5 万多亿美元，排名世界第二。2014 年，中国以 10 万亿美元的 GDP 总量位列世界第二，几乎是当时日本的两倍，而 2014 年的中国尚在崛起的前夜，未来的潜力有目共睹。当前国内资本市场的火热，也是市场对于上述变化的正常反应和判断。

有境外媒体的观点认为中国应该准备迎接 A 股超级泡沫的破灭，对此笔者难以苟同。从历史上看，中国并没有像有的西方国家那样具备制造泡沫的"传统"和"动力"。

什么是泡沫？像郁金香、比特币之类的东西才是泡沫。一个年 GDP 总量 10 万亿美元的国家，其政治稳定、社会安全、经济稳健、目标明确，这样的经济体中的蓝筹公司难道不应该修复其在资本市场的合理估值吗?如果这都算泡沫,这个世界上什么样的资产才不算泡沫?

当然,中国实体经济面临升级转型阵痛的事实不可否认。然而经济周期的调整是正常现象的客观规律,任何一个经济体都难以避免。调整会带来痛苦,同时也创造机会。相比其他国家,中国实体经济的升级转型不仅有"一带一路"建议所提供的外部市场空间,还有改革所能激发的内在活力。

同时也应该看到,虽然4000点才是A股牛市的开端,但投资风险依然不能忽视。长期看,"中国梦"会在资本市场有真实的反映——这并不是说,投资者就能够把资本市场当作赌场,只注重短期投机,不遵循投资规律和投资逻辑。

如果将A股看作"中国梦"的载体,那么其蕴藏的投资机会是巨大的。但是,如果把A股市场当作赌场,那么世界上任何一个赌场都是危险的。

在我国,人们经常用"喉舌"来概括党报的性质,说明了它在党和国家工作中有极其重要的地位和作用。在所有这些媒体中,其中又尤以新华社和《人民日报》最为重要,它们往往代表着国家的立场,传达着党中央和国务院的政治意见。

正是基于此,新华社和《人民日报》接二连三地发布国家需要牛市这类的观点,使得人们误以为这就是党和国家的意志。"国家意志"的介入,等于是国家为股票价格的上涨或下跌提供了某种最终信用担保。这终于将蛰伏于人性深处的非理性的动物精神给彻底地撩拨了起来。

股市的吸引力大增,导致不少股民加大了资金的投入力度。《羊城晚报》就曾采访过一位资深股民卢先生,他告诉记者,从2014年开始在股市已经赚了不少钱。"但是,投资股市有了感觉,就觉得很多股票有机会,特别是在大牛市,这样看来,资金就明显不够了。"于是这位卢先生便将其别墅抵押了，他将抵押来的 300 万元全部投入到股市中。

有钱人可以抵押房产炒股，不少白领则选择卖房来筹集资金炒股。还是《羊城晚报》的那篇新闻：看到股市的一路飙升，很多同事炒股赚了钱，在一家大型国企工作的吴小姐终于按捺不住了，可自己又没有太多本金。于是吴小姐下定决心要卖房炒股。吴小姐告诉记者，希望早点把房子卖出去，否则就怕赶不上这波大牛市了。像吴小姐这样的情况并不是特例。不少白领都看好股市行情，纷纷拿出买房的储备款甚至抵押已有的房产套现。

最后，连在校大学生、小区保安、工厂农民工，乃至农贸市场的卖菜大姐、街头小贩这些社会最底层都被裹挟了进来。2015 年年中时，沪深两市总开户数接近 2 亿户，而 2014 年 7 月还维持在不到 1 亿户，不到一年时间两市开户数翻倍。

更为重要的是，人们错以为国家意志介入，这给市场带来了严重的"道德风险"。一方面，某些国有的金融机构，为了投领导所好，便积极地促成和推高国家牛市，于是往往会不负责任地为股市提供流动性。另一方面，某些投资者也认定，政府会不遗余力地继续推高股市。更重要的是，他们还认定，由于政府需要牛市，绝对不会坐视大盘下跌的，当大盘下跌，政府一定会出手将其拉上来。受此鼓励，投资者必然倾向于承担更大的投资风险，因为这也意味着更大的潜在利润。于是他们会更为主动地去获得更多的信用、借入更多的资金……

金融创新，为非理性提供了杠杆

造成信用扩张的途径，除了宽松的货币政策外，还有金融创新。最近几年所出现的融资融券交易，及由此而衍生的场外配资交易正是这样一种金融创新。所谓融资就是找证券公司借钱，融券就是找证券公司借股票；

融资就是买股票，融券就是手中没有股票可以找证券公司借股票来抛空。融资融券通常只是证券公司才可以提供的业务，现在证券公司之外的大量中小金融机构，甚至包括一些银行部门，也直接和间接为股民提供借钱炒股的融资手段，这就叫场外配资。

投资者从事普通证券交易须提交100%的保证金，即买入证券须事先存入足额的资金，卖出证券须事先持有足额的证券。而从事融资融券交易则不同，投资者只需缴纳一定的保证金，即可进行保证金一定倍数的买卖（买空卖空）——在预测证券价格将要上涨而手头没有足够的资金时，可以向证券公司借入资金买入证券，并在高位卖出证券后归还借款；预测证券价格将要下跌而手头没有证券时，则可以向证券公司借入证券卖出，并在低位买入证券归还。其实，说白了，所谓的融资融券、场外配资，就是投资者资金的杠杆化运用。

所谓的杠杆化，指用借贷来扩大交易收益的手段。我们知道普遍交易是：某人用自有的1万元人民币，买了一件商品，然后以1.1万元的价格出售，这时他净赚1000元，也就是10个百分点的收益。应该说，这桩买卖还算不错。但如果用"杠杆"操作，那么，这个有1万元人民币本金的人，就有资格到期货公司等金融机构再借99万元，于是他手中就有了100万元。那么，他就可以用这笔钱去买100个相同的商品，再以110万元的价格出售。一番交易下来，他还掉99万元的贷款本金和1万元的利息，再除去最初的1万元自有本金，那么，最后他还将净赚9万元。同样的1万元，一个可以赚9万元，一个却只能赚1000元，可见"杠杆"能够将一笔不错的买卖打造成超凡的交易。

随着同类手法的生意越来越多，投资者所获得的收益也越来越高，他们将会获得的信用也自然越来越多。获得更多信用的结果是，他们可以动用更多的杠杆。更重要的是，一旦泡沫形成，在人性的贪婪和自我归因偏差机制的共同作用下，投机者往往会过高地估计自己的能力、夸大自己预测的准确性，将此前的收益归因为自己的能力。此时一种轻率的爱冒险情绪也会随之上升，使得人们愿意比其他时候更多地提供和取得信用。

而最近几年来的金融创新——融资融券、场外配资，又正好为市场提供了这种杠杆。从融资融券到伞形信托，从杠杆基金到游走在"灰色地带"的配资公司，投资者"借钱炒股"的途径花样繁多。《价值线》杂志2015年第9期的封面文章为《杠杆牛上的黑天鹅》，为我们提供了一组数据："据测算，通过融资融券、伞形信托、股票质押回购、股票收益互换、银行贷款流出等工具，银行自有资金及理财资金入市规模远超3万亿元。大批银行资金直接或间接地进入A股，再加上其他杠杆工具的作用，助推A股一涨再涨。"文章说，"两市的两融资金余额，在过去的两个季度内上升三倍。此外，商业银行也开始进场，为股票交易提供融资，市面上目前流行的'优先劣后'交易策略就是其典型反映。这些资金变相从以前的贷给信托公司到现在的进入股市，在某种程度上是过去几年影子银行的变种，在影子银行类产品风险上升的大背景下，这些资金开始进入股市要求超额收益"。[1]事实上，早于2014年12月，新华社就曾指出，"当下A股行情更像是一轮杠杆上的行情"。

对于我的这一解释，有人可能会反问："融资融券业务可是早于2010年3月31日就开始实施了，为何在当时并没有制造出泡沫，而直到2014年年底以后，它才开始发威呢？"那是因为，信用扩张只是助燃剂而已，它本身并不会制造泡沫。而约翰·穆勒则更为明确地指出，只有当泡沫形

---

[1] 卢锐.杠杆牛上的黑天鹅[J].价值线，2015（09）.转引自和讯股票：http://stock.hexun.com/2015-05-19/175949663.html.

成后，信用才会急剧扩张。[1]也就是说，只有当火燃烧了起来，助燃剂才会凸显其作用。

其他因素

除了以上两点之外，可能存在的因素还包括大国崛起所激起的民族自信心、互联网热、激增的私募基金和股票分析师极其乐观的预测等。

大国崛起所激起的民族自信心。从荷兰郁金香热以来四百多年的投机泡沫史来看，当经济实力的平衡从一国向另一国倾斜时，我们常会看到超级规模的投机狂热。譬如，当荷兰取代西班牙成为世界霸主时，郁金香泡沫出现了。当英国击败西班牙和法国后，南海泡沫就爆发了。在第一次世界大战后，原来的世界霸主英国和它强有力的挑战者德国遭到空前削弱，实力的天平开始向美国倾斜时，20世纪20年代的美国大泡沫爆发了。从20世纪70年代起到1985年前，当美国陷入滞涨的深渊不能自拔，而日本却大有赶超美国之势时，日本大泡沫爆发了。同样，当苏联解体、日本的泡沫经济全面崩溃时，美国的大泡沫再次泛起。之所以一再地出现这种有趣的现象，可信的解释是，当自己的主要竞争对手衰弱，往往会让人们的爱国主义热情、民族自信心空前高涨。这轮的中国股市泡沫亦是如此，《人民日报》的记者就在那篇《4000点才是A股牛市的开端》"雄文"里这样写道："2007年，中国A股创下6124点新高，那一年日本GDP总量是5万多亿美元，排名世界第二。2014年，中国以10万亿的GDP总量位列世界第二，几乎是当时日本的两倍，而2014年的中国尚在崛起的前夜，未来的潜力有目共睹。当前国内资本市场的火热，也是市场对于上述变化的正常反应和判断。"

---

[1] [英]约翰·穆勒.政治经济学原理（下卷）[M].北京：商务印书馆，1991：59.

互联网热。 历史总是惊人地相似。20 世纪 90 年代中后期，受网络技术和美国互联网用户数量猛增的推动，引发了第一波互联网产业热潮。当然，那时的主角是美国。现在，中国俨然成了新一轮互联网热潮的主角，尤其是在 2010 年以来，中国互联网产业迎来新一轮热潮。十几年前才组建的腾讯、阿里巴巴，以及更晚些的京东，利用互联网在短期内赚取了巨额财富。如今，阿里巴巴的马云、腾讯的马化腾、京东的刘强东俨然是这个时代的精神导师。

当然，诚如希勒所指出的，"就股市的繁荣而言，重要的不是互联网革命对于人们现实生活所产生的无法言喻的深远影响，而是这一场革命所引起的公众反应"。[1]腾讯、阿里巴巴和京东的巨大成功，给人们造成了这样一个印象，那就是只要介入互联网，任何企业都可从中获益。于是本与互联网毫无关联，主业为生产与销售高级挂釉石质墙地砖、马赛克及其原材料、窑业机械设备、其他机械设备的多伦股份，摇身一变成了互联网企业"匹凸匹"（谐音 P2P）。更为有趣的是，本业没变，仅仅是公司名字变了，这样的企业居然也得到了市场热烈的追捧，公司股价在资本市场上着实火了一把。借助互联网热而暴涨的股票还有暴风科技和全通教育。

激增的私募基金。 根据证监会提供的数据显示，截至 2014 年 11 月底，我国私募基金公司的数量由 2010 年的 242 家增长到 4628 家，私募产品数量从 700 只增长到 4195 只，资产管理规模则从 1100 多亿元上涨到 6150 亿元，这种增幅已属惊人。但更为惊人的还在后头，随着股市行情上涨，我国的私募基金的数量也开始激增。2015 年 6 月底，我国已完成登记的私募基金管理机构已蹿升至 13918 家，管理的私募基金为 15612 只，资产管理

---

[1] [美] 罗伯特·希勒. 非理性繁荣[M]. 北京：中国人民大学出版社，2004：20.

规模更是达到 3.78 万亿元的天量。[1]

私募基金的激增对股市的影响主要表现在，这些公司在广告宣传上做了大量工作，它们在互联网、电视节目、报纸上打了大量的广告，投资者还能在邮件中收到免费广告。私募基金引导人们相信基金管理专家会带领人们有效地规避风险，从而促使更多天真的投资者参与到股市中来。如此一来，私募基金的推广"将公众的注意力集中到了股市，其结果又进一步刺激了股市整体的投机价格运动。而众多投资者也深信，私募基金是稳固的、方便的、安全的。这一观点又鼓励许多一度畏惧股票市场的投资者步入市场，从而推动了股市的上行"。[2]

分析师的乐观预测。由于分析师们在资本市场上的话语权，他们的言论在很大程度上能够影响到相当一批人。正是因此，对股票走势而言，分析师的预测也是一个不应忽视的因素。自 2014 年以来，特别是自两大券商国泰君安与申银万国的牛熊之争[3]，最后以看空中国股市的申银万国失败告终后，分析师都开始变得极为乐观。就在大盘站上 5000 点，走势即将逆转之时，在中国颇具影响力的券商中金公司仍然认为，"这一轮牛市有其清晰的逻辑"，并指出这轮市场上涨是长期的拐点而并非短暂的反弹，他们认为大盘 5000 点蓝筹不贵。兴业证券首席策略分析师张忆东就认为，2015 年这轮牛市要一直走到 2020 年。至于预测大盘必将走上 7000 点，乃至万点的分析师更是多如牛毛。

---

[1] 中国新闻网.6月末私募基金管理资产 3.78 万亿 62 家规模过百亿.转引自网易财经，http：//money.163.com/15/0716/21/AUM3R4NM00254TI5.html.

[2] [美] 罗伯特·希勒.非理性繁荣[M].北京：中国人民大学出版社，2004：33.

[3] 2014 年 9 月，中国券商之间爆发了一场牛熊论战。以任泽平为代表的国泰君安研究所坚定看多，理由是中国启动改革的迹象越来越明显。而申银万国研究所则认为，当前中国经济周期尚未走出衰退期，因此 A 股尚未走出熊市。

除此之外，清华大学所发布的那份股灾报告所提及的：（1）市场机制多空不协调积累了大量风险，同时对金融衍生品和套利对冲等金融工具运用不力，阻碍了股票市场自身功能的正常发挥；（2）交易机制方面的设计缺陷加剧了本次股票市场异动的幅度；（3）新股发行制度、上市公司行为规范等方面存在一些漏洞，也应是不容忽视的因素。

当然，正如希勒所指出的，绝大多数事件的发展，都找不到简单的起因，当它朝着极限方向发展时，通常是因为一大堆因素——重要的和次要的，间接的和直接的——共同作用的结果。本轮的投机泡沫也是如此，正是在上述这些因素的共同作用下，推动着股市一步步地走向了极限。

泡沫的破灭

无论是朱格拉的"萧条的唯一原因是繁荣"，抑或索罗斯的"狂升暴跌"，无不指明物极必反，投机泡沫达到了一个极限，下跌也就成了一种必然。新的问题又来了，是怎样的诱发因素促使了股市大幅下挫呢？

被忽视的预警信号

事实上，面对疯狂上涨的中国股市，英国著名经济学期刊《经济学人》早于2015年6月暴跌之前就意识到了风险的存在。在2015年5月出版的亚太版，就对中国股市提出了担忧和警告。封面上十几盏绘着K线的孔明灯冉冉升起，每盏灯都被火光映得通红，其中一盏甚至起火燃烧（见图8-1）。让我们看看这篇明显充满忧患调子的文章说了些什么。在文章一开头，他们写道："如果你是一个中国上班族，去年可能为生计在奔波，但是实际上买几只股票,你就可以放心坐在沙发上赚钱了。中国股市已经是全球最牛市场,作为中国大陆最大市值股票组成的沪深300指数(CSI 300),已经在过去一年翻倍。不过这涨幅跟创业板(ChiNext)相比,就不算什么了,后者已经在12个月翻了三倍。"文章更是特别提及了全通教育,这只2014年挂牌的股票已经涨了1300%。文章提醒道:"中国股市的价值高估已经遍及市场的每个地方,深市PE高达64,其中中小市值公司达到了80,创业板更是高达140,这个估值被认为达到了纳斯达克当年崩盘的水准。"

图8-1 《经济学人》封面

其实，无须这些数据，单从投资者癫狂的非理性行为，我们就可以感到这种风险已经逼近。

证监会收杠杆：引发 6 月股灾的主要诱因

当然，泡沫的崩溃也是需要诱发因素或信用政策的变动来支持的。一旦泡沫形成的外部诱发因素消失或信用扩张受限时，原有信息所形成的从众行为，就会随之消失，市场开始逆转。

如果印度公司没能在法属北美洲殖民地路易斯安那挖出金子是压垮密西西比泡沫的那根稻草，那么，在改革预期没有改变，利率政策也没有改变的前提下，收杠杆则是压垮 2014—2015 年这轮牛市的直接原因。

关于这一点，可追溯到 2015 年 6 月 6 日的一则题为《证监会叫停场外配资端口接入》的新闻，这则新闻说："证监会向券商发布通知要求自查场外配资业务，全面叫停场外配资数据端口服务，其中也包括恒生电子的 HOMS 系统配资。证监会强调，未经批准，任何证券公司不得向客户融资、融券，也不得为客户与客户、客户与他人的两融活动提供任何便利和服务。"[1]正是这一新闻，引起了我的警惕。为此，我在我的微信朋友圈里，转发了这一新闻，并做了"非理性繁荣的资本市场进入'轮下撒沙'阶段的节奏"的简要评论。

之所以判断大盘走势不妙，原因很简单：早在 2015 年 4 月中旬，证监会就已经发文，要求券商不得以任何形式参与场外股票配资、伞形信托等活动，不得为场外股票配资、伞形信托提供数据端口等服务或便利。在牛市赚钱效应的带动下，不少投资者选择运用杠杆扩大资金，相比券商提

---

[1] 刘彩萍. 证监会叫停场外配资端口接入. 财新网, http://finance.caixin.com/2015-06-06/100816640.html.

供的1∶1甚至更低的融资额度，场外配资公司提供1配4、1配5，甚至个别可以达到1配9的高杠杆。而这正是证监会所担心的。为防止杠杆失控，出现真正的杠杆"吃人"的事件，更为严厉的政策即将出台则成为必然。既然2014—2015年的泡沫是由融资融券这种金融创新所带动的信用扩张催大的，既然2014—2015年的A股是杠杆上的行情，如今收杠杆了，即意味着信用扩张受限了。根据我们在前文所建构的模型，如此一来，市场逆转也就势成必然。果然6月15日股市便正式进入了下跌周期。

IPO与"中概股"回国

当然，除了有关部门收杠杆的政策外，导致这次股市下跌的诱发因素，还包括超大规模的IPO、海外中国概念股私有化回国上市、楼市向好等因素。原因很简单，它们都是抽水泵，在流动性来源既定的前提下，抽水泵越来越多，现有的股价自然承压。

持续加快和体量增大的IPO。根据权威数据统计，在2014年下半年，证监会分7批下发79家IPO批文，月均为十多家。自2015年以来，证监会下发IPO批文的次数也较2014年下半年增加不少。其中，年内证监会已经下发了9批IPO核准批文，涉及218家企业。特别是自2015年5月起，A股市场的IPO节奏已从原来的一个月核准一批调整为一个月核准两批。然而，就在6月24日晚间，证监会又再度核发了28家企业的首发申请。但距离上一次IPO核准批文的下发也仅仅间隔了15天左右的时间。

值得注意的是，在IPO发文节奏明显加快的同时，大盘IPO也开始频繁来袭。其中，在5月22日证监会核准的23家企业中，就包括了中国核电这一大盘IPO。而在6月9日证监会核准的24家企业中，也包括了国泰君安这一大盘IPO。由此可见，时下A股市场新股发行呈现出两种典型的现象，即一方面是IPO数量呈现出大幅增长的态势，另一方面，则是大盘

IPO 密集出现，涉及冻结资金规模也较以往出现大幅度的飙升。IPO 节奏的持续加快，确实对市场的投资信心起到了本质性的冲击。

中国概念股集体私有化回国上市。据数据提供商迪罗基公司的数据，2015 年已有 11 家在美国上市的中资公司宣布计划从美国退市，私有化交易总计涉资 134 亿美元。相比之下，2014 年只有 1 只中国概念股从美国退市，私有化交易涉资 6.6 亿美元。这些公司，之所以集体要求私有化，其动力源于美国股市与 A 股市场之间估值的巨大差异。以游戏公司为例，目前在美国上市的中国手游、乐逗的估值分别为 6.83 亿美元、4.87 亿美元，而在国内市场大跌的情况下，掌趣科技的总市值为 270 亿元（约 42.5 亿美元），游族网络的总市值为 246 亿元（约 39 亿美元）。❶当然，私有化之后，必然是要重新上市的。虽然上市的途径很多，譬如借壳上市，当然更多的企业想必还是会选择以 IPO 形式上市的。这样一来，问题又推到了持续加快的 IPO 上来。

投资者主动去杠杆：加速下跌

也正如行为经济学家们所认为的，在投机泡沫中，一旦价格下跌必然是急剧的下跌，这种下跌同样也是非理性的。正如反馈机制可以使价格剧烈上升一样，它也可以使价格剧烈下跌，且价格的下跌同样超乎想象。穆勒就说过："价格下跌到通常的水平以下，一如它在以前的投机时期上涨到通常的水平以上。"更重要的是，因为杠杆的缘故，其风险性在短时间内又被快速地放大了。就这种放大机制，我曾在拙作《下一轮经济危机 2：中国凭什么幸免于难》一书里做过如下论述：

---

❶ 此时市值以写作到本处时的行情为准。

走向出现转折，资本市场开始走下坡路时，杠杆效应的负面作用也就开始全面凸显了，其风险性将于短时间内被快速放大。对于那些过度使用杠杆的个人、企业和机构来说，资产价格的上涨可以使它们轻松获得超额收益；资产价格下跌，其亏损也会被相应放大，有时甚至超过自有资本，从而导致其迅速破产倒闭。

早在1933年，美国著名经济学家欧文·费雪（Irving Fisher）分析当时的金融危机时就曾明确地指出："当高度负债的个人和商业机构陷入金融困境时，他们通常都会选择卖掉资产用来偿还债务。"随着次贷危机的爆发，高"杠杆化"带来的风险被人们重新认识并普遍接受，个人和企业的首要目标也就从原来的利润最大化转移到负债最小化。个人、企业特别是那些金融机构，纷纷以通过抛售资产、削减各项支出等方式努力偿还负债。

这个过程就是所谓的"去杠杆化"。对于"去杠杆化"，素有"债券之王"之称的比尔·格罗斯（Bill Gross）有非常清醒的认识。这位世界最著名的投资公司之一PIMCO的创始人和首席投资官说："一旦进入去杠杆化进程，包括风险利差、流动性利差、市场波动水平乃至期限溢酬都会上升，资产价格将因此受到冲击。而且这个进程不是单向的，而是互相影响、彼此加强的。比如，当投资者意识到次贷风险并解除在次级债券上的投资杠杆时，和这些债券有套利关系的其他债券、持有这些债券的其他投资者以及他们持有的其他品种，都会遭受影响。这个过程可能从有瑕疵的债券蔓延到无瑕疵的债券，并最终影响市场的流动性。"[1]

---

[1] 韩和元. 下一轮经济危机2：中国凭什么幸免于难[M]. 北京：北京大学出版社，2013：7-8.

第九章

投机泡沫的危害

汗流浃背、辛勤劳动的所得,远不如金钱游戏带来的利益,必然对劳动积极性产生极坏的影响。

泡沫破灭可引发经济危机

就泡沫破灭而引发经济危机而言，1990年的日本无疑是最佳典型案例。20世纪90年代，被认为会持续不断上涨的股价和地价终于出现了逆转。1989年，日本泡沫经济迎来了最高峰。当时日本各项经济指标达到了空前的高水平，但是由于资产价格上升无法得到实业的支撑，所谓泡沫经济开始走下坡路。

首先是1989年年末创下最高纪录的股价，进入20世纪90年代后开始大幅度下跌。1990年12月，平均股价回落到24000日元左右，创下了一年中下跌40%的纪录。1991年股价相对稳定，但是到了1992年股价再次暴跌，8月中旬，日经指数平均降到了14000日元附近。与年初相比，下跌幅度超出了30%。其后，随着综合经济对策的实施，虽然稍有回复，但在1992年的10月，依然低于17000日元的水平[1]。

事实上地价下跌得更为恐怖。由于外国投资者对日本企业的产品品质和全球市场占有率依旧保持着高度信心，在大跌过后，外国投资者的参与，事实上遏制了日本股价的进一步下滑。但是在那些没有外国投资者参与，或者至少到目前为止还没有参与的市场，情况则大相径庭。直到1990年

---

[1] [日]野口悠纪雄.泡沫经济学[M].北京：生活·读书·新知三联书店，2005：4-5.

为止，仍处于高价稳定状态的东京圈地价，从 1991 年也开始迅猛下跌。根据 1992 年都道府县的地价调查，从 1991 年 7 月到 1992 年 7 月的一年间，住宅用地的价格，东京都下跌 15.1%，大阪府下跌 23.8%，而东京市下跌 27.5%[1]。日本高尔夫俱乐部会员权和六大主要城市商业不动产价格，从泡沫高峰期到位于谷底的 2003 年和 2004 年，分别暴跌了 95% 和 87%，使得它们的时值只有当初的 1/10 [2]。

根据野村证券的辜朝明匡算的结果显示，1990 年仅地产与股票价格的下跌，就造成了令人难以置信的 1500 万亿日元的损失，这个数字相当于日本全部个人金融资产的总和，还相当于日本三年 GDP 的总和，也就是说资产价格的暴跌抵消了日本三年间的 GDP。[3]最终损失还不止于此，从 1990 年到 2003 年，由于企业需求下降造成的损失相当于日本 GDP 的 20%。也就是说，由于资产价格暴跌，导致约占 GDP 20% 的企业需求烟消云散[4]。

受不断下跌的房地产和股票市场的影响，银行业危机一触即发。1992 年年末就有分析师认为，当时日本整个银行系统的呆坏账，可能高达 60 万亿日元（约合 4500 亿美元）。到 1995 年 8 月，日本经历了第二次世界大战后的第一次银行挤兑，储户从东京的环宇信用合作社取走了 600 亿日元。此后不久，大阪的一家大型信用合作社也发生了挤兑，而在遭受地震袭击的神户，规模不大的兵库银行倒闭，成为日本战后半个世纪以来首家倒闭的上市银行。惊慌失措的储户挤进这家银行，在柜台前排起了长龙。到了 1995 年年底，政府被迫出手解救几家住宅贷款公司，这些公司的亏

---

[1] [日] 野口悠纪雄.泡沫经济学[M].北京：生活.读书.新知三联书店，2005：5.

[2] [美] 辜朝明.大衰退：如何在金融危机中幸存和发展[M].北京：东方出版社，2008：11.

[3] [美] 辜朝明.大衰退：如何在金融危机中幸存和发展[M].北京：东方出版社，2008：14.

[4] [美] 辜朝明.大衰退：如何在金融危机中幸存和发展[M].北京：东方出版社，2008：15.

损高达 6.4 万亿日元（折合 480 亿美元）。1996 年 11 月，当局批准了阪和银行的破产申请。随后，三洋证券成为日本第二次世界大战以来首家倒闭的券商。跟着到了 1997 年 11 月中旬，日本第十大银行北海道拓殖银行也宣布倒闭。进入下旬，山一证券也紧跟着宣布倒闭，并以高达 3.2 万亿日元（约合 240 亿美元）的债务，成为日本历史上规模最大的破产案。[1]日本经济由此走向了全面衰退，直至如今仍然深陷"失去的十年"的泥淖里不能自拔。对此，当时就有评论家警告说，日本很可能会像 20 世纪 30 年代的美国一样，陷入"债务—通缩"循环中。

早于 1929 年 10 月 14 日，正于美国访问的英国首相温斯顿·丘吉尔（Winston Churchill），在老朋友、美国证券巨头巴鲁克的陪同下，参观了华尔街股票交易所，并且用他的稿酬和演讲费用所得的 2 万美元买入了一些股票。两个月前，当时的纽约市市长詹姆斯·沃克（James Walker）也曾来这里参观过，并在这里见证了他所谓的"世界第八大奇迹——大行情板上持续的牛市"。与沃克一样，丘吉尔也绝对不会想到，美国股市的行情即将逆转。

就在他到访后的第 10 天，一个星期四的上午，抛售风潮呼啸而来，很快就形成了令人难以置信的滚滚洪流。开盘后仅仅半个小时，很多股票就下跌了十几个点。有几只股票交易极其疲弱，没有买盘。短时间的抛售究竟卖出了多少股票，恐怕没人知道，因为没有留下总量的投机记录。但可以肯定的是，急转直下的几个小时，已经让很多人经年累月的缓慢所得灰飞烟灭。到那天中午的时候，在全国各地经纪人事务所的分部里，惊慌失措的人群看到股票报价机上所记录的令人难以置信的价格，并进一步认识到：报价机是如此绝望地落后于市场，以至于它几乎没有办法告诉人们，华尔街大漩涡中正在发生什么。在那里，蒙哥马利·沃德公司的股票掉头

---

[1] [英]爱德华·钱塞勒. 金融投机史[M]. 北京：机械工业出版社，2012：297.

向下，从 83 美元跌到了 50 美元，美国无线电公司则从 68.75 美元跌到了 44.5 美元。就连美国钢铁公司的股票价格也从 205.5 美元跌到了 193.5 美元。但这仅仅只是开始，10 月 29 日，星期二，高潮出现了。这一天的官方统计数据给出的交易量是 1641 万股，但没有一个人知道，在大呼小叫中争相抛售掉的未记录在案的交易量到底有多少，有人相信，真正的交易量可能高达 2000 万甚至 2500 万股。随着抛售而来的是股价的大幅下挫：美国电报电话公司和通用电气公司的股票价格均下跌了 28 个点，西屋电气公司下跌 19 个点，联合化学公司下跌 35 个点，奥本公司下跌 60 个点……这种暴跌让《商业金融纪事报》在 11 月 2 日评论为"本周目睹了有史以来最为严重的股灾"。

但于美国经济而言，这只是麻烦的开端。在 1929—1930 年，由于投资者和消费者减少了大约 150 亿美元的支出，GNP 的支出减少了约 140 亿美元。政府支出虽稍有增加，但其影响微不足道。反映投资和消费支出有所减少的是：劳动力市场上解雇和失业增多了，工商业的销售额和利润降低。美国经济真正的麻烦是从 1931 年 9 月开始的，受股市泡沫崩溃的影响，古老的美国银行体系受到了严重的影响，美国各地的银行纷纷倒闭，单 9 月份，全美就有多达 305 家银行关门大吉；在 10 月份，又有总数多达 522 家的银行倒闭。惊慌失措的资本家们开始储藏黄金。与此同时，美国商业衰退的速度也比过去任何时候都要快。9 月，美国钢铁公司宣布削减 10% 的工资，其他公司争相效尤。削减工资总比失业来得好，当时的美国，失业者的队伍接受了更多的新来者。[1]就当时的真实状况，美国著名记者威廉·曼彻斯特（William Manchester）在《光荣与梦想》中有过大量的细节描写：

---

[1] [美] 弗雷德里克·艾伦. 大衰退时代：绝望蔓延的 10 年（1929—1939）[M]. 北京：新世界出版社，2009：50.

在 1932 年夏季，美国经济大萧条已经整整 3 年，赤贫遍野，有 200 万人在到处流浪。全国的经济已经基本崩溃，失业人数有 1500 万，[1]中产阶级迅速破落到令人痛心的地步。大作家约翰·斯坦贝克（John Steinbeck）沦落到连寄稿件的邮费都付不起。姑娘们也加入流浪队伍，为了一角钱向路人出卖肉体。人民一贫如洗，浪迹天涯，悲观绝望的情绪笼罩着美国。[2]

同样的危机也曾发生于法国。孔代亲王掀起的挤兑风潮，犹如那只亚马逊丛林里的蝴蝶，扇了几下翅膀，却引发了几千公里外的美国得克萨斯州的一场龙卷风。人们不计代价地争相抛售印度公司的股票，好争取时间将纸币尽快兑换成硬币。密西西比泡沫就此崩溃。

为了稳定局势，当时已升任为财政大臣的劳下达命令，将相同面值的硬币贬为比同面值纸币的价值低 5%，但命令并没有发挥预期的作用。劳没有认识到问题的症结所在，他还愚蠢地以为，是贬值得不够所致，于是又发布了另一道命令，这次干脆将硬币价值贬值到低于纸币 10%。同时还规定，每人每次可兑换硬币的限额为：金币 100 里弗尔、银币 10 里弗尔。虽然兑付限额措施勉强保住了银行的信誉，但这些努力还是没能唤起人们对纸币的信心：虽然中央政府采取了诸多措施，但贵重金属仍然不断地流向英格兰和荷兰，那些还没来得及转移的少量硬币，也被人们小心谨慎地藏匿起来了。最终，国内硬币匮乏到了连正常贸易都无法维持下去的程度。

形势万分危急之时，劳使出了他的终极大招：禁止任何硬币流通。法令规定，任何人不得持有超过 500 里弗尔的硬币，违者将被罚没全部硬币并遭受巨额罚款。该法令还禁止所有收购金银首饰、器皿和珍贵宝石的行

---

[1] 当时全美的总人口数约为 1.2 亿。

[2] 中国经济网．美国最惨一天：1932 年 7 月 28 日总统胡佛"毒"死婴儿 http：//www.ce.cn/culture/history/200708/01/t20070801_12392478.shtml．

为，鼓励人们告发违反规定之人，并承诺告密者可得到其告发的违法数额一半的报酬。在这种前所未有的暴政下，法国人民陷入了痛苦之中。该法令本意是想恢复人们对纸币的信心。但结果却适得其反，不仅没能恢复纸币的信誉，反倒是进一步摧毁了人们对它残存的一点信心，整个国家也被彻底地推到了暴乱的边缘。

为了防止暴乱的发生，维持社会的稳定。最后，印度公司回购了所发行的约60万股中的43万股，其中约10万股是用摄政王的资助，以每股9000里弗尔的价格买回的。但尽管如此，劳的货币体系的衰亡仍是不可阻挡的：纸币还在迅速贬值，虽然人们知道手中纵使拿着纸币，也无法兑换到硬币，但人们仍选择抛售手中的股票。这样一来，公司的股票于1720年8月时，其市值仅为500里弗尔，次月更是跌至不足200里弗尔，最低时据说只有155里弗尔。印度公司最终不得不于1720年年底宣告倒闭。

若干年后，流亡他国的劳，于贫病交困中凄然地去世了。当法国人听闻此事后，先时对他歌功颂德、将其视为法国拯救者的人们，这时无不欢呼雀跃。有人甚至为他写下了这样的墓志铭：

一位苏格兰名宿安息于此，
这位天才的数学家。
用神奇的数学法则，
让法兰西倾家荡产。

法国人并没有夸大事实，当时的事实确实如此。密西西比泡沫最终以彻底破产而宣告终结。截至1721年1月1日，法国政府的负债总额已经高达31亿里弗尔，而欠息则高达8000万里弗尔。也就是说，从他接手法兰西的财经事务以来，他给波旁法兰西带来的仅仅是一场繁荣幻觉、一笔更大的财政亏空和比路易十四刚去世时更为糟糕和混乱的局面。

滑稽吧？但令人遗憾的是，这不是戏说的野史，而是像麦基这样的经济史学家们，通过翔实的历史资料还原出来的历史真相。在这段泡沫史中，有两个数据值得我们玩味。第一个数据是：路易十四驾崩后，遗留给波旁王朝的遗产是一笔高达20亿里弗尔的债务；而另一个数据则是，密西西比泡沫破灭后，法国的债务额不再是当初的20亿里弗尔，而是31亿里弗尔。在这段经济史中，我们还可了解到的是：当时的波旁王朝之所以会授权约翰·劳启动密西西比计划，就是为了解决路易十四所遗留下来的那笔庞大的债务。然而，最后不仅没有成功去债，反倒是资产负债表更趋恶化——在原有的债务基础上，又平白增添了一笔高达11亿里弗尔的债务。可见，所谓的资产泡沫化，其实就是为解决债务而始，到制造出一笔更为庞大的债务而终的过程。同时，还可见的是，资产泡沫或迟或早一定会演变为债务泡沫。

也是从这段经济史，我们可发现的一个规律是："信用扩张确实能导致一时的繁荣，但这种繁荣迟早会归于破灭，导致新一轮的萧条。货币把戏只能收到表面的一时之效，从长远看它肯定会让国家陷入更深重的灾难。"[1]

于法国而言，这的确是一场灾难。这场泡沫，只有少数人大获全胜，而无数的法国中产阶级及上层社会中数千人破产，法国货币体系也因此动荡不安。几个月前，法国还是欧洲最富裕、人口最密集、最有自信心的国家；几个月后，它就彻底破产了。

更严重的是，这场国家牛市对当时法国的生产生活也产生了很大的影

---

[1] [奥] 米塞斯.社会主义——经济与社会学的分析 [M].王建民，冯克利，崔树义译.北京：中国社会科学出版社，2008：450.

响。在繁荣期，它让人们误入歧途，使生产的劳动者不安所业，只想到股票投机中去碰运气。作坊、工厂和农场都停工了，因为它们的主人都挤到印度公司的办公处去了，他们祈求如此便能把自己的名字列到"百万富翁"的名单上去。劳氏"制度"崩溃，社会从繁荣沦为萧条后，这些小手工业者和资本家受影响巨大，他们把钱赌掉了，再也找不到生产资金。投机崩溃使得贸易和运输都陷入紊乱，很久以后，法国都还受着这个可怕的危机的影响。

因为泡沫的崩溃导致的经济危机，使得经济长期萎靡不振、失业率高企、人民生活在饥寒边缘不可忍受，这就为"偏激（极左或极右）政治"的兴起提供了肥沃的土壤，将注定为世界带来更为严重的灾难。纳粹的兴起就是最好的证明：1928年德国经济蓬勃兴盛，纳粹党在国会选举中得票率不过区区2%。但1929年10月美国股市大泡沫的崩溃，将整个世界拖入经济危机的深渊。其中，与美国经济联系密切的欧洲首当其冲，德国无可避免备受冲击，经济危机为纳粹的崛起提供了土壤。1930年德国的失业人数由两百多万急升至六百余万，与此数值相关的是纳粹的得票率增至38%。到1933年时，希特勒领导的纳粹党便上台执政。再后来就是那场惨绝人寰的第二次世界大战了。

扭曲人们的价值观

关于投机泡沫可能引发经济危机，已经得到了人们足够的重视，但对于扭曲人们的价值观，显然认识不足。事实上这比经济危机对一个国家和民族的伤害远要大得多，且这种改变将会是永久的。

从 2014 年 12 月开始，中国的股市吸引了太多的关注，人们呈现一种疯狂的状态。事实上早于 2011 年，香港知名导演杜琪峰也曾感慨过，他说："这个年代，房子每天都在涨价，涨到我都要说粗话了。每天都有很多人来问我卖不卖房、买不买房，要是每天都在想这些事情，还有心情工作吗？这样下去，这个社会会变成什么样？未来，小孩会怎样？"是啊，整个社会会变成什么样呢？长此以往，这样的社会是不会有希望的。

早于 1634 年，荷兰郁金香热时期，荷兰人就将过多的精力放在对郁金香的占有上，人们甚至连国家普遍存在的人口问题和工业问题都置之不理。也正是因此，钱塞勒则表达得更为激烈，在《金融投机史》一书里，谈到荷兰郁金香热时，他这样写道：

> 住在莱顿的植物学教授埃夫拉尔·弗斯提亚斯非常厌恶郁金香，只要一看到就会用手杖打个稀巴烂。因为它能让人不劳而获，所以这场投机泡沫违背了加尔文教派的工作伦理。正如"真心话"在《对话录》中发出的质问："如果能够以这种方式赚钱，商人还需要苦心经营？冒险家还需要冒着无比的风险，跑到海外去销售商品吗？孩子们还需要学习技艺吗？农民还用得着在田间辛勤劳作吗？船长还需要在波涛汹涌的大海里谋生吗？军人还需要为了那点微薄的军饷而去干冒生命的危险吗？"[1]

在《下一轮经济危机 2：中国凭什么幸免于难》一书里，我也曾做过这样的论述，在这样一个泡沫化的时代，由于"资产价格的上涨，为投资家带来了亿万的财富。这是流量收入远不能相比的巨大财富，使得人们的

---

[1] [英] 爱德华·钱塞勒. 金融投机史 [M]. 北京：机械工业出版社，2012：17. 所引文字与该译本稍有差异。

价值观发生了混乱。汗流浃背、辛勤劳动的所得，远不如金钱游戏带来的利益，必然对劳动积极性产生极坏的影响。"❶

南海泡沫时期的罗伯特·华尔波尔（Robert Walpole）显然也持有相近的观点。这位后来为南海泡沫收拾残局的政治人物，早在英国国会下院讨论"南海方案"之际，就曾大声疾呼表示反对，他所基于的理由是："这将会是扼杀我国工商业天才的一次危险的股票投机行为。它会像危险的恶魔一样，使人们沉睡在财富从天而降的幻想之中，不再相信踏实的劳动，它会把人们引向歧途。这个计划的实质是无比邪恶的，它只会让大众陷入长时期的疯狂而不能自拔。"❷

1986—1990年股市大泡沫时期的中国台湾就是典型的例证。当时，牛市带来意外财富，让台湾各阶层都沉迷其中，许多人离岗跑去炒股票，造成产业劳工短缺。唾手可得的意外财富让很多人无心工作，股市当时是9点开盘，12点收盘，炒股的太太们在收盘之后，先找一家像样的餐馆吃饭，下午就去唱歌、跳舞、逛百货公司。

事实上2015年的中国大陆亦是如此，在股市向好的那段时间里，朋友圈常常被"股市那么火，我想去看看""回家炒股"等辞职申请刷屏。

由此产生的问题是，如果人人都辞职去炒股了，那么敢问谁来工作？如果企业没人工作，又如何能正常运转？企业如若不能正常运转，社会财富如何制造？同样，如果学校里，教授不再授课，学生不再上课，那么人类的文明又该如何传承？人人都不安所业，最后这个社会会是怎样一个景象呢？关于这个景象，大家是可以试着想象一下的！

---

❶ 韩和元.下一轮经济危机2：中国凭什么幸免于难[M].北京：北京大学出版社，2013：227.

❷ [英]麦基.财富大癫狂：集体妄想及群众疯潮[M].北京：中国人民大学出版社，2011：88.注：引文与译文略有译法差异。

延伸阅读：

一个企业老板强烈控诉员工工作时炒股：
我就是个提供场地还倒贴钱的网管（节选）[1]

文 /angry boss

我不想过于阻止员工炒股，毕竟，这一轮牛市很少见，员工有机会享受这轮股市红利，工作起来也更开心，反正对于我来说，只要员工按时完成工作即可。

我于是私下让秘书去调查了下，也了解了下具体情况。公司50多人，46人炒股，而且他们还设立了一个炒股群，上班、下班期间一直在讨论股票，7×24小时不间断密集讨论股票，已经形成了新的办公室工作模式和文化了，不讨论股票的貌似就很难合群了。

具体来说，自从去年下半年股市开始走红以来，就有员工陆续进入股市炒股，不过当时大概只有10个员工长期炒。后来，发现赚钱不错，公司陆陆续续大部分人都在炒了，直到现在只有4个人不炒股（包括已经从股市全身而退专心创业的我）。

日子就这样过着，我自己不炒股，而是委托我在家带小孩子的夫人炒股，我这样做是不想影响自己工作，毕竟一旦人全身心投入股市，工作肯定会有所影响。

但是就当我对员工炒股睁一只眼闭一只眼时，我发现事情变得越来越糟糕。是的，股市牛了，工作却熊了。

---

[1] 文章转引自识局微博号：http://weibo.com/1671480181/CreasFsvg#!/1671480181/CreasFsvg?type=comment。

1. 员工提交的设计创意产品质量明显下降，客户非常不满意。

2. 员工情绪状态非常糟糕，甚至见到一个员工在洗手间里哭，连忙让人力资源部去安抚，结果后来发现是杠杆炒股，亏得太厉害了。这种情绪严重影响了工作。

3. 跑业务的员工基本上把见客户时间都放在了下午3点后，严重影响了公司的业务进展。这直接导致5月份和6月份的销售业绩下降了一成。

说句实话，作为一个创新型企业，我给员工提供了良好的工作环境、很高的收入以及足够的支持，但是，作为员工也应该有所为有所不为，不能把我这里当成网吧。

……

我把我的遭遇说给也同在做企业的朋友，他说"你就是一个提供场地、电脑还倒贴钱的网管"。

股市大跌的那天，我看到员工很多都是阴着个脸，喊员工到我办公室谈工作，我都先赔着笑脸说"会回来的"，然后才谈工作。

据国内某知名门户网站最近的一次调查显示，在接受调查的16710人中有86.43%的人称自己会在工作时间看股市信息或行情，其中54.84%的人承认上班时随时、一天不限次数地看股市信息和行情，32.08%的人每天看1小时，13.08%的人每天看3小时以上。

谁都知道，今年经济形势并不是特别好，企业生存发展压力很大。尤其作为创意类企业，作为乙方，生存本身就不容易。在这种环境下，作为企业主，我的压力是一般人无法想象的。我曾经甚至担心过企业就此可能倒闭。但是，员工不担心这些。企业倒闭了，他们再换个公司罢了，几乎没有什么损失。

……

我没有道德洁癖，我也不会对员工有过高要求。但是我想说的是，员工既然是 8 小时工作制，就要在此期间把工作做好，敬业是基本的职业素养，而不能无休止地去炒股。炒股完全是个人投资行为，如果因炒股耽误工作甚至无心工作是完全说不过去的。员工当自律。所以，如果未来新闻里有公司因为员工上班期间一直炒股而开除某个员工，我不会觉得惊讶的，不是每个人都像我这么有容忍度的。

再说，现在的股市要么涨停，要么跌停，很让人提心吊胆。从我个人角度，我也希望股市能早日恢复常态，这样员工也能安心地工作。偶尔看看股票，我想大部分老板都不会有意见的。

当然，补充一点，由于前期股市大跌，我发现一些因为炒股而导致工作不积极的员工开始工作拼命起来了，不断来汇报、沟通工作。但是说实话，我很不喜欢这种状态。股市亏了员工才发现工作才是最靠谱的，股市赚了估计会觉得这点工资算什么，还不如一天的浮盈。这种心态会导致人失衡的。

此外，我也知道不少公司老板甚至将自己公司从银行贷款的钱用来去买股票，我觉得这种现象真心不好。只不过，在目前这种环境下，做实业太辛苦了，我也能理解这些公司老板。

破坏国家竞争力

正如 angry boss 在文末所提及的，由于资产价格的上涨，为投资家带来了亿万的财富，受到影响的，不仅仅是个人，还有大量的企业。

仍以 1986—1990 年的股市大泡沫的中国台湾为例。随着股市的热络，证券公司如雨后春笋般成立，查看行情的"号子"到处可见，原来是电影院、歌厅、餐厅、画廊的建筑持有者，也因追求利润，改装成证券公司营业。

是啊，于企业而言，如果金融收益大大超出主业收益的话，试问谁还会认真对待研发等正常的经营活动呢？一个企业在研发、市场和质量把控上都不肯投入，怎么会有可持续的竞争力？这种少投入甚至不投入，力求从实业中抽走资金的收割战略，不仅发生于泡沫时期，泡沫破灭后仍然是如此。我们且以日本为例来予以说明。

在学界有一种观点认为，"产品和服务是竞争力的主题，也就是说，所谓的竞争力，其实质是产品和服务之间的竞争的能力。由此，也可以说，国家（区域）竞争力是建立在其企业的竞争力基础之上的"。在他们看来，所在地的企业具有竞争力了，这个国家或地区的竞争力也就自然上来了。美国之所以能取代英国，跟卡内基钢铁公司、美孚石油公司、摩根银行、通用电气公司、福特汽车公司、IBM、微软甚至今天苹果公司的成长不无关系。同样，日本之所以能迅速崛起，也跟松下、三菱、丰田、索尼等企业的发展不无关系。

同样，这句话反过来亦可表述为，当一国（地区）企业的竞争力明显下滑，也就意味着该国竞争力也处于下行的态势。今日的日本就是这样的一个典型例子。我们知道，日本的消费电子产业，是驱动其经济快速发展的引擎。但现在的情况是怎样的呢？一个词就能够形象地说明，那就是：全面沦陷。

如果把一年一度的上市公司年报发布比作一场电影颁奖礼，那么2014年的"金酸莓奖"（Golden Raspberry Awards）当之无愧的得主应是这三个倒霉蛋——夏普、索尼、三洋。据报道，处于困境的夏普正面临全面降薪以缩减成本，无独有偶，三洋更被曝出将退出历史舞台，着实令人唏嘘。据日本媒体报道，截至2014年3月底的财务季度中，夏普净亏损超过1000亿日元。索尼的日子显然也不好过，日本媒体更是形容其亏损已成常态。据有关资料统计，索尼在近7年内，亏损额达1.15万亿日元。但这两家显然还不是最悲催的，最悲催的大抵要算三洋了。三洋电机最后的股份于2014年3月31日正式转让生效，接手方为一家投资基金。这家巨头的衰落从2007年就开始了：2007年5月，通用电气获得三洋电机信贷公司全部股份；2008年11月，松下宣布收购三洋电机；到了2010年8月，松下获得三洋电机80.77%股份，之后将三洋完全子公司化；2011年3月，拥有57年上市历史的三洋电机从东京证券交易所退市。如今，三洋已成历史。麻烦缠身的日企显然不止这三家，近几年，日企的颓势是有目共睹的。

现在的问题是，为什么日本的企业竞争力下降得如此之快？是哪些因素制约了其产业的转型升级？毕竟自20世纪90年代初日本资产泡沫大崩溃后，日本深陷失落已距今二十多年了。更重要的是，我们还根本看不到它能够走出衰退的任何迹象。

对于日本的衰退很多人提出了解释。易富贤博士就将日本经济长期低迷的根本原因归结为人口的持续下降，在他看来，总劳动力的减少标志着国力即将衰退。他所给出的数据是，1990年正是这样一个转折点。另一种观点则认为，日本的衰退是"广场协议"造成的，日本国内的主流看法都认为"广场协议"是美国冲着日本而来的，是美国胁迫着让日元升值的，美国想通过牺牲日本，来解决自身的"双赤"问题。

但从经验事实来看，这两种观点并没能获得充分的实证支持。德国和日本最具可比性，因为两国都是第二次世界大战的战败国，制造业都对两国经济做出了巨大贡献，两国的经济增长都很快，且都于20世纪60年代相继成为世界第二大和第三大经济体。

如易富贤的论断成立，那么受这种因素影响而导致经济处于长期停滞状态的就不仅是日本一国，德国也应出现这种局面才对。我们来看一组相关数据。德国联邦统计局2012年1月公布的数据显示，尽管2011年德国死亡人数比新生儿人数多 18.5 万，但因外来移民增多，人口总数将超过 8180 万，而早于 2005 年，相关数据为 8244 万。这说明了德国也存在着人口负增长的现象。

"广场协议"中明确规定，不仅是日元，德国马克也应大幅升值，事实也是如此。由此可见，美元的贬值并不只针对日本，还有联邦德国。更要紧的是，其贬值幅度也非常相近。所以，那种日本为美元贬值单独买单的论调是颇值得商榷的。

那么，真正的原因何在？我认为其根源可追溯到 1986—1990 年的日本大泡沫，泡沫使企业家的价值观严重扭曲。我们知道，促进社会经济发展的一个根本要素，就是企业家的才能。但如果我们的企业家们将自己的精力都放在了赌博投机上，哪还有精力来做好企业？即使泡沫破灭后仍是如此，只是企业主所持的心态不同罢了。前期是预备通过收割战略来筹集资金再去投机，而后期则是求存。

这一轮升值泡沫不仅给日本带来了一场繁荣幻觉，也给它带来了巨大的财政亏空。随着泡沫的崩溃，在日本，企业、个人都因股票和房地产一事而遭受了巨大的损失。

20 世纪 90 年代以来，日本政府面对战后最严峻的经济形势，先后推出了一系列的宏观政策，这些政策包括长期维持的零利率货币政策和积极的财政政策。其中，自 1992 年 3 月起到 1998 年 11 月止，日本政府就先后推出了 11 次刺激经济回升的景气对策。更重要的是，1998 年 11 月的应对远不是终结，而仅仅是新一轮的开始。但结果呢，除了无补于事之外，只是徒添了许多的伤害。

费雪、辜朝明都曾指出，很少有企业会在面临严重的资产负债表问题时，还会将企业的目标设定为利润最大化。事实是，恰恰相反。早在 1933 年，基于对当时的金融危机的分析，费雪就明确地指出："当高度负债的个人和商业机构陷入金融困境时,他们通常不是进一步扩大投资,而是都会选择卖掉资产用来偿还债务。"辜朝明也认为,这个时候任何一个负责的、诚信的、理性的企业,都会将企业的运营目标从原来的利润最大化转向负债最小化,以保障自己的资产负债表不至于进一步恶化,而至企业破产倒闭。

上述观点在泡沫破灭后的日本得到了最好的证明。这些企业和个人,为修复其严重恶化的资产负债表,而不得不努力归还债务。也正是因此,在 1995 年时,日本将利率降到了 0,但无论是日本企业还是个人都没有增加借贷。相反的是,当这些企业和个人赚到钱后,所做的第一件事情不是加大对科研技术和市场的投入,而是加速还贷。"到 2002 年和 2003 年,日本的净债务偿还额,已经上升到每年 30 万亿日元以上的空前规模"[1]。

为了努力偿还债务,尽快修复糟糕的资产负债表,这些企业就不得不拼命地节衣缩食、控制成本。如此一来就自然对其经营行为中的科研、市场乃至于质量的投入,都形成了严重的挤出效应,长此以往对日本企业的竞争力怎会不造成巨大的伤害呢?!

于第一个失落的十年期,日本企业还能源源不断地制造出大量利润,并用它去偿付当初因赌博经济而落下的亏空。但当日本步入第二个失落的十年期时,这种危害就开始全面凸显出来。

对于 2010 年的丰田危机,《国际商报》的汽车主编何仑就认为,丰田汽车不顾一切控制成本的思想导致了那次全球性危机。他说:"很多丰田车没有经过现实的路试,只是进行实验室里的模拟实验。其实很多车子问题在实验室里是发现不了的。丰田的新车上市时很少宣传自己经过多少

---

[1] [美] 辜朝明. 大衰退:如何在金融危机中幸存和发展[M]. 北京:东方出版社,2008:09.

公里的路试，因为路试成本太高了。"① 丰田汽车的问题显然不是孤立的，事实上其他的很多日本企业情况也许比它更糟，松下、索尼的亏损正是这一结果的具体表现。

打击中产阶级，不利于橄榄型社会的形成，亦不利于经济结构的调整

亚里士多德在其所著的《政治学》一书里，曾这样写道：

很明显，最好的政治社会是中产阶级公民组成的，而且，很可能在治理好的国家里，中产阶级为数众多……由此可见，公民拥有适量的、足够的产业是那些国家的大幸……如果没有中产阶级，穷人数目增大，麻烦百出，国家会很快崩溃。②

也正是基于此，几乎所有的国家，都努力在促成橄榄型社会的形成。所谓"橄榄型社会"，是指社会阶层结构中极富、极贫的很少，中间阶层却相当庞大。从社会学意义上说，中间阶层的壮大，使得对立的贫富两极成为一个连续性的排列，每一个社会成员都能看到拾级而上的希望，有助于舒缓贫富差距积蓄的对立情绪以及由此衍生的系列社会问题。

遗憾的是，历次的投机泡沫史都证实了，投机泡沫无助于中产阶级的

---

① 召回令丰田窒息 警示汽车行业关注品质 [N]. 央视网汽车频道，2010.02.04. 转引自猫扑汽车：http：//auto.mop.com/n/hy/2010/0204/1028141021.shtml.

② 转引自：[美]利普塞特. 政治人——政治的社会基础 [M]. 北京：商务印书馆，1993：1.

壮大。相反，在历次的投机泡沫中，损失最大的恰恰是那些国家的中产阶级。关于这个问题，请容我再引用一下我在《下一轮经济危机2：中国凭什么幸免于难》一书里所做的论述：

  上层的特权阶级是有特权的，这种特权至少可以部分地保护其财产。而那些穷人，压根就没有资金介入资本市场，萧条时期他们固然艰难度日，在繁荣时期为应对通货膨胀，他们还是艰难度日。这场泡沫运动的真正输家，无疑是那些夹在中间的中产阶级。他们有部分的闲钱，这令其可以自由地进入资本市场，同时在泡沫时期他们的信用也得到扩张。在繁荣时候他们可以利用这种信用以高杠杆形式大肆投资，在这时他们固然可以获得更高收益，可一旦经济衰退，其高杠杆也会给他们制造更多的负债。[1]

  也就是说，一旦泡沫破灭，股市价格出现整体性下跌，那么中产阶级家庭将最先受到冲击。一些脆弱的中产家庭，会因此一贫如洗而返贫、致贫。中产阶级人数的减少，穷人阶层人数的增多，这显然不是一个和谐社会所愿意见到的现象。

  当然，更多的家庭或许不至于返贫、致贫，但庞大的负债也会让这些中等收入的家庭，开始在消费方面"捉襟见肘"。因为要偿还巨额债务，他们将不得不节衣缩食，而这对目前的中国经济造成的负面影响尤其巨大：深陷债务中无法自拔，使得人们为偿还沉重的分期债务而迫不得已收紧日常消费。这也就意味着，它给我们的经济结构的调整带来麻烦。

  那么，接下类的问题是，我们该怎么办？

---

[1] 韩和元. 下一轮经济危机2：中国凭什么幸免于难 [M]. 北京：北京大学出版社，2013：229-230.

第十章

**治未病：
如何有效地防止泡沫再发生**

于泡沫三角中，真正能够为我们所控制的，就只有货币政策这一条了。因此，确保货币的稳定，对于预防泡沫至关重要。

政府应采取的行动

一种认识：大国崛起、经济结构调整，股市真的没那么重要

对于凯恩斯的很多观点，我们有足够的理由去怀疑、反对甚至于驳斥，但我们又不得不承认，他在某些方面的认识又是那么的深刻，譬如他的动物精神理论，譬如他的"金融体系本身的不稳定性"的观点，又譬如下面这段话：

撇开这种当代的情绪不谈，经济学家和政治哲学家们的思想，不论在对的时候还是在错的时候，都比一般所设想的要更有力量。的确，世界就是由它们统治着。讲求实际的人自认为他们不受任何学理的影响，可是他们经常是某个已故经济学家的俘虏。在空中听取灵感的当权的狂人，他们的狂乱想法不过是从若干年前学术界拙劣作家的作品中提炼出来的。[1]

密西西比计划的总策划劳无疑就是这样一位若干年前学术界里拙劣但却很有力量的作家，在他 1705 年出版的书名为《论货币和贸易：兼向国家

---

[1] [英] 凯恩斯. 就业、利息和货币通论 [M]. 北京：商务印书馆，1999：396-397.

供应货币的建议》(*Money and Trade Considered with a Proposal for Supplying the Nation with Money*)的著作中，他反复强调的是这样一个问题：

> 如果想和其他国家一样富强，那么就必须拥有与这个国家数量相等的货币。[1]

在他的认识里，货币即财富，印刷了多少货币就等于创造了多少的财富。如果他的观点成立，那么，我们的农民为什么还要在田地里辛勤地耕作，我们的工人为什么还要在流水线上不停地生产，我们的商人们为什么还要含辛茹苦地东奔西跑，多印些钞票不就一切都解决了？！

薛涌，虽然在力量上远不及劳，但其"拙劣"的程度则丝毫不逊色于后者。他认为，清政府被英国打败乃是因为英国拥有可依赖的金融市场，而它自己没有。这种观点确实可解释鸦片战争的失败，但问题是它却无法解释英国战胜当时的超级大国荷兰。不要忘了，现代金融体系发端和完善于尼德兰联省共和国，在英国崛起的过程中，与它只是一海之隔的荷兰早已拥有非常发达的金融市场了。

虽然观点谬误百出，但薛涌却是"道不孤"的，耶鲁大学的陈志武显然也持有这一观点。在《金融的逻辑》一书里，他像薛涌一样彻底抛开了制度、军事、工业、民族性等因素，甚至连经济领域里的生产率这个概念也被其彻底抛弃，只是一味地宣扬着这样一个观点，那就是西方国家之所以强盛、之所以发达，原因很简单，就是因为这些国家将金融置于一个重要的位置上。在他看来，资本化是一国经济结构调整，是一国经济增长的

---

[1] John Law. Money and trade considered, with a proposal for supplying the nation with money. Gale ECCO, 2010.

根本动力。正是由于金融的崛起,西方国家才会随之崛起。简言之,他与薛涌一样,认为金融决定着一国的兴衰。

为了支持自己的这一观点,作者开始没完没了地前后矛盾。譬如,在该书的第四章《掠夺对西方的崛起贡献有多大》里,他这样写道:(于英国而言)"真正成功的是 1599 年成立的英国东印度公司,该公司的创始股东有 80 人,他们选举产生了 15 人的董事会。1601 年 2 月,东印度公司第一次由五只船组成的贸易船队驶向印度。该公司后来成为英国跨国贸易、经济扩张的主力军。这种以股份有限责任公司从民间融资,然后由民间经营外贸的模式不仅保证商人有其独立经营海洋贸易的空间,也为英国后来的工业革命做好了公司组织形式上的准备(工业规模化创新与生产风险也大,需要的资本也多)[1]。"

但翻过两个页码,在第五章《资本化是美国资本主义的核心精神》的摘要部分,他却又这样写道:"当年英国盛世靠的是它的海外商业贸易,而美国盛世靠的是它的科技创新。这两种特色的盛世所需要的金融支持也不同:前者需要的是债务、银行和保险,而后者需要的是以股票为代表的风险资本。"[2]

一会儿肯定了股份有限责任公司这种组织形式和融资方法,对工业革命和经营海洋贸易所起到的作用,一会儿又称英国是纯粹的海外商业贸易国,这种发展模式决定了其依赖的只是债务和银行融资,而不是股票融资。这种前后矛盾的确让人抓狂。

但与这种前后矛盾相比,其罔顾事实的论述更是让人难以接受。譬如,"当年英国盛世靠的是它的海外商业贸易,而美国盛世靠的是它的科技创

---

[1] [美] 陈志武. 金融的逻辑 [M]. 北京:国际文化出版公司,2009:47.

[2] [美] 陈志武. 金融的逻辑 [M]. 北京:国际文化出版公司,2009:49.

第十章 治未病：如何有效地防止泡沫再发生 | 233

新"，从这段文字来看，好像英国从来与科技创新无关，它一直做的只是海上商业贸易而已。这里不免要问了，约翰·凯伊（John Kay）于1733年所发明的飞梭算不算科技创新？詹姆斯·哈格里夫斯（James Hargreaves）于1765年所发明的"珍妮"纺纱机算不算科技创新？理查德·阿克莱特（Richard Arkwright）于1768年发明的水力纺纱机算不算科技创新？詹姆斯·瓦特（James Watt）于1769年改良的蒸汽机算不算科技创新？爱德蒙特·卡特莱特（Edmund Cartwright）于1785年发明的动力织机算不算科技创新？富尔顿（Fulton）于1807年造出的用蒸汽机做动力的轮船算不算科技创新？特列维雪克（Trevithick）于1812年造出的科尔尼锅炉算不算科技创新？史蒂芬孙（George Stephenson）于1814年发明的蒸汽机车算不算科技创新？

事实是，正是由这一系列技术变革所引起的从手工劳动向动力机器生产转变的重大飞跃，构成了第一次产业革命。于人类社会的文明发展而言，它绝不亚于由美国所主导的、以电气为主要内容的第二次产业革命。正是这场革命，我们才得以进入到一个自由贸易的时代；正是这场革命引起了生产组织形式的变化，才使得使用机器为主的工厂制取代了传统的手工工场；正是这场革命带来了城市化和人口向城市的转移；正是这场革命给人们的日常生活和思想观念带来了巨大的变化；正是这场革命导致了生产力的飞跃；正是这场革命加强了世界各地之间的联系，改变了世界的面貌；正是这场革命，客观上传播了先进的生产技术和生产方式，猛烈冲击着传统封建社会的旧制度、旧思想。

也正是因此，"我们可以这么说，没有工业革命，就没有我们现在这个世界。工业革命使英国成为世界上最强大的国家，它的强大的工业生产能力，在当时就是英国一个国家能够对抗整个世界的原因。工业革命，还使英国走进了现代化的大门，使英国成为第一个现代化国家。这也就迫使整个世界追随着英国向现代化的方向前进。因此从这个意义上，我们可以

说是英国引领了当时世界的潮流,打开了现代世界的大门"。❶

但这一切显然被陈志武刻意地"忽视"了,被他忽视的还有这一场产业革命爆发的背景。我们在对南海泡沫事件予以回顾的时候曾提到,在南海公司的游说下,1720年6月9日通过的《泡沫法案》规定,股份公司必须取得皇家特许状才能继续经营,无此特许状者一律视为非法。

从此以后,这一法案便一直像孙悟空头上的金箍一样,约束着英国证券市场这只"猴子"。到1741年时,这一法案不仅适用于英国本土,甚至在英国的北美洲殖民地也就是今天美国的前身也同样具有效力。到1807年11月时,英国检察总长仍以《泡沫法案》为依据,起诉了两个公司非法设立可转让股份的行为。虽然时任英国首席大法官埃伦伯勒(Ellenborough)勋爵驳回了检察请求,但他同时也发出了一个坚定的警示:以后没有人可以假称《泡沫法案》已过时,并禁止以合资公司可转让股份为基础的投机。虽然这两家公司暂时逃过一劫,但不久还是因为股份可转让而被认定为违法。直至1825年,这一法案才由时任商务大臣哈斯基逊(Huskisson)提议撤除,并最终由《贸易公司法》取代。❷

也就是说,由南海泡沫所引发的短暂疯狂,最终却让英国招致了上百年的金融戒严期。为此,有人对这一法案大加批评,认为它的历史作用只是让英国的公司制度的成长向后推迟了一百年。无可否认这是事实。但另一个事实亦不容我们所否定,那就是第一次产业革命就孕育和爆发于这一百年时间里。在这一百年时间里,证券市场对英国的经济结构的调整、对英国的崛起所起到的作用完全可以忽略不计。

---

❶ 中央电视台.电视纪录片《大国崛起》第4集。

❷ 林海.泡沫经济催生的泡沫法案.法治周末官网,http://www.legalweekly.cn/index.php/Index/article/id/2082。

第十章 治未病：如何有效地防止泡沫再发生

由此可见，包括股票市场在内的资本市场，在一国经济结构的调整、在一国的崛起过程中，所扮演的角色并不像陈志武们所描述的那么的重要，那么的不可或缺。

当然，主流的学者显然是不能接受我的这一观点的，他们会反驳道，如果没有《泡沫法案》对英国证券市场的约束和抑制，而是像美国那样有着繁荣的证券市场，也许英国会走得更好。事实真是这样吗？我是大为怀疑的。回答这个问题，还得从美国模式与荷兰模式的联系谈起。

很多人认为，美国与英国是一脉相承的，但事实却并非如此。事实上，所谓的美国模式，无论是其政治体制还是经济模式，都更为接近于荷兰而不是英国，虽然早期美国人的主体为盎格鲁-撒克逊人。

尽管资本主义的早期萌芽是从文艺复兴时期的意大利开始，但真正意义上的资本主义，是到了17世纪中叶在荷兰首先完成的。虽然这是一个弹丸之地的小国，但它却是世界上第一个"赋予商人阶层充分的政治权利的国家"。它是一个共和与民主的混合，实际的政治权力是在商人和知识精英的手中。就在这样一个没有君王、强调共和和民主的国度里，诞生了世界上第一个金融中心。

1588年，荷兰人挣脱西班牙的统治获得独立。独立之前，与宗主国西班牙的贸易是荷兰最主要的经济来源之一，但是独立之后，西班牙封锁了其所有港口，并明令禁止所有荷兰商船驶入西班牙。荷兰经济的生命线就这样被扼断了，新生的荷兰共和国出路在哪里？荷兰人的特长是其敏锐的商业直觉，很快他们找到了自己的优势。因为这片土地上拥有人数众多、对财富充满强烈渴望的商人阶层，如果将他们的爱财之心转化为一种力量，那么，荷兰就拥有了比王权更为强大的武器。根据这个优势，荷兰人决定从精明的中间商变成远洋航行的斗士，靠自己去开辟前往东方和美洲的航线。

只是，远洋航行需要的资金又将从何而来？在时任共和国大议长奥登巴恩维尔特的主导下，1602年人类历史上的第一个股份公司——荷兰联合东印度公司成立。就像他们创造了一个前所未有的国家一样，荷兰又创造了一个前所未有的经济组织。为了融资，公司发行股票，并承诺对这些股票分红，这就是荷兰东印度公司筹集资金的方法。这一次他们聚集了650万荷兰盾的资金，于今天而言，这是一笔约合近百亿美元价值的巨款。通过向全社会融资的方式，东印度公司成功地将分散的财富变成了自己对外扩张的资本。成千上万的国民将自己安身立命的积蓄，投入到了这项利润丰厚，同时也存在着巨大风险的商业活动中。

在一切准备妥当之后，东印度公司的船队出航了。在东印度公司成立后的短短五年时间里，它每年都向海外派出50支商船队，这个数量超过了当时世界霸主西班牙、葡萄牙的船队数量的总和（这也正是英国人笛福所羡慕的发展模式）。但在前十年，东印度公司没有向它的股东支付过任何的股息，因为它正忙于将钱投到造船、造房子，以及在亚洲建立一个贸易王国上面。当这一切都做妥当之后，公司终于向它的股东们派发了红利。

连续十年不给股东们分红利，这样的经营方式为什么能够得到投资者的认可？那是因为：荷兰人在发明股份制的同时，还创造了一种新的资本流转体制。就在东印度公司成立后的第七年，也就是1609年，世界历史上第一个现代意义的股票交易所诞生在阿姆斯特丹。在这个交易所，东印度公司的股东们只要愿意，都可以随时将手头的股票兑现成现金。而就在那时，在阿姆斯特丹的股票交易所中，就已经活跃着超过1000名的股票经纪人。虽然他们还没有穿上红马甲，但是固定的交易席位已经出现了。

一时间，这里成为当时整个欧洲最活跃的资本市场，前来从事股票交易的不仅有荷兰人，还有许许多多的外国人。当大量的金银货币以空前的

第十章 治未病：如何有效地防止泡沫再发生

速度循环流通时，荷兰的经济血脉开始变得拥堵起来。这一次，荷兰人又开创性地建立了银行。阿姆斯特丹银行成立于1609年，这比英格兰银行要早近百年，它是一个城市银行、财政银行和兑换银行。它吸收存款，同时也发放贷款。更重要的是，这家银行还发明了我们现在所说的信用。那时他们称之为"想象中的货币"。为了保障银行的信用，阿姆斯特丹市通过立法规定：任何人不能以任何借口限制银行的交易自由。由此，一个看上去不可思议的现象出现了：当荷兰和西班牙的军队正在海洋上厮杀时，西班牙贵族手中的白银仍可以自由地从阿姆斯特丹银行的金库中流进流出。荷兰的银行，可以合法地贷款给自己国家的敌人。其实，这也很好理解，因为，于荷兰人而言，他们之所以要建立政府，就是为他们的商业利益服务的。

正是基于此，历史学家们比较一致的意见是，荷兰的市民是现代商品经济制度的创造者，他们将银行、证券交易所、信用以及有限责任公司有机地统一成一个相互贯通的金融和商业体系，由此带来了爆炸式的财富增长。也正是依凭它的金融霸权，这个国家一度成为世界强国，它四处扩张，殖民地遍布亚洲和美洲。

也就是于阿姆斯特丹交易所成立的那年，荷兰的殖民者第一次登陆北美洲的曼哈顿。16年后，荷兰人转头用24美元买下了这个小岛，并给这片土地取了个容易记住的名字——新阿姆斯特丹，聊以抚慰他们的思乡之情。同时，这里还被选为新阿姆斯特丹总督府驻地。为了方便警卫通行，总督下令用木头做围墙，筑起一条街，就地取名"墙街"，这就是最早的华尔街（Wall Street）。

荷兰人的殖民统治，同时也将共和、民主的政治哲学，以及资本主义的商业精神和金融制度带到了新阿姆斯特丹。新阿姆斯特丹不仅建立起了一套共和、民主的政治体系和理念框架，也建成了一套比较完整的金融体系，包括银行、证券、保险等。遗憾的是，1664年，新阿姆斯特丹被英国人攻陷，并被更名为新约克（New York，即现在的纽约）。但这一地区的人们继续保持了荷兰人强调共和、民主，热爱商业、崇尚金钱的传统，并一直延续至今。也就是说，今天所谓的美国模式，其实就是当年荷兰模式的现代版。因此，如果我们将美国模式，称为荷兰-美国模式，似乎也没有什么不妥。而反观英国，它并不像陈志武所定义的，是一个海外商业贸易国。相反，正如马克思对其定性的，它是个地道的工业资本主义国家。

那么，问题来了。第二次和第三次产业革命的确爆发于金融资本主义的美国，但如果我们就此简单地将其归因为金融资本主义的胜利，简单地归因为股市对经济结构调整的胜利，那么，我们不免要问了，同属于金融资本主义的荷兰，为何没能孕育出产业革命，反倒让金融极度受抑制的工业资本主义模式下的英国孕育出了第一次革命呢？有趣的是，1825年英国开始对金融解禁，最终更是由先时的工业资本主义转型为金融资本主义，但为何成为金融资本主义的英国却并没能再次孕育产业革命，反倒是将这个机会让渡于美国和德国呢？

更为有趣的是，以电气革命为主要内容的第二次产业革命，并不是由金融资本主义的美国单独发起的，事实上这次产业革命的开端，是由德意志汉诺威的维尔纳·冯·西门子（Ernst Werner von Siemens）所引发。1866年，西门子制成了发电机；到19世纪70年代，实际可用的发电机问世。由此，电器开始用于代替机器，成为补充和取代以蒸汽机为动力的新能源。随后，电灯、电车、电影放映机相继问世，人类进入"电气时代"。也就是说，第二次产业革命根本就是德国所缔造的。

处于统一前夜和统一之初的德国，资本市场远没有英国和美国发达。当时整个德意志地区都采取了一系列经济政策推广股份公司制度，但颇具有德意志特色的是，当时众多股份制公司的资本来源并不是向社会公众募

第十章 治未病：如何有效地防止泡沫再发生

集，而是通过银行认购股票，这就奠定了德国证券市场与银行特殊关系的基础。

更为重要的是，整个德国的金融体系非常审慎，主要表现在德国金融监管部门对金融机构的监管非常严格，以至于德国金融机构的投资回报率在整个世界都是比较低的。正是得益于这种审慎的金融体制，德国不仅避免了金融业回报率过高的情形，保持了金融业的稳定，同时也能使资金和人才逐步流入到企业、实体经济，促进实体经济的健康发展。

我想，这一点不仅是德国缔造了第二次产业革命的根本原因，也是英国能够在金融戒严下，孕育出第一次产业革命的根本原因——没有畸形的资本市场，使得工商业的天才幸免被扼杀：人们不至于在财富从天而降的幻想中虚度，不至于陷入长时期的疯狂而不能自拔，整个国家没有不安所业的人民，每个人都在踏实地劳动，这一切反倒驱使着大量的社会储蓄和人才，流入了企业和实体经济。这是一种有别于荷兰－美国金融资本主义模式之外的，长期为我们忽视的模式：英国（当然，只限于金融戒严期）－德国的工业资本主义模式。

当然，我们无意于否定资本市场在经济发展中的作用和价值，只是想说：包括股票市场在内的资本市场，在一国经济结构的调整中，在一国经济的发展中，在一国的崛起过程中，所扮演的角色，真的并不像人们所想象的那么重要，那么的不可或缺。

反倒是历史无数次地告诉我们，凡是赋予股市太多使命和责任，而冀望人造国家牛市来实现这一梦想的，最后无不遵循着这样一个规律：人造牛市确实能导致一时的繁荣，但这种繁荣迟早会归于破灭。这种把戏只能收到表面的一时之效，从长远看它肯定会让国家陷入更深重的灾难。

密西西比泡沫就证实了这点。本意是想借着发动一轮人造牛市，以股权换债券的形式，将路易十四所积欠下来的20亿里弗尔的债权给置换干净了。但不曾想的是，随着密西西比泡沫的破灭，这笔债务不仅没去成，反倒是制造了更大的债务。更为重要的是，法国的金融体系也就此崩溃。从此，法国通货膨胀日益恶化，平民阶层生活更加贫困，贫富差距拉大，社会各阶层之间充满怨恨，互不信任，播下了法国大革命的种子。而远在东方的日本，则是本意于制造牛市来促进经济结构的调整，但让它万万想不到的是，正是因为一场泡沫，其经济结构不仅没能转型成功，更是将其国内的企业竞争力消灭了，以至于其至今仍深陷经济停滞的泥淖中而无法自拔。

认识到这一点非常重要。正如凯恩斯所指出的："我确信，和思想的逐渐侵蚀相比，既得利益的力量是被过分夸大了……不论早晚，不论好坏，危险的东西不是既得利益，而是思想。"[1]因为它直接决定着，政府会不会像1711年的英国、1716年的法国、1986年的日本政府那样，直接干预股市，直接决定着国家意志是否中立和货币政策是否稳定。

国家意志必须中立

除了于1636—1637年之间爆发的荷兰郁金香热，政府是以危机的预警者、劝导者的身份出现之外，历史上的历次投机泡沫爆发的一个共同点是，国家意志的不中立，其中表现得尤为突出的是密西西比泡沫。密西西比计划的策划者约翰·劳，不仅是股票发行方印度公司的总裁，同时还是当时具有中央银行性质的法兰西皇家银行的总裁，此后更被委任为法兰西的财政大臣。

英国的南海泡沫亦是如此。南海计划的策划者、南海公司的创始人罗伯特·哈利本身就是时任英国财政大臣，最后连英国国王乔治一世也被拉

---

[1] [英]凯恩斯.就业、利息和货币通论[M].北京：商务印书馆，1999：397.

第十章 治未病：如何有效地防止泡沫再发生

入局中，身兼着南海公司的总裁。更为重要的是，当时的南海公司买通了上下两院大部分议员，而贿金多以股票形式支付。因此，国家意志必须倾向于南海公司，因为唯有如此，当权者手头的股票才会升值，这些受贿的议员才能获利。也就是说，这时的国家意志不再是中立，更重要的是，这时的南海公司事实上已经凌驾于国家利益之上。

1986—1990年中国台湾的股票泡沫亦曾出现政府意志的身影，只是它表现得较为特殊一些，其特殊之处在于，政府意志并不是一开始就主动介入，而是到了泡沫的后期，被股民绑架，而不得不介入。1986年台湾地区股市开始走牛，到1987年时已表现出明显的非理性繁荣的迹象。这让时任台湾地区证监会顾问余雪明感到不安，他于该年4月在多个公开场合表示"台湾地区股市下跌是不可避免的""股市再涨就不合理了"。但事实却是，从1988年开始，台湾地区股市进入疯涨模式。1988年6月，台指突破5000点大关，7月突破6000点，8月涨到8000点，2个月时间里连涨3000多点，这让台湾地区有关部门很是不安。

为抑制股市泡沫，1988年9月24日，台湾地区财政部门负责人郭婉秋宣布，自1989年开征"证券交易所得税"，这项收税原本于1985年取消。尽管税率只有千分之三，但台指还是出现了狂降的势头，从8813点连跌19天到4645点。到1988年10月21日，台湾股市的跌势仍然不止，投资人开始走上街头抗议。近一个月，持续的抗议使社会不安气氛日益膨胀。由于连日的请愿都没有结果，愤怒的投资人把矛头指向了执政的国民党当局。有抗议者甚至于街头募捐经费支持民进党，以此来激起执政的国民党的重视，进而挽救股市。这一招确实有效。为了化解危机，保住选民，当权的国民党当局不得不做出让步，承诺不让股市继续下跌。为了讨好股民（当时台湾人可谓全民炒股，讨好股民即意味着讨好全体台湾人），国民党甚至将"股市的繁荣当作他们最近的竞选活动的最好广告。他们的选举口号就是'丰厚的利润、伟大的繁荣'"。[1]

国民党当局的承诺,立即得到了正面反馈,"跌跌不休"的股市开始重拾升势。大批的台湾人冲着国民党的那句承诺,而大举进入股市。因为在他们看来,国民党的这条标语就是当局防止市场下跌的保证。[2]在股民们狂热的投资热情下,股市迅速反弹。1989年6月,台指创下9000点新高,并在随后的几天内如期突破10000点大关。这种前所未有的疯涨,使得当时台湾地区股票市场已经变味,成为一个不产生实际价值的"赌场",股市原本应该具有的合理配置资源的功能已然无从谈起。当时参与台湾地区股市的一位美国基金经理江平先生(Steven R. Champion)在其所著的《台湾大泡沫》(The Great Taiwan Bubble)一书中,就这样写道:"(那时候的)台湾人似乎发现了一种方法,让他们可以超越光速,摆脱一切物质束缚,行至一个奇特的全新时空。在那里,时光凝固,平行线也可以任意交汇。"总之,当时的台湾地区,一切正常的经济与金融学法则都不起作用了。[3]

同样,就2014—2015年中国这轮泡沫,我曾与很多投资者交谈过,其中既有机构投资者,也有小散户;既有受过高等教育的大学教授,也有公司白领,乃至贩夫走卒。他们告诉我,之所以坚定看多,一个重要的原因是,他们误将《人民日报》发表的《4000点才是A股牛市的开端》的观点,错当成了一种国家意志。虽然,他们并不认为国家会对此做出任何承诺,但他们却固执地认为,国家想借由股市来达成很多目的,在这些目的尚未达成时,国家一定不容许股市崩盘。正是在这一心态下,激发了他们的过度冒险行为。事实也是如此。此新闻一出,不仅沪深两市新开户数创下了

---

[1] [美]江平. 台湾股市大泡沫[M]. 北京:中信出版社,2009:10.

[2] [美]江平. 台湾股市大泡沫[M]. 北京:中信出版社,2009:10.

[3] [美]江平. 台湾股市大泡沫[M]. 北京:中信出版社,2009:3.

新高。同时，两市的成交量及以月计算的涨幅，都创下了历史新高。

国家意志的不中立乃至介入，往往会误导市场、误导投资者。在他们看来，国家意志的介入，即意味着国家在给泡沫提供某种最终的信用担保。毫无疑问这会提高投资者的风险偏好：一旦投资者认定，纵使市场发生危机，政府也会出手相救；那么，他们肯定倾向于承担更大的投机风险，因为这也意味着更大的潜在利润，毕竟过度的冒险行为有人买单。这就给市场带来了严重的"道德风险"。也就是说，只要国家意志一旦偏离中立立场，就会孕育出非常可怕的资产泡沫危机。正是基于此，防止资产价格泡沫，关键就在于防止道德风险。而从防范道德风险角度出发，国家意志必须中立。

稳定货币

其实，就如何预防泡沫，消防学理论或可给我们以启示。我们在前面论及过，如果将泡沫看作一场火灾，人的动物精神、外部冲击力与信用扩张这三者缺一不可。

消防学告诉我们，在火灾防治中，只要能够阻断"火三角"（可燃物、火源和助燃剂）的任何一个要素，就足以避免或扑灭一场火灾。泡沫也是如此。只是由于人的动物精神（可燃物）不好把握。相比于人性而言，外部冲击力（火源）更不好控制。它可能是一场我们无法预见的创新，也可能是一场我们无法预见的发现，还可能是他国的一场政治运动……就如同真实的火灾，其火源可能来自老化的电线，也可能来自天外陨石的撞击一样。于泡沫三角中，真正能够为我们所控制的，就只有货币政策这一条了。因此，确保货币政策的稳定，对于预防泡沫至关重要。

当然，有的货币政策确实是针对股市来的，譬如密西西比泡沫，又譬如日本大泡沫。而有的货币政策并非针对股市而来的，譬如20世纪20年代的美国，美联储之所以人为压低利率是应英国要求，阻止欧洲的黄金流入美国，帮助英国恢复金本位的。但这仍然令美国股市步入泡沫。到最后，美联储不得不加息，其针对的仍然只是自身的货币市场，而不是股市，但还是造成了整个股市的危机，[1]进而引发了20世纪30年代的经济大萧条。从这里可见，不管你的货币政策是否针对股市，稳健仍然是必须的。先将利率压得很低，以此来实现信用扩张，然后再猛地抬高利率紧缩信用，这种过山车式的货币政策，最后受伤害的不仅是股市，还有整个经济。

　　过于宽松的货币政策，对经济的伤害事实上还不止于此。我们知道，在市场中，商品或劳务的价格完全取决于供给和需求。各种物品的相对价格所组成的价格体系，就是市场经济的核心。在现实中，尽管个别的供给者或需求者，自己可以通过供给量和需求量的变动，来对市场价格发生微小的影响，但在一个充分竞争的市场环境里，无论是供给者还是需求者，都是无法真正改变市场价格的。也正是因此，厂商必须将自己的产量，保持在产品的边际成本等于价格的那一点上，即产品的边际成本与边际收益相等。各厂商都按此原则行事，社会资源的配置就可以达到最优。

　　正是基于这样的认识，米塞斯早在20世纪20年代就指出，如果没有价格机制，就不可能进行相应的经济计算。失去了价格机制，商人或者是一切经济计划的制订者，根本无从得知市场需求的情报和信息，其必然的结果是社会资源的配置无法达到最优，随之而来的必然是经济体制的失灵，以及经济的低效率乃至瓦解。他正是基于价格对经济计算的影响，从而得出：中央计划者永远无法对复杂万分的经济体系的运作予以正确的计算，并进而得出计划经济必然失败的结论。20世纪最后十多年苏联的解体和东欧的改制，以毋庸置疑的史实证明了价格理论的真理性，以及米塞斯由此

---

[1] [美]罗伯特.希勒.非理性繁荣[M].中国人民大学出版社，2004：225-226.

第十章 治未病：如何有效地防止泡沫再发生

而得出的对中央计划经济非可行性的理论的判断。

那么，为什么会出现这种情况呢？原因在于自由竞争理论分析的基本前提是物价总水平不变。自由竞争模式中所分析的产品与生产要素价格实际都是在物价总水平不变条件下的价格，即相对价格水平。要使自由竞争理论中所说的价格起到调节经济的作用，就必须保持物价总水平稳定。也正是因此，保持物价总水平的基本稳定，是竞争秩序的一个重要组成部分。没有稳定的物价总水平，那么价格机制就起不到调节经济的作用。也正是因此，在德国经济学家瓦尔特·欧根（Walter Eucken）看来，竞争秩序是完全竞争市场形式与合理的货币制度相结合的结果。

而稳定物价的关键又在于货币政策。货币政策之所以要求稳定，其目的就是谋求币值的稳定。币值不稳定，就会破坏价格体系所反映的各种物品的稀缺关系，这又将破坏企业的成本计算，使得其不能引导资源实现最优配置。

为什么会这样呢？原因在于在发生通货膨胀的时候，各种物品价格的上涨也遵循着差序传导原则，也就是说物品价格上升也有先有后，并且在此过程中，还会出现涨幅不均等现象。这就使得价格无法有效地反映出各种物品的稀缺程度，从而导致企业成本计算失误。为此，米塞斯就将"摧毁了价值核算的基础，即利用普遍的至少短期内不会剧烈波动的价格信号进行核算的可能性[1]"视为通货膨胀的重大危害，正是这种危害，进而又动摇了货币核算体系。同样，通货紧缩也会导致类似的情况出现。

由此可见，币值是否稳定，事关价格体系能否正常发挥作用、自由竞争秩序能否建立。对此，我完全赞同德国经济学家艾哈德（Ludwig Wilhelm

---

[1] [奥]米塞斯.社会主义——经济与社会学的分析[M].王建民，冯克利，崔树义译.北京：中国社会科学出版社，2008：462-463.

Erhard）博士的如下观点："要想促进繁荣,必须摒弃任何只顾表面上的成就,而不求实际上真正进步的政策。重视这一点的人,必须做好准备,坚决反对一切有关通货稳定的攻击。没有相应的通货稳定,自由竞争的市场经济是不可想象的。"[1]

让我们从抽象的理论世界回到现实世界,来看看货币政策与经济增长之间的关系。哈佛大学经济学教授罗伯特·巴罗（Robert Barro）的实证研究结果是,通货膨胀与经济增长之间,不存在着任何正相关性。也就是说,人民不可能通过忍受通货膨胀来获得经济的高增长[2]。通货膨胀其实就是经济增长的一颗毒瘤。

放开准入,扩大投资渠道

从 1602 年东印度公司成立之日起,荷兰人依靠其发达的海上国际贸易和称霸全球的商业共和国从贸易中获得的巨额财富,没有体现在王公贵族的奢华宫殿中,它们源源不断地流入中产阶级商人们的钱袋里。17 世纪后期荷兰的国民收入比英伦三岛之和还高出 30%~40%。

繁华的都市,车水马龙的街道,衣香鬓影的派对,纸醉金迷的生活,新贵富豪的奢华不输豪门望族。这是好莱坞电影《了不起的盖茨比》描绘的场景,是美国 20 世纪 20 年代繁华社会生活的剪影。

而于东方,战后的日本经济得到了长足发展,尤其是在 1960 年日本正式实施国民收入倍增计划后。到 1970 年时,其 GNP 和国民收入的实际年平均增长率分别达到 11.6% 和 11.5%,超过计划规定的目标;实施计划

---

[1] [德]路德维希·艾哈德.来自竞争的繁荣[M].祝世康,等译.北京:商务印书馆,1983:P16.
[2] [美]罗伯特·巴罗.经济增长的决定性因素——跨国经验研究[M].李剑译.北京:中国人民大学出版社,2004:P86.

的第七年，便实现了国民收入增长1倍；人均国民收入按市场价格计算，从1960年的395美元，增加到1970年的1592美元；10年间实际工资平均增长83%。

与其相似的还有我国的台湾地区。1951—1987年，台湾地区连续40年年均经济增长达到9%，成为世界之首。劳动密集型的出口导向模式为台湾地区赚取了大量外汇，外汇储备达到700亿美元，仅次于日本，是当时人均外汇储备最高的经济体。除了官方的财富储备，台湾地区的民间收入也随之大幅提升。岛内居民工资收入快速增长，年终奖金之巨更是史无前例。除了公务员的年终奖金一般相对较低，只相当于其一个半月的工资外，汽车等低利润行业员工的年终奖金相当于其3个月的工资，而水泥等利润较高的行业，相当于其8个月的工资。对于新近繁荣的证券行业员工来说，他们的奖金则达到了相当于其70个月、90个月，甚至100个月的工资。更极端的例子是，台湾证券交易所总经理赵孝风的奖金则达到了新台币1000万元，大约相当于普通工人500个月的工资。从1981年到1987年，台湾地区民众储蓄额平均每年递增21.46%，一度占到台湾GNP的38.5%。

事实上，除了1716—1720年之间爆发的法国密西西比泡沫之外，历史上的历次投机泡沫爆发前都有一个共同点，即这些国家和地区都是处于国（地区）势上升期，得益于社会的稳定和经济的长期繁荣，私人资本不断集聚，社会储蓄不断膨胀，大量暂时闲置的资金迫切寻找出路。但如果与之对应的却是投资机会相应不足，则必然导致人们的注意力过度关注几个有限的途径，进而使得资金快进快出，大量涌入、涌出，造成市场的剧烈波动。从这可见，当一国（地区）私人资本不断集聚、社会储蓄不断膨胀时，放宽准入、不断扩大投资渠道非常必要。

于中国而言，早于2013年1月16日，商务部新闻发言人沈丹阳在一次例行的新闻发布会上就表示，当时我国的城乡居民储蓄余额接近 40 万亿元。[1]截至 2014 年年底，中国个人持有的可投资资产总规模更是高达 112 万亿元。这是一个何其庞大的数字啊！遗憾的是，众多垄断行业市场准入存在多重障碍，民间资本"不可进入"。大量民间资本只能流入股市、房地产等有限的几个领域，最终导致中国目前的尴尬困境：一方面是资产泡沫异常严重，另一方面却是实体产业日趋空心化，造成需求与供给的不匹配。譬如，于医疗、养老行业而言，民间资本不能大量进入，不能形成有效的竞争，政府主办一家独大的局面牢不可破。结果是，一方面大量持有资金者望业兴叹，另一方面则是由于供给不足导致看病难、养老难的问题日益凸显。

面临同样困境的还有我们的农业问题、粮食安全问题。我们知道产出是与投入高度正相关的，我们又知道现在的农村土地制度仍然属于不可完全自由流转的。而中国跟美国又有本质的差别，于美国而言他们是地多人少，人均拥有大面积的土地。而中国的情况恰好相反，是人多地少，人均不过一亩地。对于这点土地，农民会为此而投入几百万元去搞现代化吗？显然不会。同样，农民也不敢搞，因为没有确权，政府某天要征就征了，如果他投入了几百万元，那谁为他的这笔投入买单？对于那些城市中的有着大量闲置资金的人来说也是如此，他不可能拿出几十万、上百万的真金白银，投到你那一亩三分地里去。也就是说，我国现行的很多政策，或直接或间接地对民间资本的准入设置了高不可攀的门槛。

我们假定农村土地这道准入门槛被打破，即土地确权，那会出现怎样一种情形呢？首先可以确定的是，作为农民，已拥有这块土地，这块土地

---

[1] 商务部：我国城乡居民储蓄余额接近 40 万亿元. 新浪网，2013-1-16. http://finance.sina.com.cn/china/20130116/104714303145.shtml.

也就成为他的当然财产,这样一来他就有了财产的当然处置权,他自己可以决定卖与不卖,或者是以什么价位买卖。由于有了相对确定的预期,作为农民而言,自然也会比先时更肯投入,因为即使他的土地被人买走,投入也会体现到销售价格上。同样,那些城里的,有着大量闲置资金的人,也敢于投资了,因为至少他们能够确定那一亩三分地是你的。

随着土地的确权,一部分有本事、有能力的农民将会卖掉自己的土地,拿着这笔钱作为创业资金,跑到城市里创业。当然也会有一些好吃懒做的家伙,因为各种缘故,欠下大量债务而不得不变卖土地。这也没什么,只要我们的社保体系如期地建立起来,这类人就不会成为流民。反倒是,他的土地可以集中到某些种粮大户那里。当种粮大户手头的土地集中到一定程度,我们可以想见的是,他会在这些土地上做怎样的投入呢?随着他手中的筹码增多,他这时也就有了引入城里的大量资金的条件了。

当然这或许是一种并不理想的状态,但我们却不能排除有另一种可能局面的出现,那就是以土地入股而组成农业合作公司。张家3亩地、韩家2亩地、向家6亩地……一个村的人将这土地评估作价,然后根据这个价来组成一家农业公司。在公司内部,根据各自的能力、兴趣和公司的要求予以分工,可将这些股东还聘回去,有管理能力的做经理,有市场拓展能力的做市场,有技术能力的搞技术,而对农业生产已没兴趣的也可只做股东,自己可继续在城市里发展。如果这公司的人有远见,也务实,还可以向城里的闲置资金定向增发搞增资扩股。这样一来,于城市里的闲置资金而言,是多了一个好去处;而于农村、农业而言,则可以将城里的资金、管理、技术和市场都引进了;于国家而言,随着农村组织的创新及城里的资金、管理、技术和市场的配合,我们可以预见的是,农业供给端不仅不会因为土地的确权而萎缩,反倒会因为小农意识的破产、现代农业的引入、公司组织的出现、竞争的加剧而更加繁荣。农业产业化又将形成这样的结果：更多的非农人才回流，包括资金在内的更多的资源要素被投入到农业上。如此一来的结果，我们的农业只会越来越现代化，农村只会越来越繁荣，我们的粮食安全也将得到更多的保证。

也就是说，放开准入门槛，不仅有助于拓宽闲置资金的投资渠道，防止资金出现堰塞湖现象，更有助于调整经济结构，形成新的经济增长点。

扩大交易范围

希勒认为要想维护经济的长期稳定，影响市场并使之保持平稳的上上策就是扩大市场：通过扩大市场交易的范围，使尽可能多的人更频繁地参加交易活动。他所基于的理由是，假设投机性泡沫极大地受到口头传播效果的影响，或者受到周围的信息以及爱国主义情感的影响，那么国外投资者就不可能像当地投资者一样助长投机性泡沫，他们甚至有可能会采取一种抵消泡沫经济的方式进行交易。

确实如此。从在美国上市的中国概念公司与其国内同行在国内市场的表现可见端倪。相同的行业、规模相近的企业，在不同的国家，在不同的市场就存在着很大的差异。在这里，我们假设一下，如果中国国内市场存在着大量的美国资金，这些资金还会将某些公司的估值推得这么高吗？不同股市的价差给出了答案。

所以，扩大交易市场的范围，的确有稳定市场的作用：当一国的投资者认为自己国家非常成功时，外国人也许并不这样看，这时，如果交易范围足够宽、市场的参与者足够多元，这种盲目情绪就会被部分地对冲，而不至于走极端。反之，当一国的投资者极端悲观，外国人也许不这么看，也有助情绪的部分对冲。

中国 A 股市场自 2015 年 6 月中开始逆转后，国内的投资就开始由先时的盲目乐观迅速地切换为彻底的悲观，但国外投资者就不这么看。譬如，规模达 8700 亿美元的挪威主权财富基金就没有对中国失去信心，反倒是看多中国。[1]

也正是因此，要想维护中国资本市场的稳定，有序地放开国外资金的进入，同时让更多国内资金走出去就显得尤为重要了。

投资者该做些什么

对投资者，特别是散户而言，在泡沫面前，真正可做的还真是不多。泡沫形成的外部冲击力，自然是你无法控制的。同样，货币政策也是你无法控制的。有时甚至连自己的情绪，你都不见得能够控制得住。纵然如此，但以下几件事情，还是可以自我控制的，譬如投资时的债务比例、尽量提醒自己不要迷信，等等。

控制债务比例

于 2014—2015 年这轮中国股市投机泡沫而言，真正输得一败涂地的多是那些负债投资者。事实上早于 2013 年，我就曾劝告过大家。时至今日，我仍然认为我当时的劝告是对的。

无论是个人、家庭还是企业，首先都要认识到赌博经济的危害，不要轻易被金钱游戏带来的那种虚幻的利益迷惑。只有当大家认识到它的危害，

---

[1] 外资看多：全球最大主权财富基金加仓 A 股 10 亿美元. 网易网，2015-8-19.http：//money.163.com/15/0819/08/B1C9AL7E00251LIE.html.

我们才能够做到趋利避害。

而趋利避害的关键,不在于仅仅盯着你现在的资产负债表,你要以泡沫可能出现的崩溃为标准,来重新检视你的资产负债表,并以此为标准,逐步降低你的资产负债率,把资产负债率降低到合理的水平。

而当务之急则是,要懂得抵制诱惑,家庭财富要降低对诸如房产等泡沫财富的过度依赖;公司要摆脱炒地皮、囤地皮、肆意赚取房地产暴利的怪圈,而是像政府一样回归本分,将自己有限的精力老老实实地放回企业的经营上来。[1]

记住:这次还一样

于投资者而言,首先应该转变的一个观念是,必须认识到,就像从来没有救世主一样,在这个世界上,也从来都没有一种只升不跌的投资品。

其次最应该提醒自己的是,这次还一样。投资者之所以盲目而激进,很大程度上是因为他们经常相信,"这次真的不一样"了。其实,诚如莱因哈特和罗格夫所指出的,这是一种典型的病症。其本质事实上很简单,它源自人们心中一种根深蒂固的信条,即认为金融危机是一件在别的时间、别的国家,发生在别人身上的事情。他们会固执地认为,金融危机不可能发生在自己身上。原因是,人们常会自认为比别人更为聪明,同时我们也从历史经验中汲取了教训,因此我们一定会比别人做得更好。

譬如,18 世纪初的英国和法国,虽然两国政治体制完全不同,一个是君主立宪,一个是君主专制,但结果是,在泡沫面前两国并没有什么本质的不同。

---

[1] 韩和元.下一轮经济危机 2:中国凭什么幸免于难 [M].北京:北京大学出版社,2013:234-235.

第十章 治未病：如何有效地防止泡沫再发生

事实上，20世纪80年代的日本也一直认为自己与西方不一样，并由此而造出了一个所谓的"日本理论"，以此来说明日本人与西方之间存在着所谓的感知差异。譬如，据说日本人的消化系统与西方人不太一样。又譬如，日本人称，美国的滑雪板在日本也毫无用处，因为雪不一样。这个理论，无非是想阐明，日本是独一无二的。但纵是这样的"独一无二"，1986—1990年的大泡沫，仍是暴露了它与其他国家并没有什么不同这样一个事实。

另一个案例来自中国。在那篇《4000点才是A股牛市的开端》的神作里，作者又一次试图证明"这次真的不一样"。但2015年6月15日A股那并不华丽的转身，再次证明了，中国也不例外。

事实上，只要将泡沫形成的三要素凑齐了，并且让三者发生化学反应，不管你是何种政治体制，不管你是哪个国家，也不管你是哪个民族，这次还是会一样！它既可发生于奴隶社会的古罗马帝国，也可发生于封建社会的波旁法兰西；既可发生于资本主义的美利坚合众国和英国，同样亦可发生于社会主义的中国。泡沫所相关的，不是社会制度，亦不是意识形态。

可观察的指标

事实上，于投资者而言，"这次不一样"是个不错的观察指标。当"这次不一样"开始出现在主流媒体上时，可以肯定的是，不是"康熙来了"，而是泡沫真的来了。

这是我所推荐的第一个指标，第二个指标被我称为"媒体指标"。正如被《剑桥意大利文学史》誉为20世纪后半期最耀眼的意大利作家的安贝托·艾柯（Umberto Eco）所指出的，我们目前的政治体制，实在地说，就是典型的传媒民粹政体。因此，如果媒体认为经济需要救助，并且此话题成为几乎所有媒体的核心话题时，这也许是最佳的进入时间。同样，当媒体开始认为资本市场需要加强监管、泡沫需要抑制时，这也许是最佳的卖点。

第三个可供大家观察的指标是政治周期指标。由于泡沫所具有的政治性周期，这也导致泡沫的形成和崩溃，基本与政客的政治任期同步，这种趋势于 1985 年以后表现得尤为明显。

一般而言，泡沫会在新领导人上台后第一个任期的第二年里正式启动，而在其第二个任期的最后一年破灭。另外，值得关注的是，近年来中国的股市似乎也表现出了这种特征。但与欧美国家稍有不同，中国股市的泡沫虽然一般也会于新领导人上台后第一个任期的第二至三年里启动，但正如《南洋商报》所评论的，中国的泡沫多"急促短暂"，所以一般不会跨越领导人的两个任期。于投资者而言，要想随泡沫这匹狼共舞，这个指标的确值得重点关注。

除此之外，另一个值得关注的是大家都颇为熟悉的"鞋童指标"。这个指标起源于 20 世纪 20 年代那场美国大泡沫，当投资银行家约瑟夫·P. 肯尼迪（Joseph P. Kennedy），也就是后来成为美国总统的约翰·肯尼迪的父亲，在街上擦皮鞋时，给他擦鞋的鞋童居然一边干活一边与他探讨起股市行情来了。这位华尔街的资本巨鳄顿时感到大势不妙，擦完鞋回身就开始考虑卖出股票。结果证实他的判断是对的，就因为那个小鞋童，肯尼迪家族得以逃过一劫。

如今，在街头很难再找到鞋童了，但这并不妨碍我们继续利用这一指标。因为，你只需将鞋童换成小区保安、便利店老板娘，甚至农贸市场卖菜的大姐即可。且这个人所处的阶层距离股市越远，那么该指标越灵验。原因很简单，如果本应距离股市很远的小区保安、卖菜大姐都跟你交流股市了，那说明这个社会的最底层都被投资狂热裹挟着进入股市了。于股市而言，这意味着的是，这个社会再也无法向它提供生力军了。

参考文献

[1] [英] 休谟. 人性论 [M]. 北京：商务印书馆，1996.

[2] [英] 达尔文. 物种起源 [M]. 西安：陕西人民出版社，2001.

[3] [英] 霍金. 时间简史 [M]. 长沙：湖南科学技术出版社，2002.

[4] [英] 麦基. 非同寻常的大众幻想与群众性癫狂 [M]. 北京：中国金融出版社，2000.

[5] [英] 麦基. 财富大癫狂：集体妄想及群众疯潮 [M]. 北京：中国人民大学出版社，2011.

[6] [英] 彼罗·斯拉法. 李嘉图著作和通信集（卷一）[M]. 北京：商务印书馆，1962.

[7] [英] 约翰·穆勒. 政治经济学原理（下卷）[M]. 北京：商务印书馆，1991.

[8] [英] 弗里德利希·冯·哈耶克. 自由秩序原理 [M]. 北京：生活·读书·新知三联书店，1997.

[9] [英] 艾伯斯坦. 哈耶克传 [M]. 北京：中国社会科学出版社，2002.

[10] [英] 凯恩斯. 就业、利息和货币通论 [M]. 北京：商务印书馆，1999.

[11] [英] 钱塞勒. 金融投机史 [M]. 北京：机械工业出版社，2013.

[12] [英] 约翰·乔恩. 货币史：从公元800年起 [M]. 北京：商务印书馆，2002.

[13] [英] 肯尼思·摩根. 牛津英国史 [M]. 北京：商务印书馆，1993.

[14] [美] 丹尼尔·卡尼曼．[美] 保罗·斯洛维奇，[美] 阿莫斯·特沃斯基. 确定状况下的判断：启发式和偏差 [M]. 北京：中国人民大学出版社，2007.

[15] [美] 贾雷德·戴蒙德. 崩溃——社会如何选择成败兴亡 [M]. 上海 上海译文出版社，

2008.

[16] [美] 乔治·阿克洛夫, 罗伯特·希勒. 动物精神 [M]. 北京：中信出版社，2009.

[17] [美] 弗朗西斯·福山. 信任：社会美德与创造经济繁荣 [M]. 海口：海南出版社，2001.

[18] [美] 弗朗西斯·福山. 历史的终结及最后之人 [M]. 北京：中国社会科学出版社，2003.

[19] [美] 利普塞特. 政治人——政治的社会基础 [M]. 北京：商务印书馆，1993.

[20] [美] 奥瑞·布莱福曼, [美] 罗姆·布莱福曼. 摇摆：难以抗拒的非理性诱惑 [M]. 北京：中信出版社，2009.

[21] [美] 罗伯特·希勒. 非理性繁荣 [M]. 北京：中国人民大学出版社，2004.

[22] [美] 明斯基. 稳定不稳定的经济 一种金融不稳定视角 [M]. 北京：清华大学出版社，2009.

[23] [美] 罗伯特·巴罗. 经济增长的决定性因素——跨国经验研究 [M]. 北京：中国人民大学出版社，2004.

[24] [美] 辜朝明. 大衰退：如何在金融危机中幸存和发展 [M]. 北京：东方出版社，2008.

[25] [美] 默里·罗斯巴德. 美国大萧条 [M]. 上海：上海人民出版社，2003.

[26] [美] 米尔顿·弗里德曼. 货币的祸害 [M], 北京：商务印书馆. 2006.

[27] [美] 索罗斯. 金融炼金术 [M]. 海口：海南出版社，1999.

[28] [美] 伯纳德·巴鲁克. 在股市大崩溃前抛出的人：巴鲁克自传 [M]. 北京：机械工业出版社，2008.

[29] [美] 拉里·斯韦德鲁, [美] 巴拉邦. 聪明的投资者也会犯的错误 [M]. 北京：地震出版社，2013.

[30] [美] 鲁比尼. 末日博士鲁比尼的金融预言 [M]. 沈阳：万卷出版公司，2010.

[31] [美] 约瑟夫·B. 特雷斯特著. 保罗·沃尔克金融传奇人生 [M]. 北京：中国金融

出版社，2006.

[32][美]彼得·加伯.泡沫的秘密：早期金融狂热的基本原理[M].北京：华夏出版社，2003.

[33][美]金德尔伯格.疯狂、惊恐和崩溃：金融危机史（第五版）[M].北京：中国金融出版社，2011.

[34][美]金德尔伯格.疯狂、惊恐和崩溃：金融危机史（第四版）[M].北京：中国金融出版社，2007.

[35][美]卡门·莱因哈特，[美]肯尼斯·罗格夫.这次不一样？800年金融荒唐史[M].北京：机械工业出版社，2010.

[36][美]保罗·肯尼迪.大国的兴衰[M].北京：中国经济出版社，1989.

[37][美]埃兹拉·沃格尔.日本名列第1：对美国的教训[M].北京：世界知识出版社，1980.

[38][美]弗雷德里克·艾伦.大衰退时代：绝望蔓延的10年（1929—1939）[M].北京：新世界出版社，2009:50.

[39][美]威廉·弗莱肯施泰恩，[美]弗雷德里克·希恩.格林斯潘的泡沫——美国经济灾难的真相[M].北京：中国人民大学出版社，2008.

[40][美]陈志武.金融的逻辑[M].北京：国际文化出版公司，2009.

[41][美]江平.台湾股市大泡沫[M].北京：中信出版社，2009.

[42][美]彼得·施魏策尔.里根政府是怎样搞垮苏联的[M].北京：新华出版社，2001.

[43][德]路德维希·艾哈德.来自竞争的繁荣[M].祝世康，等译.北京：商务印书馆，1983.

[44][德]弗里德里希·李斯特.政治经济学的国民体系[M].北京：商务印书馆，1961.

[45][德]马克思，[德]恩格斯.马克思恩格斯全集（第23卷）[M].北京：人民出版社，1973.

[46][德]彼得·马丁,[德]布鲁诺.霍尔纳格.资本战争——金钱游戏与投机泡沫的历史[M].天津教育出版社,2008.

[47][法]古斯塔夫·勒庞.乌合之众：大众心理研究[M].北京：中央编译出版社,1998.

[48][奥]米塞斯.社会主义——经济与社会学的分析[M].北京：中国社会科学出版社,2008.

[49][奥]熊彼特.经济分析史（第一卷）[M].北京：商务印书馆,1991.

[50][挪]拉斯·特维德.逃不开的经济周期[M].北京：中信出版社,2008.

[51][西]约瑟夫·德拉维加.乱中之乱：股市三人谈[M].北京：经济管理出版社,2005.

[52][波兰]卡莱斯基.社会主义经济增长理论导论[M].上海：三联出版社,上海人民出版社,1994.

[53][加拿大]齐瓦·孔达.社会认知：洞悉人心的科学[M].北京：人民邮电出版社,2013.

[54][日]都留重人.日本经济奇迹的终结[M].北京：商务印书馆,1979.

[55][日]野口悠纪雄.泡沫经济学[M].北京：生活·读书·新知三联书店,2005.

[56][日]吉川元忠.金融战败：发自经济大国受挫后的诤言[M].北京：中国青年出版社,2000.

[57][南朝宋]刘义庆.世说新语[M].北京：中华书局,2007.

[58]毛泽东.毛泽东选集（第2版第2卷）[M].北京：人民出版社,1991.

[59]陈紫华.一个岛国的崛起：英国产业革命[M].重庆：西南师范大学出版社,1992.

[60]张万合.蒸汽机打出的天下：英国工业革命[M].长春：长春出版社,1995.

[61]韩和元.全球大趋势2：被债务挟持的世界经济[M].北京：中华工商联合出版社,2012.

[62]韩和元.下一轮经济危机2：中国凭什么幸免于难[M].北京：北京大学出版社,

2013.

[63] 韩和元. 告别恐慌[M]. 北京：中央民族大学出版社，2009.

[64] 韩和元. 中国经济将重蹈日本覆辙？[M]. 北京：中国商业出版社，2010.

[65] 李新宽. 17世纪末至18世纪中叶英国消费社会的出现[J]. 世界历史，2011（05）.

[66] 周剑云. 论十七世纪法国社会消费及特征——兼论它对早期资本主义经济的作用[J]. 贵阳师专学报（社科版），2001（3）：20.

[67] 崔殿超. 前川报告的划时代意义[J]. 世界经济研究，1988（5）.

[68] 刘涛. 日本、德国应对本币升值的货币政策比较及启示：基于广场协议的分析[J]. 中国债券，2011（10）.

[69] 夏斌. 从全球通胀到金融危机——这一轮世界经济周期的发展逻辑[J]. 中国金融，2009（3）.

[70] 次贷危机一周年：清算格林斯潘[J]. 新民周刊. 2008. http://xmzk.xinmin.cn/xmzk/html/2008-04/14/content_141297.htm.

[71] 全毅. 东亚模式转型与中国发展道路[J]. 新东方，2009（12）.

[72] 让·皮萨尼-费里. 咎在政治[J]. 新世纪，2011（32）.

[73] 张襦心. 国家战略牛市？[J]. 新民周刊，2015（8）.

[74] 卢锐. 杠杆牛上的黑天鹅[J]. 价值线，2015（09）. 转引自和讯股票：http://stock.hexun.com/2015-05-19/175949663.html.

[75] 魏加宁. 日本："繁荣"与"崩溃"的距离[R]. 安徽省人民政府发展研究中心安徽发展研究网，http://www.dss.gov.cn/Article_Print.asp?ArticleID=258881.

[76] 张斌. 宏观经济进入新的三部曲[R]. 中国社科院职务报告. 2009-08.

[77] 任泽平. 论对熊市的最后一战——5000点不是梦！[R]. 国泰君安，2014.9. 转引自：全景网：http://www.p5w.net/stock/gpyb/hgyj/201409/t20140903_749596_2.htm.

[78] 吴心韬."广场协议"埋祸根 日本深陷"失去的十年"[N]. 中国证券报，2010-09-27.

[79] 日元升值的教训[N].铁岭日报,2010-10-23.

[80] 韩迅.70年代美国:十年不涨的道琼斯指数[N].21世纪经济报道,2011.08.22.

[81] "中国股市:疯狂的赌场".腾讯财经:http://finance.qq.com/a/20150528/025199.htm.

[82] "2015年一季度GDP140667亿元 同比增长7.0%".中央政府门户网:http://www.gov.cn/2015-04/15/content_2846719.htm.

[83] "国家统计局:今年二季度中国经济同比增长7.0%".新华网:http://news.xinhuanet.com/house/hf/2015-07-15/c_1115929603.htm.

[84] "马媒:中国股市大爆发 A股已到疯狂到何种地步?".环球网:http://oversea.huanqiu.com/article/2015-04/6181134.html.

[85] 日本泡沫经济之鉴[N].中国金融网,2010-10-11.http://www.zgjrw.com/News/20101011/home/353851825420.shtml.

[86] 王延春.日本泡沫之鉴:中国会不会重蹈日本八十年代覆辙[N].新华网,2006.09.16.转引自腾讯财经:http://finance.qq.com/a/20060916/000183.htm.

[87] 吴向宏.股市市值占GDP比率高涨难道是好事吗?[N].南方都市报,2007.10.08.转引自南方网:http://www.southcn.com/finance/caijingshiping/content/2007-10/08/content_4254710.htm.

[88] 美国联邦储备委员会前主席格林斯潘[N].新华网,http://news.xinhuanet.com/ziliao/2002-10/15/content_597265.htm.

[89] 李扬.国家资产负债表健康状况趋坏[N].云南信息报,http://www.ynxxb.com/content/2013-7/3/N11047252036.

[90] 麦肯锡.中国债务总额七年翻两番[N].一财网,http://www.yicai.com/news/2015/04/4605518.html.

[91] 李晓.6年后看911:格林斯潘路线潜伏次债危机[N].中评社,2007.09.12.http://www.zhgpl.com/doc/1004/4/7/3/100447373.html?coluid=7&kindid=0&docid=100447373.

[92] 高善文.改革牛故事破产后的股市走向.和讯股票,http://stock.hexun.com/2015-

07-19/177666625.html.

[93] 新华社. 受消息面影响市场情绪跌宕　沪市单日成交量逾万亿元[N]. 浙江日报, 2015.04.21.00010版.

[94] 王若宇.4000点才是A股牛市的开端[N]. 人民网, 2015.04.21.http://finance.people.com.cn/stock/n/2015/0421/c67815-26880528.html.

[95] 徐光春.《江泽民新闻思想的核心内容》选登. 新华网上海频道: http://www.sh.xinhuanet.com/zhuanti/sanxiang/c08.htm.

[96] 中国新闻网.6月末私募基金管理资产3.78万亿 62家规模过百亿. 转引自网易财经, http://money.163.com/15/0716/21/AUM3R4NM00254TI5.html.

[97] 刘彩萍. 证监会叫停场外配资端口接入. 财新网, http://finance.caixin.com/2015-06-06/100816640.html.

[98] 韩和元. 酝酿中的全球经济危机——格林斯潘给我们的遗产[EB/OL]. 价值中国网, 2006.10.1.http://www.chinavalue.net/Finance/Article/2006-10-1/44872.html.

[99] 韩和元. 警惕量化宽松下的美国存量通胀危机. 价值中国韩和元,http://www.chinavalue.net/Finance/Blog/2014-9-18/1089251.aspx.

[100] 周其仁. 货币似蜜, 最后还是水. 来自周其仁个人网站 http://zhouqiren.org/.

[101] 中国经济网. 美国最惨一天:1932年7月28日总统胡佛"毒"死婴儿.http://www.ce.cn/culture/history/200708/01/t20070801_12392478.shtml.

[102] John Law.Money and trade considered, with a proposal for supplying the nation with money. Gale ECCO, 2010.

[103] Paul R. Krugman Will China Break?[N].The New York Times, 2011.12.18.http://www.nytimes.com/2011/12/19/opinion/krugman-will-china-break.html?_r=1.

[104] L. Stone. State control in sixteen-century England[J]. Economic History Review, 17 vol, 117.

[105] Henry adams.the New York gold conspiracy,in chapters of Erie and other essays. Boston.1871,p.100;Fowler.ten years,p.36;Medbery.men and mysteries.pp.10-11.

致谢

人云，文如其人，确实如此。在这本书里，我的劣根性再次暴露无遗，那就是我的好斗、好论争。对外我常欢喜于扯起哈耶克的观点来做大旗，即"正是源自人们不同经验的不同观念之间的争论和相互批评，被认为推动了对真理的发现，或者说，至少达到了在尽可能的情况下最接近真理的程度"[1]，但那充其量是自己为掩盖自身的劣根性而找的一块遮羞布罢了。还有一点是必须承认的，那就是我确乎喜欢与具有不同经验、不同观念的人展开争论和相互批评。至于对发现真理的推动，自然非我的能力所能企及的。

正是因此，在这里我首先应该感谢那些具有与我完全不相同的经历、背景和观点，而又不吝赐教于我的人，他们分别是中央党校蔡霞教授，中国人保资产管理公司首席经济学家王家春博士，华盛一泓投资管理有限公司总经理、华融证券股份有限公司原副总经理陈玫女士，中华联合保险控股股份有限公司研究所总经理郝联峰博士，中国大唐电力福建公司副总经济师苏斌，广东省人民政府发展研究中心原副主任李超和原秘书长蒋正元，

---

[1] [英]弗里德利希·冯·哈耶克.自由秩序原理[M].北京：生活·读书·新知三联书店，1997.

中国社会科学院的冯兴元教授，中国人民大学的毛寿龙教授，广州大学的陈潭教授，清华大学的张国刚教授，美国威斯康星州立大学的易富贤博士，西班牙加泰罗尼亚奥贝尔塔大学的费尔南多·费雷罗，中美友谊交流协会会长王胜炜博士，中国人民公安大学的王守田副教授。

还得万分感谢价值中国网的创始人兼CEO林永青先生，他的合伙人、《互联网+：国家战略行动路线图》一书的主编张晓峰博士，美中联合商会会长林志共博士，经济学茶坊坊主杨孟著先生，以前的同事詹森·布卢博士、张大卫博士，我的兄长、托普集团原副总裁王清铉先生，以及李·甫里嘉、罗恩·桑尼、保罗·马修斯……

正是基于与他们的联系和往来，我学到了很多我以前所不知道的知识，这种交往是极具价值的，感谢他们与我分享知识和经验。在这些朋友中，很多人是不能够认同我的观点的，也正如同我不能够认同他们的观点一样，但正是这种观念的冲突，总是激发我的灵感。正是因为跟他们的论争使我受益良多，也正是他们的批评使我纠正了过往很多认识上的偏颇。再次感谢远在英国的 Lisa，是她将我引入经济学这个领域的，更重要的是，正是因为与这位量子理论的信徒的争辩，终于纠正了我只信艾略特（R. N. Elliott）的波浪理论的偏颇，她是一位一直让我感念的好老师！

感谢华南理工大学的唐艳春老师，她是本书较早的一位读者，在本书写作接近完稿时，她通读了已完成部分，并提出了各种意见，当然还有很多鼓励的话。感谢广州市增城区政协常委许科同志，以我的拖延症，如果不是他的一再督促，我想这本书绝对不能这么快完成。感谢老友广东润行投资管理有限公司副总裁兼首席投资官雷磊，感谢广东电台财经广播的美女主持黎晓婷。此外，还得感谢怀化市委的王民良兄，以及《青年探索》杂志的李春丽、梁瑾青、罗飞宁女士。

感谢我的老师谭士珍先生，我是不擅为文的，语法和标点总让我自卑，感谢这位向我们呈现了袁隆平先生事迹的著名作家给我莫大的鼓励,使我有勇气来写下一些感谢和感慨。

另外我也应该感谢我的家人:感谢我的妻子钟凡立女士,她在繁忙的日常工作、职称考评之余,还承担着女儿的生活与教育问题;感谢我的祖母韩黄元秀,她教会了我自强不息,感谢她的含辛茹苦。我在5岁的时候就失怙了,是这位可敬的老人一手将我们兄妹拉扯大。正如同我的中学同学谢海波先生所指出的那样,如果不是这位伟大的女性,也许我只能够待在湘西做一个并不合格的农民。感谢我的叔叔韩瑞兵、韩瑞文先生,特别是仅仅年长我2岁的幺叔韩瑞文先生;感谢我的妹妹韩海霞女士。我今天所拥有的知识完全是建立在幺叔与妹妹无私的付出之上的,如果不是因为我,也许他们能够再多接受几年教育,那样,他们也许能够给我们带来更多的分享。这让我一直不能释怀,事实上他们都比我聪明。

最应该感谢的人自然非多向度的杨水秀女士莫属。我非职业作家,事实上对于写作我常怀大卫·李嘉图(David Ricardo)式的恐惧。在1815年2月《论谷物价格低廉对资本利润的影响》一文出版后不久,詹姆斯·穆勒(James Mill)就建议他将该文加以扩充和修改。但李嘉图一开始并不情愿,因为他对自己的写作能力缺乏自信。1815年8月,他从格特康农庄写信给经济学家让·巴蒂斯特·萨伊(Jean Baptiste Say)说,"穆勒先生希望我整个重写一次""我恐怕我不能胜任这一工作""我企盼写出一些值得出版的东西,但我诚恳地说,这一点恐非我力所能及""我发现最大的困难就是在最简单的叙述中也不能避免混乱"。[1]正如约翰·斯图亚特·穆勒所说的:"如果不是家父恳切的请求与热情鼓励,恐怕他(李嘉图)的那些书永远不会出版,或者永远不会写出。"同样,如果不是杨水秀女士的

---

[1] [英]彼罗·斯拉法.李嘉图著作和通信集卷一[M].北京:商务印书馆,1962.

一再鼓励，委实说，我也实在没有勇气写下去。

　　如果我的这本书，还不至于一无是处，那么，读者们首先应该记住的是上述我感谢过的这些人，因为正是他们，使得我的生命非常充实，并能够致力于研究。

韩和元